OS
GRANDES
IMPOSTORES

OS GRANDES IMPOSTORES

As verdadeiras histórias por trás de famosos
misérios históricos

JAN BONDESON

Tradução
Paulo Afonso

DIFEL

Rio de Janeiro | 2014

Copyright © 2004 by Jan Bondeson
Copyright da tradução © by Editora Bertrand Brasil Ltda.
Publicado mediante contrato com a W. W. Norton & Company, Inc.

Título original: The Great Pretenders: The True Stories Behind Famous Historical Mysteries

Capa: Sergio Campante
Imagem de capa: © CSA-Images | iStockphoto

Editoração: FA Studio

Texto revisado segundo o novo
Acordo Ortográfico da Língua Portuguesa

2014
Impresso no Brasil
Printed in Brazil

CIP-Brasil. Catalogação na publicação
Sindicato Nacional dos Editores de Livros – RJ

B694g   Bondeson, Jan, 1962-
      Os grandes impostores: as verdadeiras histórias por trás de famosos mistérios históricos / Jan Bondeson; tradução Paulo Afonso. – 1. ed. – Rio de Janeiro: DIFEL, 2014.
      384 p.: il.; 23 cm.

      Tradução de: The great pretenders: the true stories behind famous historical mysteries

      ISBN 978-85-7432-134-9
      1. Ciências ocultas. I. Título.

13-07374   CDD: 133
                                          CDD: 133

Todos os direitos reservados pela: DIFEL – um selo editorial da
EDITORA BERTRAND BRASIL LTDA.
Rua Argentina, 171 – 2º andar – São Cristóvão
20921-380 – Rio de Janeiro – RJ
Tel.: (0xx21) 2585-2070 – Fax: (0xx21) 2585-2087

Não é permitida a reprodução total ou parcial desta obra, por quaisquer meios, sem a prévia autorização por escrito da Editora.

Atendimento e venda direta ao leitor:
mdireto@record.com.br ou (0xx21) 2585-2002

Sumário

	Prefácio	7
1	O Delfim Desaparecido	11
2	O Mistério de Kaspar Hauser	80
3	O Imperador e o Eremita	145
4	A princesa Olívia, Hannah Lightfoot e George Rex	181
5	O Pleiteante a Tichborne	216
6	O Duque de Baker Street	275
7	Um Mundo de Mistérios	310
	Notas	339

Prefácio

ENIGMAS HISTÓRICOS EXERCEM um perpétuo fascínio. Todos temos a curiosidade de saber quais as novas teorias sobre a identidade do Homem da Máscara de Ferro ou de Jack, o Estripador, na ânsia de descobrir algum fato antes ignorado ou uma hipótese recente que valha a pena comprovar ou desmentir. Os mais famosos enigmas da história têm pelo menos uma característica em comum: apresentam muitas evidências contraditórias, dando ensejo a uma profusão de teorias e ao mesmo tempo tornando improvável que se encontre uma solução universalmente aceita e definitiva.

Este livro trata dos mais duradouros tipos de mistérios históricos do século XIX: problemas de identidade duvidosa. Com o tempo, alguns desses mistérios adquiriram o status de enigmas nacionais. Gerações de estudiosos franceses especularam sobre o destino do Delfim Desaparecido — o filho de Luís XVI e Maria Antonieta. Encarcerado pelos revolucionários na torre do Templo, em Paris, o príncipe, que ainda era um menino, segundo foi informado, teria morrido nessa prisão em 1795, dois anos depois de seus pais terem sido guilhotinados. Mas alguns boatos davam conta de que fora feita uma substituição de crianças, e que o delfim fora salvo pelos monarquistas. Mais tarde, mais de cem indivíduos alegaram ser o Delfim Desaparecido. O equivalente alemão de um enigma nacional como esse é a história de Kaspar Hauser, um garoto que apareceu na cidade de Nuremberg, em 1828, após ter passado toda a vida numa masmorra subterrânea. Na época, ele recebeu a alcunha de "o Órfão da Europa". Com medidas tão radicais para isolá-lo do restante da humanidade, pressupunha-se que ele deveria ser alguém muito importante. Após dedicar enormes esforços à análise de todos os aspectos de sua vida curta e trágica, a maioria dos pesquisadores concluiu que Kaspar era o príncipe de Baden, sequestrado do berço em 1812 por uma fidalga inescrupulosa. Imortalizado pelo romance de Jakob Wassermann e pelo filme brilhante de Werner Herzog, Kaspar Hauser adquiriu vida própria na cultura moderna.

Outros países também têm seus enigmas nacionais. Na Rússia, historiadores especulam se o tsar Alexandre I, que venceu Napoleão, viveu mesmo várias décadas na Sibéria, como um devoto eremita, depois de encenar a própria morte em 1825. Na Grã-Bretanha, há persistentes rumores de que o rei Jorge III se casou em segredo, que seu posterior matrimônio com a rainha Carlota foi um ato de bigamia, que ambos eram pais de bastardos sem nenhum direito ao trono e que os filhos do suposto primeiro casamento de Jorge III, assim como seus descendentes, seriam os legítimos herdeiros da coroa britânica. Também houve muitos debates a respeito do mistério Tichborne: um baronete inglês, jovem e rico, desapareceu no mar em 1855; doze anos depois, um homem aparece na Austrália alegando ser esse baronete. Embora plebeu em todos os sentidos, e duas vezes mais pesado que o desaparecido Sir Roger Tichborne, o postulante manteve os tribunais ocupados durante anos. Seus muitos defensores estavam certos de que ele era o verdadeiro Sir

Roger, mas o homem acabou sendo preso como impostor e perjuro. E o que dizer do grande mistério Druce-Portland? Teria um dos mais ricos duques da Grã-Bretanha levado uma vida dupla como proprietário de uma loja de móveis em Londres? Ao longo dos séculos XIX e XX, pesquisadores e entusiastas tentaram incansavelmente solucionar esses mistérios. Arquivos foram vasculhados, velhas cartas, decifradas, e jornais amarelados, examinados na esperança de que, em algum lugar, houvesse alguma pista vital que solucionasse esses enigmas.

Este livro reexamina alguns famosos enigmas da história. Recorrendo a argumentos tanto históricos quanto médicos, incluindo descobertas realizadas graças à moderna tecnologia do DNA, procuro expor os dados concretos sobre essas lendas extraordinárias, depois de todas as versões fantasiosas acumuladas em cento e cinquenta ou duzentos anos, e busco analisar os mistérios que muitas vezes permanecem. E que fatores contribuíram para que alguns desses mistérios de identidade duvidosa se transformassem em enigmas pátrios, a respeito dos quais duelos foram travados, partidos políticos, fundados, milhares de livros e artigos, publicados? Foram somente os atos de impostores espertos e persistentes ou existem subcorrentes mais profundas de folclore e psicologia em ação? O que há nessas histórias de herdeiros desaparecidos, casamentos secretos e monarcas imortais que as transformaram em eternos mistérios que fascinam a mente de milhões de pessoas?

1

O Delfim Desaparecido

O PRÍNCIPE LUÍS CARLOS, segundo filho do rei Luís XVI, da França, e da rainha Maria Antonieta, nasceu no dia 27 de março de 1785. Ao descrever seus primeiros anos de vida, historiadores sentimentais referiam-se a ele como o mais feliz dos jovens príncipes. E é verdade que não parecia haver muita tristeza em sua vida. De olhos azuis e longos cachos louros, ele era um garoto bonito, inteligente, dinâmico e de riso fácil. Seus orgulhosos pais eram loucos por ele e frequentemente compareciam às suas aulas ou observavam suas brincadeiras. Especialmente devoto à mãe, Luís Carlos adquiriu o hábito de levar para ela flores de um pequeno jardim, do qual ele mesmo cuidava. Em 1789, seu irmão mais velho, Luís José, morreu de tuberculose. Luís Carlos se tornou então o delfim, ou seja, o herdeiro do trono. Nessa época, Maria Antonieta o descreveu em uma carta: ele era um garoto forte e saudável, com um temperamento alegre e despreocupado. Alheio à própria importância, ficou mais feliz em herdar o cachorro do irmão do que em se tornar o herdeiro da coroa francesa.

Duas gravuras do verdadeiro Luís Carlos. A da direita, de 1792, foi baseada em um retrato pintado por Kucharsky; a da esquerda, provavelmente, é uma combinação de outros retratos.

A vida do delfim mudaria para sempre ainda naquele mesmo ano, quando mulheres proletárias marcharam sobre Versalhes e obrigaram a família real, cercada por uma multidão ululante, a retornar com elas a Paris. O rei e a rainha permaneceram no Palácio das Tulherias como pouco mais que cativos, peões valiosos que os revolucionários mantinham em seu poder. Em junho de 1791, o corajoso nobre sueco Axel von Fersen retirou a família real das Tulherias em uma carruagem, furtivamente, na esperança de alcançar o quartel-general do marquês de Bouillé, um dos comandantes das forças monarquistas. Na cidade de Varennes, já perto da área controlada por elas, a família real foi detida pela guarda nacional. Devotado monarquista, o duque de Choiseul esvaziou as ruas com uma tropa de quarenta hussardos e se ofereceu para escoltar o rei até um lugar seguro. Mas o vacilante Luís XVI não quis ser resgatado, nem mesmo permitiu que seus filhos fossem salvos, sob a alegação de que o sangue de seus súditos poderia ser derramado. Uma decisão que ele lamentaria amargamente. A viagem a Varennes terminou com a família real sendo recolocada na carruagem e escoltada de volta a Paris, numa longa e exaustiva viagem, em meio a multidões furiosas. Os enraivecidos *sans-culottes* cuspiram no rosto do rei, rasgaram o vestido da rainha e quase mataram de medo o jovem delfim. Como resultado dessa malograda tentativa de fuga, a família real foi aprisionada na torre do Templo, em Paris.[1]

A torre do Templo, em Paris.

NO TEMPLO

O TEMPLO PERTENCERA aos Cavaleiros Templários. Sua elevada torre assomava sobre as casas parisienses desde o século XIII. Era uma grande construção quadrada, com cerca de 45 m de altura; suas paredes tinham três metros de espessura. A rainha foi aprisionada em um quarto no terceiro andar da torre, juntamente com a filha Maria Teresa. A irmã do rei, Madame Elizabeth, ficou no quarto adjacente. Um terceiro quarto, menor, era ocupado por Monsieur e Madame Tison, dois idosos contratados como criados, mas cuja verdadeira ocupação era espionar prisioneiros reais. O rei ocupava um conjunto de quartos no segundo andar, juntamente com Cléry, o criado. No quarto andar, havia uma galeria onde os prisioneiros tinham permissão para caminhar e respirar ar fresco; uma divisória separava a área destinada ao rei da parte reservada para suas parentas. O delfim dormia no quarto do rei, no segundo andar. Conta-se que, certa vez, quando um operário estava reforçando uma das portas, o rei o ajudou, para mostrar ao delfim como utilizar as ferramentas. O operário comentou que, quando o rei fosse libertado, poderia dizer que ajudara a construir sua própria prisão. O rei deu um suspiro profundo, conjeturando sobre quanto tempo ainda permaneceria encarcerado por seu próprio povo. O delfim, que entendia o que estava acontecendo com seus pais, ficou perplexo.

Revoltada com o modo como sua família vinha sendo tratada, a rainha esperava que os exércitos austríacos e prussianos, que haviam invadido a França revolucionária, viessem em seu auxílio. No dia 2 de setembro, soube-se em Paris que Verdun havia caído e que os invasores se aproximavam. Isso provocou distúrbios generalizados. A princesa de Lamballe, dama de companhia da rainha, foi capturada nas ruas de Paris e esquartejada pela turba. Suas vísceras foram atiradas aos cães e seu coração foi cozido e comido pelos enlouquecidos *sans-culottes*. Esses então espetaram sua cabeça numa estaca e a levaram até uma barbearia para receber um penteado. Depois marcharam com ela até o Templo, para exibi-la a Maria Antonieta.

Sabendo muito bem que poderia haver tentativas de resgatar a família real, os revolucionários não paravam de aumentar a segurança da torre. Portas duplas e aferrolhadas bloqueavam o acesso à escada em espiral de uma das torretas. A porta externa da torre permanecia trancada e guardada por duas sentinelas. Um muro elevado foi construído ao redor da torre, e vigiado dia e noite. No lado de fora desse muro, havia uma guarnição de pelo menos duzentos soldados, alguns dos quais vigiavam a única saída, na rua do Templo. À noite, guardas dormiam nas antecâmaras do rei e da rainha. O andar térreo da grande torre era uma sala de reuniões para os revolucionários que administravam o Templo; assim, a qualquer som de lutas, reforços estariam prontamente disponíveis. Para ser bem-sucedido, um plano para o resgate de qualquer membro da família real teria de contar com uma bem-organizada ajuda externa. Diversos monarquistas em Paris conspiravam para salvar o rei, com destaque para o barão de Batz, um aventureiro que vivia imaginando esquemas rocambolescos ao estilo do Pimpinela Escarlate,* embora com menos habilidade e determinação. O rei e a rainha também tinham uma grande amiga na Inglaterra: Charlotte Atkyns, uma antiga atriz que gastou muito tempo e dinheiro

---

* Protagonista de uma série de romances escritos entre 1905 e 1940 pela baronesa Emma Orczy — escritora britânica nascida na Hungria —, todos ambientados durante a Revolução Francesa em seu período mais sinistro, conhecido como "O Terror". Pimpinela Escarlate é a identidade secreta de Sir Percy Blakeney, um baronete inglês que se dedica a salvar indivíduos condenados à guilhotina. A cada resgate bem-sucedido ele deixa um cartão com a imagem de uma pequena flor, uma pimpinela escarlate, hábito que lhe valeu o apelido. (N.T.)

em planos amalucados concebidos por uma gangue de marginais franceses, que se diziam monarquistas para ludibriá-la, mas estavam apenas arrancando seu dinheiro.[2]

O rei e a rainha ainda esperavam que as tropas austríacas e prussianas viessem em seu socorro, mas os exércitos franceses prevaleciam em várias batalhas. Em setembro de 1792, a França se tornou uma república; os carcereiros comunicaram aos prisioneiros do Templo que agora eles eram apenas o cidadão Capeto e sua esposa. O passo seguinte foi o julgamento do rei por traição. Quando ele foi levado para a Convenção Nacional, em dezembro de 1792, o delfim foi entregue à sua mãe e se mudou para o terceiro andar da torre do Templo. No dia 20 de janeiro de 1793, o delfim

Luís XVI arrancado de sua família e levado para a guilhotina. Esta cena dramática se tornou um tema recorrente em gravuras populares após a restauração da monarquia Bourbon.

viu seu pai pela última vez. O rei, aparentemente calmo e controlado, fez o filho prometer que jamais vingaria a sua morte. Na manhã seguinte, foi executado. Mais tarde, no mesmo dia, Maria Antonieta informou a Luís Carlos que seu pai estava morto e que ele era agora o rei Luís XVII da França.

Como resultado da execução do rei, diversos países, entre eles a Grã-Bretanha e a Rússia, juntaram-se às fileiras dos inimigos da França revolucionária. Além disso, um dos principais comandantes militares franceses, o general Dumouriez, mudou de lado e se tornou monarquista. Na região da Vendeia, houve uma bem-organizada rebelião monarquista. Mas os líderes revolucionários reagiram em todas as frentes. Em abril de 1793, foi instituído o Comitê de Segurança Pública, com amplos poderes para formar novos exércitos e combater os inimigos da França — internos e externos. Elementos moderados foram aos poucos afastados dos centros de poder, dando lugar a extremistas. Jacques René Hébert, editor do jornal populista *Le Père Duchesne*, era o pior do bando: abertamente advogava que a viúva Capeto e toda a sua prole fossem exterminadas de uma vez por todas. Anaxágoras Chaumette, procurador da Comuna de Paris, concordava plenamente com sua opinião de que a França deveria ser expurgada dos monarquistas. As lutas internas entre as diferentes facções de revolucionários eram ferozes, pois esta era a época do Terror, quando milhares de pessoas eram guilhotinadas. A Comuna, sempre em guarda contra tentativas de resgatar a família real do Templo, redobrou suas precauções: criou um sistema em que funcionários de confiança, os chamados comissários do Templo, inspecionavam os quartos todos os dias para verificar se os reais prisioneiros estavam seguramente trancados e rigorosamente vigiados.

No início de maio de 1793, Luís Carlos se queixou de dor de cabeça, febre intermitente e uma pontada em um lado do tronco que o impedia de rir. As súplicas da rainha para que ele fosse examinado por um médico foram ignoradas por vários dias, mas o médico da prisão, o dr. Thierry, acabou sendo chamado. Embora os medicamentos que prescreveu tenham sido em grande parte placebos, pelos padrões da medicina moderna, Luís Carlos se recuperou completamente em poucas semanas. No mês seguinte, ele sofreu um acidente durante uma brincadeira, quando estava cavalgando um cabo de vassoura. Com muita dificuldade, a rainha conseguiu de novo os cuidados de um médico. Um especialista em hérnias, o dr. Pipelet, prescreveu um curativo, que logo curou o garoto. Luís Carlos teve então uma dor abdominal. O dr. Thierry suspeitou de vermes. Enemas vermífugos foram então aplicados com sucesso considerável: o paciente excretou uma prodigiosa quantidade de vermes e, uma vez mais, pareceu curado. Os médicos retornaram para examiná-lo mais uma ou duas vezes, mas não prescreveram nenhum remédio, e não há registro de que Luís Carlos tenha reclamado de qualquer mal-estar.

O CARCEREIRO SIMON E SEU PUPILO

NA NOITE DE 3 de julho de 1793, um destacamento de seis guardas irrompeu no quarto da rainha e tirou Luís Carlos de sua companhia. O garoto foi transferido para o velho quarto de Luís XVI no segundo andar, onde foi recebido por seu novo tutor, o sapateiro Antoine Simon. Após uma vida de obscuridade, esse indivíduo chamara a atenção dos terroristas no poder como leal republicano. O plano de Chaumette e Hébert era separar Luís Carlos de sua família e fazê-lo perder qualquer ideia de privilégio. Simon não poderia oferecer muita coisa a seu pupilo em termos de educação formal, sendo ele mesmo completamente analfabeto. Mas fez o melhor que pôde para transformar o pequeno Capeto, como o menino era chamado, em um pequeno *sans-culotte*: através da imitação de seu tutor, Luís Carlos foi ensinado a praguejar desbocadamente, a cantar canções revolucionárias e a se comportar como um moleque de rua parisiense. Simon e seus amigos ficavam extasiados quando o garoto se referia à mãe e à tia como "aquelas vagabundas miseráveis". Maria Teresa escreveu mais tarde que uma de suas lembranças mais marcantes dessa época era a de ouvir seu irmão cantando "a Carmagnole, a Marselhesa e outras canções horríveis do mesmo tipo", acompanhado por Simon.[3]

Historiadores monarquistas têm retratado Simon como um monstro que torturava Luís Carlos. Ele era com certeza um sujeito estúpido e mal-educado, que gostava de intimidar seu pupilo e o obrigava a servi-lo à mesa. Às vezes, quando Luís Carlos fazia alguma travessura ou quando precisava dar vazão à própria agressividade, Simon batia no menino. Mas há sólidos indícios de que, com o tempo, ele e sua esposa começaram de fato a gostar do garoto nobre que lhes fora confiado. Para ajudá-lo a se esquecer de sua mãe, eles lhe deram um cachorro grande, chamado Castor, uma gaiola com canários, um pombal e uma mesa de bilhar. Simon também gostava de jogar damas com ele. Com o tempo, Simon foi abrandando a dureza do tratamento e começou a receber uma legião de visitantes. O pequeno Capeto dispunha de uma boa dose de liberdade, e até tinha permissão para brincar com a filha da lavadeira do Templo fora da torre. Ele era bem-alimentado, andava limpo e decentemente vestido. O objetivo claro era converter o menino em um instrumento servil das autoridades, e não matá-lo ou lhe causar algum mal.

Parte do esquema de Chaumette e Hébert era virar Luís Carlos contra sua mãe. Quando Simon relatou que, mais de uma vez, vira seu pupilo "se entregando a um passatempo de garotos, nocivo à sua saúde e à sua moral", Hébert concebeu um plano diabólico: fez Luís Carlos confessar

O príncipe, ainda pequeno, é espancado por Simon, seu brutal carcereiro. Gravura extraída do livro de Luise M. Mühlbach *Marie Antoinette and Her Son* (Maria Antonieta e seu filho — Nova York, 1867).

que na verdade fora sua mãe que o ensinara a se masturbar e, quando dividira o leito com ela, cometera incesto várias vezes. Hébert também questionou a natureza de um inchaço que aparecera nos testículos do menino alguns meses antes. Não seria o resultado de uma doença venérea, transmitida a ele por sua própria mãe? Ele e Chaumette tentaram persuadir o dr. Pipelet a concordar com essa teoria, mas o médico se recusou com indignação. Então, eles forçaram Luís Carlos a assinar uma declaração acusando sua mãe e sua tia de incesto. É curioso que a assinatura no fim desse hediondo documento seja grande e garatujada, muito diferente da caligrafia esmerada que cobre os cadernos do garoto; provavelmente porque ele fora drogado ou embriagado antes de ser coagido a assinar o papel. Essa declaração foi acrescentada à lista de acusações contra a rainha, quando ela foi julgada por traição. No momento em que sua irmã e sua tia foram confrontadas com essas escandalosas mentiras, o pequeno Capeto foi rude e insidioso, em especial com Madame Elizabeth, a quem acusou de tê-lo ensinado a se masturbar. Sua irmã, Maria Teresa, então com 15 anos, foi atormentada durante três horas; enquanto era submetida às mais vis insinuações, seu irmão permaneceu alegre como sempre, balançando as pernas e frequentemente se intrometendo na conversa para contradizê-la. Quando a rainha foi confrontada com as acusações do filho, respondeu que a natureza só poderia sentir repugnância diante daquelas incríveis falsidades. Em 16 de outubro de 1793, Maria Antonieta foi guilhotinada. No mesmo dia, seu filho, de 8 anos, dava alegres risadas em companhia de Simon e seus amigos, jogava bilhar e bebia vinho. Ele nunca soube da morte de sua mãe.

Durante vários meses, Luís Carlos viveu com Simon e a esposa na torre do Templo. O sapateiro fora elogiado por Chaumette e Hébert por ter ajudado a virar o menino contra sua mãe. E poderia esperar fama e fortuna se conseguisse persuadir seu pupilo a acrescentar mais acusações contra Madame Elizabeth. Obedientemente, o pequeno Capeto divulgou que ela tinha um método para enviar mensagens secretas e que, segundo suas suspeitas, fabricava moedas falsas na prisão. Dessa vez, suas histórias despertaram menos interesse. Simon percebeu que as coisas estavam mudando. No início de janeiro de 1794, ele foi destituído de seu posto e teve de se mudar da torre às pressas, embora obtivesse permissão para morar no Templo por duas semanas. O mais importante, segundo lhe parecia, era afastá-lo de seu pupilo. Tempos mais tarde, Simon disse a amigos que o pequeno Capeto ficara triste ao vê-lo partir, pois esperava se tornar aprendiz de Simon e aprender a fazer sapatos. O sapateiro, apesar de sua rudeza, também demonstrou tristeza ao ver seu pupilo pela última vez, e até disse a dois dos guardas que gostaria de ter adotado o garoto, se isso lhe fosse permitido. Seu último ato oficial foi celebrado no dia 19 de janeiro, quando entregou as chaves dos aposentos da prisão a quatro comissários, que assinaram um certificado declarando que ele lhes entregara o prisioneiro Capeto em boas condições de saúde.

EMPAREDADO VIVO

CHEGAMOS AGORA à parte mais enigmática do mistério do Delfim Desaparecido. Durante o período que Luís Carlos passou com Simon, muitas pessoas o viram: amigos e companheiros de copo de Simon, guardas, comissários que faziam suas rondas e pessoas que queriam vê-lo por curiosidade. Mas em meados de janeiro tudo mudou. Um dos quartos do segundo andar, provavelmente o mesmo antes usado como sala de jantar do rei, foi transformado em uma masmorra. Em sua sólida porta foi aberto um postigo gradeado, de modo a permitir que os guardas entregassem comida ao prisioneiro sem terem de abrir as trancas. A janela foi coberta e protegida com barras de ferro, o que deixava o prisioneiro em quase total escuridão naquele aposento úmido e nada acolhedor. No terceiro andar, Maria Teresa se convenceu de que seu irmão fora levado embora, pois já não o ouvia cantando e gritando em companhia de seu mentor. Na verdade, após o bulício da saída de Simon e sua esposa, a torre estava silenciosa como um túmulo.

Em janeiro de 1794 e em vários meses subsequentes não há nenhum registro a respeito da criança aprisionada na torre do Templo. Só podemos especular sobre os sentimentos do prisioneiro solitário em sua lúgubre masmorra. Um dos guardas declarou que o Menino do Templo (como o chamarei daqui por diante) permanecia a maior parte do tempo em sua cama, que estava infestada com todo o tipo de insetos. Um detalhe particularmente arrepiante é que o aposento também estava infestado de ratos, e que o garoto costumava deixar restos de suas refeições sobre a mesa, de modo a poder dormir um pouco enquanto os bichos disputavam a comida. Todas as noites, os comissários do Templo apareciam, abriam a grade e berravam: "Capeto, você está dormindo? Levante, filho de uma raça de víboras!" Às vezes eles conseguiam ouvir uma fraca resposta, como se o prisioneiro tivesse se erguido com dificuldade de sua cama e estivesse cambaleando na escuridão; outras vezes, quando olhavam pelo postigo, apenas viam a silhueta do menino deitado na cama.

No final de julho de 1794, ocorreu uma reviravolta política. O reinado de terror de Robespierre terminou e ele foi guilhotinado, juntamente com mais de setenta de seus colaboradores. Hébert, Chaumette e Simon já haviam perecido na guilhotina. O general Paul Barras, um dos líderes da Convenção Nacional, ouviu um boato de que o pequeno Capeto e sua irmã haviam sido resgatados e decidiu investigar. No Templo, lhe asseguraram que o boato era falso, e que as celas da prisão que abrigavam os dois filhos do tirano estavam bem-guardadas. Mesmo assim, o general quis vê-los. Assim que a masmorra foi aberta pelos carcereiros, Barras sentiu o cheiro horrível que emanava das pilhas de lixo e excrementos nos cantos. O Menino do Templo, deitado em um pequeno catre, estava acordado. Não parecia surpreso, embora aqueles visitantes fossem as primeiras pessoas que via em muitos meses. Barras perguntou ao garoto por que ele preferia o catre a sua cama; o garoto respondeu que sofria menos no lugar onde estava agora. Quando lhe perguntaram onde estava doendo, ele apontou para a cabeça e os joelhos. Vestia um colete e calças que pareciam pequenas demais para ele. Barras mandou cortá-las e viu como os joelhos do menino estavam inchados, lívidos e machucados. A pele sarnenta tinha um aspecto doentio e todo o corpo estava coberto de insetos. Quando retirado do catre, o Menino do Templo não conseguiu ficar de pé.

O general ordenou que o aposento fosse limpo e que o garoto doente recebesse tratamento médico. Horrorizado com o estado da masmorra, deu instruções para que o garoto tivesse permissão para tomar ar fresco e para se reunir com a irmã.[4] Barras designou Christophe Laurent para atuar como guardião das crianças reais, mas nem esse homem nem os guardas e comissários do Templo acataram as ordens do general para que o Menino do Templo recebesse tratamento médico e se reunisse com Maria Teresa. Mas Laurent e seu assistente, Gomin, tiveram pelo menos a decência de providenciar que o prisioneiro tomasse banho e tivesse os cabelos cortados. Suas roupas, infestadas de insetos, foram jogadas fora e o aposento, cuidadosamente limpo.

Mais uma vez, diversos meses se passaram. Até que, em dezembro, três membros do Comitê de Segurança Geral inspecionaram a torre do Templo. Um deles, Jean Baptiste Harmand, deixou importantes anotações sobre o que observara. Ao entrarem no quarto do Menino do Templo, este parecia estar limpo e bem-vestido. Harmand lhe fez uma série de perguntas, mas o garoto não respondeu. Harmand então lhe ofereceu jogos, bolos, um cachorro e um companheiro da idade dele, na vã esperança de que ele dissesse pelo menos uma palavra. Isso deu origem a especulações de que aquela pessoa era um substituto surdo-mudo do garoto. Mas cabe notar que o Menino do Templo conseguiu obedecer à ordem de Harmand para se levantar, um sinal de que não havia nada de errado com sua audição. A descrição que Harmand fez combina com a de Barras: o garoto estava fraco e cronicamente doente; tinha grandes inchaços nos joelhos e em um dos pulsos. Havia uma discrepância entre suas extremidades, longas e finas, e seu tórax estreito, com ombros recurvados.[5]

Segue-se então outro longo hiato, em que temos poucas informações sobre o Menino do Templo. Um dos comissários do Templo teve permissão para entrar na masmorra no início de 1795, sob a condição expressa de que não tentaria falar com o prisioneiro. O inválido ocupante, que estava deitado na cama, mal conseguia sentar-se; sua fala era quase um sopro e seu rosto estava coberto de úlceras e crostas. O comissário o considerou o ser humano mais merecedor de piedade que já vira.[6] No início de maio de 1795, os dois carcereiros, Gomin e Lasne (Laurent saíra em março do mesmo ano), informaram ao Comitê de Segurança Geral que o menino Capeto estava gravemente doente. O Comitê consentiu em chamar um médico, contanto que o garoto não fosse examinado sem a presença dos carcereiros. O ilustre cirurgião Pierre Joseph Desault foi ver o Menino do Templo. Logo percebeu que a criança estava morrendo, mas fez o melhor que pôde para lhe aliviar os sofrimentos, prescrevendo chás de lúpulo e massagens com soluções alcalinas nas juntas inchadas e lívidas. Ele retornou ao Templo várias vezes, comovido com a gratidão do pequeno e enfraquecido prisioneiro, que certa vez segurou a manga de seu casaco e disse: "Por favor, não me deixe sozinho com esses homens maus!" Há relatos de que Desault disse a amigos e familiares que vira uma criança imbecilizada e moribunda, mas não especificou se reconhecera o prisioneiro como sendo o delfim. Sua sobrinha declarou depois que Desault dissera à esposa que percebera imediatamente que o Menino do Templo não era o jovem príncipe que vira diversas vezes antes que a família real fosse aprisionada. Mas Desault tinha medo da reação dos revolucionários — com toda a razão, segundo alguns, considerando que ele morreu no dia primeiro de junho. Sua família, alguns de seus colegas e alguns de seus alunos estavam convencidos de que ele fora envenenado. Mas na época havia uma epidemia de cólera no hospital onde ele trabalhava; dois médicos mais jovens também pereceram.[7] Não há traços de nenhum relatório feito pelo dr. Desault ao Comitê de Segurança Geral. Se algum dia existiu um, o que é provável, com certeza foi destruído.

MORTE E ENTERRO DO MENINO DO TEMPLO

APÓS A MORTE do dr. Desault, o Menino do Templo permaneceu sem cuidados médicos durante cerca de uma semana, até que o dr. Philippe Jean Pelletan fosse designado como substituto. Pelletan era cirurgião-chefe no Hôpital d'Humanité e professor de anatomia na escola de medicina. Segundo uma fonte, tratava-se de um ativo revolucionário, que atuava como espião quando examinava pacientes em diversas prisões.[8] Pelletan descobriu que o abdome do prisioneiro estava inchado e que ele sofria de diarreia crônica. Como o garoto ficava assustado com a barulheira que a porta do cárcere fazia quando era trancada e aferrolhada, Pelletan recomendou que parassem de fazer isso, pois aquela criança enfraquecida com certeza não iria fugir. Prescreveu tônicos, pão branco e comida nutritiva. Para o médico, estava claro que aquele menino era vítima de uma doença debilitante de longa duração. Como era cirurgião, pediu a ajuda do médico clínico Dumangin. Poucos dias depois, em 8 de junho, o garoto desmaiou. Ambos os médicos perceberam que ele não viveria por muito mais tempo. Seu pulso estava fraco e a diarreia não cessava. Depois de prescreverem sopa, enemas medicinais e uma preparação analgésica, enviaram uma mensagem urgente ao Comitê, informando que o filho de Capeto estava gravemente doente e necessitava de uma enfermeira para cuidar dele.[9] Mas, antes que qualquer ação fosse tomada, as condições da criança se deterioraram ainda mais e ela morreu nos braços de Lasne às três horas da tarde daquele mesmo dia.

É óbvio que Gomin e Lasne receberam instruções para manter em segredo a morte do Menino do Templo, pois a primeira ação de ambos foi agarrar o carcereiro Gourlet e trancá-lo numa das celas, pois ele vira o cadáver de forma inadvertida e, ao que tudo indica, não era merecedor de confiança. O próprio Gomin levou uma carta ao Comitê, informando a morte e pedindo instruções. Lasne continuou a pedir que medicamentos e sopa fossem deixados em frente à porta da cela do prisioneiro, procurando dar a impressão de que a criança ainda estava viva. Às 16h30 da tarde, Pelletan chegou para examinar o corpo. Lasne lhe disse que, com o propósito de manter sigilo absoluto, o próprio doutor era agora um prisioneiro. Pelletan aquiesceu com humildade, pois já havia sido advertido solenemente a não divulgar nada do que visse ou ouvisse no Templo. Gomin retornou dizendo que recebera ordens para que, no dia seguinte, dois outros médicos fossem chamados para auxiliar na dissecação do corpo do pequeno Capeto e na determinação da causa da morte. Pelletan foi liberado, após haver jurado mais uma vez que manteria sigilo absoluto. Enquanto isso, os dois carcereiros continuaram a enganar os funcionários do Templo, pedindo que remédios e refeições fossem deixados à porta do cárcere, como se o menino ainda estivesse vivo.

No dia seguinte, às 11h30 da manhã, Pelletan e Dumangin voltaram para assistir à autópsia, acompanhados por seus colegas Lassus e Jeanroy, que perguntaram a Gomin e Lasne se o corpo era o do menino Luís Capeto. Os carcereiros responderam afirmativamente. Os médicos deram início a seu trabalho. Como o corpo estava começando a se putrefazer, as "janelas" foram abertas para que um pouco do fedor se dissipasse. Sendo um anatomista, Pelletan estava acostumado a fazer dissecações, portanto fez a maior parte do trabalho. Os outros três médicos se mantiveram perto da janela para escapar às emanações insalubres. Quando percebeu que estavam distraídos, Pelletan aproveitou para roubar o coração do menino, que embrulhou em seu lenço e enfiou no bolso. Quando a cabeça do garoto foi raspada, o carcereiro Damont teve permissão para recolher, como lembrança, algumas mechas de cabelo.

O corpo do Menino do Templo estava deformado e emaciado, e seu rosto, contraído e pálido. A barriga estava extremamente distendida pelos gases presentes no trato intestinal. O relatório da autópsia informou que havia dois tumores na pele, um no lado interno do joelho direito e outro no pulso esquerdo — ambos cheios de um fluido espesso e malcheiroso. A descrição desses "tumores", no entanto, deixa claro que não eram nada do gênero; eram cistos sinoviais, resultantes de infecções crônicas nas juntas em questão. O cisto sinovial do joelho continha cerca de sessenta gramas de uma substância acinzentada e purulenta. Os intestinos, inchados de gás e aderentes, estavam cobertos com uma grande quantidade de tubérculos; tubérculos semelhantes foram observados no estômago, no mesentério e no diafragma. Afora isso, os órgãos pareciam saudáveis. Os pulmões se mantinham totalmente aderentes à cavidade pleural. Pelletan ficou surpreso ao não encontrar nenhum tubérculo no tecido pulmonar, embora houvesse alguns na traqueia e no esôfago. O diagnóstico de Pelletan foi de que o garoto sofria de "uma tendência escrofulosa, que existia há muito tempo". Na moderna terminologia médica, isso significaria tuberculose generalizada, e o diagnóstico de Pelletan foi sem dúvida correto. Havia uma evidente pleurisia tuberculosa, o que explica a aderência dos pulmões ao revestimento pleural, e uma tuberculose intestinal em estado avançado, que causou a morte da criança.[10]

Pelletan recolocou as entranhas no lugar, costurou toscamente o cadáver e puxou as abas de pele por cima do crânio serrado. Uma grande atadura foi enrolada sobre a cabeça raspada, para manter tudo no lugar. No final da noite, os funcionários de serviço, alguns soldados e os carcereiros tiveram permissão para ver o corpo mutilado; assinaram então uma declaração oficial dizendo que haviam reconhecido o cadáver como pertencendo ao filho de Capeto.[11] No dia seguinte, 10 de junho, o corpo do Menino do Templo foi colocado apressadamente em um caixão comprado por um homem chamado Voisin, que foi incumbido do funeral.

A tampa foi pregada à noite, no lado de fora da prisão, depois o caixão foi posto em uma maca e transportado até o cemitério de Sainte-Marguerite. O relatório oficial informa que o caixão foi jogado num túmulo comum para os pobres, que era pouco mais que uma vala. Um pouco de terra foi jogado sobre ele, sem nenhum ritual nem prece. Uma sentinela foi postada à beira do túmulo e outra no portão do cemitério. Apesar dessas precauções, surgiram algumas estranhas histórias indicando que o caixão não permaneceu intacto por muito tempo. Um jardineiro chamado Charpentier declarou mais tarde que, no dia 13 de junho, fez parte de uma equipe enviada para cavar um túmulo em outro cemitério de Paris, o Clamart. Uma carruagem apareceu com um caixão e três membros do comitê revolucionário local. O caixão foi enterrado e os trabalhadores receberam a ordem de não deixar nenhum vestígio do túmulo. Um dos revolucionários deu uma risada rouca e disse: "O pequeno Capeto vai fazer uma longa viagem para se reunir à sua família!" Um homem chamado Bertrancourt, coveiro do cemitério de Sainte-Marguerite, contou outra história. Disse que voltou ao cemitério mais tarde, desenterrou o caixão de Luís XVII do túmulo comum e o enterrou próximo à parede da igreja. Outras testemunhas, incluindo Voisin e Lasne, alegaram que o caixão jamais fora enterrado em uma vala comum, mas em um túmulo especial, sem identificação.[12]

FALSOS DELFINS

EM 1796, um misterioso adolescente apareceu perambulando em uma área rural da França. Disse a várias pessoas que era de origem nobre, filho de um príncipe ou um duque. Com certeza, não parecia um vagabundo comum. De cabelos louros e olhos azuis, como o delfim, era muito atraente. Tinha modos refinados e uma simpatia cativante. Mulheres de todas as idades ficavam deslumbradas com ele. Na cidade de Châlons, ele foi preso por vadiagem. Quando lhe perguntaram o nome, ele disse que era filho do falecido marquês de Longueville. Havia muitos boatos nessa época de que Luís XVII fora resgatado; não demorou muito para que pessoas inquisitivas começassem a se perguntar se aquele garoto misterioso não seria na verdade o rei mártir do Templo. Com uma modéstia adorável, ele admitiu que esse era mesmo o caso. Logo reuniu uma legião de seguidores. Pessoas viajavam longas distâncias para vê-lo em sua cela, cercado de admiradores. Os guardas agiam como seus servos; simpatizantes ricos lhe davam ou emprestavam dinheiro; suas amigas o cobriam de presentes caros. O jovem pilantra se refestelava na glória de tanta admiração e representava o papel de Luís XVII com considerável talento. Conta-se que ele certa vez visitou um antigo guarda do Templo e declarou em voz alta: "Aqui está um cavalheiro que me conhece, e que vai admitir isso, se tiver coragem!" O homem hesitou, mas o pretendente ao trono o lembrou de um incidente em que sua peteca ficara presa na corda de um sino. O antigo guarda fez então uma mesura, dizendo que de fato estava na presença do filho do desafortunado rei.

A má sorte atingiu o rapaz no início de 1799, quando René Hervagault, um alfaiate de Saint-Lô, na Normandia, declarou que o pretendente era ninguém menos que seu próprio filho, Jean Marie, que fugira de casa alguns anos antes. O pretendente ao trono admitiu o fato e acabou se juntando à sua família, na Normandia. Mas logo reincidiu em seus velhos truques e acabou sendo condenado a dois anos de prisão, por fraude. Por trás das grades, ele leu um romance popular escrito por um certo Regnault-Warin, intitulado *Le cimetière de la Madeleine* (O cemitério da Madeleine), um relato ficcional da fuga de Luís XVII do Templo que se tornaria, literalmente, o manual prático dos futuros falsos delfins. Retornando a seus velhos campos de caça, o jovem Hervagault foi recebido por seus correligionários de braços abertos. Municiado pelo romance de Regnault-Warin, ele lhes contou uma história mirabolante sobre como fora retirado do Templo em uma cesta de vime. O rei da Inglaterra o aconselhou a ir a Roma para visitar o papa. Não contente em apenas coroá-lo rei da França, Pio VI o marcou na perna com um ferro em brasa. Se alguém parecesse duvidar de sua história, Hervagault levantava a perna da calça e mostrava o brasão da França! Mas, apesar de contar com o apoio de alguns nobres e um antigo bispo, Hervagault logo se viu em apuros novamente, pois as autoridades já estavam fartas de suas atividades. Um relato dá conta de que Joseph Fouché, o astuto ministro da Polícia da França, sugeriu a Napoleão Bonaparte que reconhecesse o jovem Hervagault como Luís XVII. O pretendente ao trono seria então capturado e obrigado a reconhecer Napoleão como seu verdadeiro sucessor, tornando-se então dispensável. Napoleão não seguiu esse plano, entretanto, e Hervagault foi encarcerado na famosa prisão de Bicêtre, em Paris. Após mais algumas travessuras, ele cumpriu uma segunda pena na mesma prisão, onde morreu em 1812. Em seu leito de morte, ele jurou sobre a Bíblia e diante de um padre que era realmente o delfim.[13]

O segundo pretendente importante chegou à cidade portuária de Saint-Malo em 1815. Era um sujeito feio e malvestido, com o rosto desfigurado por cicatrizes e sem vários dentes. Quando foi preso por embriaguez e vadiagem, disse primeiramente que era um padeiro de Nova Orleans chamado Charles de Navarre; depois berrou que era na realidade o "Delfim Bourbon" e exigiu ser levado ao Palácio das Tulherias, em Paris. Embora o homem parecesse um vagabundo sujo e bêbado, os magistrados decidiram mantê-lo na cadeia enquanto sua alegação era investigada. Charles de Navarre recebia visitantes na prisão e logo se tornou uma celebridade local. Incrivelmente, tendo em vista que ele era uma personalidade tão sem atrativos, sua legião de seguidores não parava de crescer. O raciocínio era de que a educação forçada do delfim junto ao abominável Simon poderia muito bem ter degradado seu intelecto e seus sentimentos; e sua permanência prolongada entre indigentes e criminosos nos Estados Unidos teria feito o resto. Os partidários de Charles de Navarre começaram a pressionar a duquesa de Angoulême* para que ela reconhecesse o pretendente à coroa como seu irmão. A duquesa, aparentemente ainda não convencida de que Luís XVII estava morto, enviou dois nobres para falar com ele, e até preparou uma lista de perguntas para que ele respondesse. Quando Charles de Navarre foi por fim julgado por fraude, em 1818, houve controvérsias sobre sua verdadeira identidade. Seria ele Mathurin Bruneau, o filho órfão de um sapateiro de vilarejo, o filho de uma mulher chamada Phélippeaux, ou mesmo Hervagault, que escapara milagrosamente da prisão? Mas Bruneau, como muita gente chamava aquele homem misterioso, arruinou a própria causa ao se comportar como um louco no tribunal, gritando insultos e ameaçando os juízes. Ele foi condenado a cinco anos de prisão e acabou morrendo num hospício, em 1822.[14]

Em seguida à revolução de julho de 1830, os Bourbon foram depostos em favor do rei Luís Filipe, da casa de Orléans. Contra essa investidura surgiu um manifesto arrogante e prolixo redigido pelo barão de Richemont, um dos falsos delfins residentes em Paris. Conhecido como trapaceiro e escroque de pouca expressão, o barão iniciou sua carreira de pretendente ao trono em 1828, após cuidadosos preparativos. Lançando declarações bombásticas e impressionando as pessoas com seus conhecimentos sobre a vida da corte em Versalhes, logo criou fama entre os que queriam acreditar que Luís XVII ainda estava vivo. Ele fora resgatado

---

* Título adquirido pela princesa Maria Teresa, depois que se casou em 1799 com o seu primo, o duque de Angoulême. (N.T.)

O Delfim Desaparecido 33

Dois falsos delfins: Mathurin Bruneau, de feições grosseiras,
e o elegante barão de Richemont.

da torre do Templo por um médico charlatão chamado Ojardias, contou, e o resgate fora planejado por ninguém menos que Josefina de Beauharnais, que depois se tornaria a primeira imperatriz de Napoleão. À medida que o número de seus seguidores aumentava, Richemont foi se tornando cada vez mais audacioso; ele afirmava que era tanto Hervagault quanto Bruneau, e que fora milagrosamente resgatado da prisão nada menos que três vezes. Depois de imprimir panfletos contra o usurpador Luís Filipe, onde defendia seu assassinato, ele foi preso como impostor e levado a julgamento em 1834. Esse julgamento foi o grande momento de Richemont. Defendendo-se com vigor, ele confundiu as tolas testemunhas da acusação. Uma delas jurou que era Hervagault; outra, que era Bruneau. Uma espiã da polícia caiu de joelhos e declarou que ele era seu verdadeiro monarca, Luís XVII! Mas logo se tornou evidente que Richemont tinha usado de vinte a trinta nomes e títulos nobiliárquicos diferentes em sua longa carreira de vigarista, e que, provavelmente, era um marginal parisiense chamado Herbert. Condenado a doze anos de prisão, ele conseguiu escapar em 1835. Ainda mantendo sua pretensão, ele viveu em relativa obscuridade até 1853.[15]

DURANTE O JULGAMENTO do barão de Richemont, em 1834, outro pretendente fez uma ousada alegação: sabia que Richemont era um impostor — porque ele mesmo era Carlos Luís, o filho de Luís XVI e Maria Antonieta! Com sua fleuma habitual, Richemont observou que qualquer pessoa que postulasse a identidade de alguém desaparecido teria de pelo menos conhecer o nome dessa pessoa: o delfim fora batizado como Luís Carlos, não como Carlos Luís. O recém-chegado teve de bater em retirada, confuso. Mas retornou com tanta determinação que, entre 101 falsos delfins, ele é tido como o principal postulante. Esse homem misterioso apareceu na cidade de Berlim em 1809. Tinha 24 anos e disse que seu nome era Carl Wilhelm Naundorff.[16] Trabalhava como relojoeiro e era muito bem-sucedido em sua atividade; era também uma espécie de inventor. Também criava histórias a seu respeito, entretanto, sugerindo que tinha nascido nobre. Em 1824, quando estava sendo julgado na Alemanha por falsificação de dinheiro, Naundorff deu informações totalmente conflitantes sobre si mesmo. Uma delas é que ele era um nobre francês chamado Ludwig Burbong. Quando instado a falar em francês, disse que havia esquecido o idioma. Naundorff foi sentenciado a três anos de prisão. Alguns de seus seguidores franceses, mais tarde, afirmaram que uma horrível injustiça fora cometida: o rei da França, o herói deles, tinha o direito de imprimir seu próprio dinheiro!

Em 1833, depois de alguns anos na Alemanha, sem dúvida estudando o papel que iria desempenhar, Naundorff chegou a Paris, acompanhado por um pequeno grupo de adeptos. Uma prova de sua incrível audácia é que ele achava que teria alguma chance de convencer alguém de que era Luís XVII após uma ausência de 38 anos, sobretudo porque falava francês muito mal e com forte sotaque alemão. Mas o sucesso de Naundorff aumentava cada vez mais. Antigos criados da família real o reconheceram como o Delfim Desaparecido, assim como um bispo e o ex-ministro da Justiça de Luís XVI. Os modos persuasivos de Naundorff e seu profundo conhecimento da vida em Versalhes na década de 1780 lhe granjearam muitos amigos. E ele, com certeza, parecia muito um Bourbon. Seus seguidores eram cada vez mais numerosos, muitos deles extraídos do minguante séquito de seu rival Richemont. Naundorff explicava seu francês ruim alegando que sua longa permanência na Alemanha e as tristes lembranças da infância na torre do Templo o fizeram se esquecer do idioma. Mas a primeira língua que se aprende é a que fica impressa com mais firmeza em nossas lembranças, e Luís XVII falou apenas francês de 1785 a 1795. Além disso, Naundorff não tinha uma boa explicação para ter demorado tanto tempo a apresentar sua reivindicação. Sua tática principal era bombardear a duquesa de Angoulême com cartas. As primeiras eram cheias de ternura, e a convidavam a abraçar seu irmão há tanto tempo desaparecido. Depois que ela o denunciou publicamente como impostor, as cartas se tornaram enraivecidas e ameaçadoras. Naundorff teve até a audácia de intimar o duque e a duquesa a comparecerem ao tribunal do departamento do Sena, para que ele pudesse comprovar sua identidade. O tiro saiu pela culatra, no entanto, quando a polícia soube de sua carreira de falsário na Alemanha, onde também havia suspeitas de que ele fosse um incendiário. Naundorff foi expulso da França e proibido de usar o nome Bourbon.

Naundorff, o mais persistente dos pretendentes a Luís XVII.
Ilustração extraída do livro *The King Who Never Reigned*
(O rei que nunca reinou — Londres, 1908).

Em 1835, Naundorff se mudou para Londres, onde começou a escrever suas memórias. Tinha histórias espantosas para contar. Em novembro de 1794, ele foi resgatado do Templo e um garoto retardado chamado Tardif tomou seu lugar. Em junho de 1795, houve uma segunda substituição; um menino inválido chamado Gonnehaut assumiu o lugar de Tardif e morreu quatro dias mais tarde. Naundorff/o delfim, que estava escondido no sótão da torre do Templo, foi retirado no caixão dele. Naundorff presumiu que o caixão de Luís XVII foi levado ao cemitério em uma carroça, mas, como sabemos, foi na verdade carregado por quatro soldados, o que tornava um resgate muito difícil. Outras fugas se seguem na autobiografia de Naundorff, além de sequestros e naufrágios — até que o papa o condecora com a Medalha da Ordem do Espírito Santo.[17] Como suas memórias foram ativamente suprimidas na França, não conseguiram causar muita agitação.

Naundorff tentou então construir um novo explosivo, que chamou de bomba Bourbon. Em maio de 1841, sua oficina pegou fogo. Naundorff mergulhou nas chamas, tentando salvar a bomba, mas ela explodiu e o queimou gravemente. Em março de 1842, a fábrica de bombas se incendiou de novo. Os habitantes da área, densamente povoada, estiveram prestes a destruir o que sobrou, furiosos com aquele aventureiro propenso a acidentes que manuseava explosivos de forma irresponsável. Sem nenhum comprador para sua bomba, Naundorff logo se viu em apuros financeiros; em 1843, foi encarcerado em Horsemonger Lane, uma prisão para devedores, com uma dívida de cinco mil libras a diversos credores. Mas o Ministério da Guerra da Holanda comprou o projeto da bomba Bourbon em 1845. Naundorff se instalou na cidade holandesa de Delft e deu seguimento a suas pesquisas com explosivos. Mas logo ficou doente e morreu em 10 de agosto de 1845. Sua certidão de óbito foi lavrada com o nome de rei Luís XVII da França, e o prestativo governo da Holanda permitiu que seus filhos adotassem legalmente o nome Bourbon.

Os naundorffistas, que ainda acreditavam em sua reivindicação, detestavam Luís XVIII, que consideravam a nêmesis das esperanças de Naundorff. Alegavam que Josefina, a ex-imperatriz da França, tentara convencer o tsar Alexandre I, da Rússia, de que Luís XVII ainda estava vivo; e não muito tempo depois fora envenenada. O assassinato do duque de Berry, que, segundo eles, descobrira que Luís XVII ainda estava vivo, também foi atribuído a assassinos contratados pelo rei. Outro desafeto dos naundorffistas era Maria Teresa, a única sobrevivente nobre da torre do Templo, que havia denunciado o herói deles como um mentiroso descarado. Mas os naundorffistas alegavam que Luís XVIII sequestrara a verdadeira Maria Teresa e a substituíra por uma impostora parecida com ela! A razão do sequestro, claro, era que Maria Teresa sabia que seu irmão ainda estava vivo e que Luís XVIII queria ocultá-la para garantir seu trono. Isso explicava, para a satisfação dos naundorffistas, por que a falsa duquesa de Angoulême ficara tão pouco impressionada pelo herói deles. Para provar a alegação, eles citavam uma história que circulava na Alemanha, sobre um misterioso casal conhecido apenas como o Conde e a Condessa, que vivera por muitos anos em isolamento quase completo no castelo de Eishausen. A "Condessa" às vezes era vista passeando em seu jardim, observada pelo "Conde", que se postava diante de uma janela empunhando uma pistola. Essa triste "Condessa" de Eishausen era a verdadeira Maria Teresa.[18] Os naundorffistas também enfatizavam a discrepância entre a boa aparência da jovem Maria Teresa e o semblante um tanto desagradável da madura duquesa de Angoulême.

Durante a Terceira República, os naundorffistas fortaleceram sua posição e de fato se tornaram um grupo a ser respeitado na política francesa. No parlamento francês da época havia deputados bourbonistas, orleanistas, bonapartistas e naundorffistas, o que garantia vigorosos debates quando se discutia quem tinha o legítimo direito ao trono. Em 1874, os filhos de Naundorff peticionaram para que seu pai fosse reconhecido como Luís XVII, mas perderam a causa. Lutas internas entre os netos de Naundorff diminuíram a credibilidade do movimento durante a década de 1910, e a eclosão da Primeira Guerra Mundial foi um golpe ainda mais duro. Alguns políticos franceses espalharam o boato de que os alemães planejavam reconhecer os Naundorff como legítimos herdeiros de Luís XVII, para depois entregar o trono a algum dos filhos do kaiser Guilherme. Os Naundorff se mantiveram discretos no entreguerras, e alguns passaram privações. Um deles morreu em um asilo para pobres em Paris, em 1944; o outro se empregou em um circo. Em 1954, um bisneto de Naundorff recorreu da sentença de 1874, mas o resultado não foi o que ele esperava. Em meio a uma ampla divulgação jornalística, o gerente de circo que alegava ser o rei da França foi muito ridicularizado. A sentença, uma vez mais, foi a de que Naundorff era um impostor, sem nenhum direito ao trono.

———

FALSOS DELFINS surgiram no mundo inteiro. São mais de 100, e alguns deles contaram histórias bastante curiosas. A Inglaterra teve seu próprio pretendente, Augustus Meves, que alegava que seu suposto pai, um comerciante de Londres, descobrira que o próprio filho se parecia enormemente com o delfim aprisionado. Levou-o então a Paris e efetuou uma troca de crianças. Ao saber que o seu Augustus era agora um prisioneiro de Estado em Paris, a enraivecida sra. Meves, que não compartilhava a reverência de seu marido pela realeza, também foi a Paris e, sem nenhuma ajuda, resgatou o menino e o substituiu pelo filho surdo-mudo de sua faxineira.[19] Naundorff se encontrou com Meves em Londres, e ambos tiveram uma agradável conversa sobre as respectivas experiências na torre do Templo.

Os Estados Unidos tiveram pelo menos cinco falsos delfins. A lápide do misterioso Louis Leroy, que chegou a Nova York em 1797, está decorada com uma coroa real. Diz-se que Pierre Brousseau, de Chicago, recebia uma pensão da duquesa de Angoulême. Houve também rumores de que o famoso naturalista John James Audubon era ninguém menos que o Delfim Desaparecido. O próprio Audubon nunca teve essa pretensão, mas diversos escritores imaginaram que alguns de seus misteriosos textos se referiam a sua verdadeira origem.[20] Muito mais conhecido é o missionário Eleazar Williams, pretendente a delfim durante muitos anos. Mas sua reivindicação tinha uma séria desvantagem: ele era em parte nativo americano, e encontrava dificuldades em explicar sua pele escura para racionalistas debochados. Por fim, farto das ridicularizações, retirou-se para uma cabana de troncos perto de Hogansburg, em Nova York, onde viveu até a morte, em 1858. Seus óbvios deméritos como postulante não impediram a intrépida historiadora Elizabeth E. Evans de aceitar integralmente sua reivindicação.[21]

Há relatos de Luís XVII como marinheiro em Buenos Aires, fazendeiro nas Seicheles, monge trapista na Espanha ou homem misterioso na Sibéria. Um general francês aventou que Louvel, o homem que assassinou o duque de Berry em 1820, era ninguém menos que Luís XVII; ele teria matado o duque usurpador em um ataque de fúria. Resgatado da torre do Templo, acabou morrendo na guilhotina. Ainda mais ridícula é a sugestão de que Luís XVII se tornou travesti, personificando em Versalhes a aristocrata Jenny Savalette de Lange, que se descobriu ser um homem após sua morte, em 1858.[22] Também se diz que um velho antiquário francês mergulhou no mistério do Delfim Desaparecido, analisando todos os fatos durante várias décadas. Até que um dia saiu de seu estúdio e anunciou que o mistério estava resolvido: ele mesmo era Luís XVII, e tinha provas do que estava dizendo!

LUÍS XVII FOI RESGATADO?

O ENIGMA DO Delfim Desaparecido pode ser simplificado da seguinte forma: um jovem príncipe é encarcerado junto com sua família. Ele é visto pela última vez por sua mãe, irmã e tia em outubro de 1793. A essa altura ele está relativamente bem de saúde. Durante o tempo que passa com Simon, é visto por muitas pessoas, as quais teriam notado uma substituição de crianças. Qualquer tentativa de fuga nesse período exigiria uma enorme conspiração envolvendo pessoas que não tinham nenhum interesse em salvar o príncipe. Em janeiro de 1794, ele é praticamente emparedado vivo numa masmorra, sem que fosse oferecida nenhuma explicação óbvia para uma medida tão extrema e bárbara. Há fortes evidências médicas de que o menino retirado da masmorra pouco antes de sua morte, em 1795, era o mesmo garoto doente e inválido visto por Barras, Harmand e Desault. De qualquer forma, uma fuga ou resgate de sua cela fortificada e muito bem-guardada durante qualquer época entre janeiro de 1794 e a morte da criança em junho de 1795 seria uma ocorrência bastante improvável. O mistério poderia ser então reduzido a esclarecer se o príncipe colocado na masmorra em janeiro de 1794 era a criança destroçada que morreu dezoito meses mais tarde.

Pode haver diversas razões para uma substituição de crianças. A oferecida por todos os falsos delfins é que o verdadeiro Luís XVII foi resgatado. Quanto ao Menino do Templo, presume-se que os astutos monarquistas trouxeram um substituto que se parecia muito com Luís XVII ou que os revolucionários encontraram a masmorra vazia e decidiram colocar lá uma criança inválida, para que a fuga fosse mantida em segredo.

Mas os proponentes dessa teoria de fuga encontram pela frente alguns obstáculos quase intransponíveis. Em primeiro lugar, uma fuga do Templo teria sido um golpe esmagador para a França revolucionária e uma grande vitória moral para seus inimigos. Se Luís XVII tivesse alcançado a Grã-Bretanha ou a Áustria, o rei mártir, a salvo de seus opressores em Paris, teria se tornado um ponto de referência para todos os monarquistas franceses. Teria sido também um patrimônio valioso para as potências europeias que se opunham à França. Em vez de escondê-lo ou enviá-lo ao papa para que fosse marcado na perna, como sugeriram os falsos delfins, elas o usariam como instrumento de propaganda, o que teria sido muito melhor. Mas nenhuma pessoa, seja na França ou no exterior, ao menos tentou tirar vantagens políticas do resgate de Luís XVII.

Em segundo lugar, as histórias de heroicos monarquistas salvando Luís XVII do Templo não soam verdadeiras. As mais elaboradas falam de uma série de substituições: um sósia para Luís XVII, depois uma criança surda-muda e por fim um menino cronicamente doente que logo morreria. A torre do Templo era uma penitenciária de segurança máxima, onde o pequeno prisioneiro era vigiado 24 horas por dia por revolucionários hostis, armados até os dentes. Uma simples fuga parece muito improvável e uma série de substituições de crianças, conforme sugerida por Naundorff e outros, praticamente impossível.

Qualquer conspiração para resgatar Luís XVII teria de ser grande, bem-organizada e ter acesso a meios rápidos e confiáveis de retirá-lo às escondidas de Paris. Mas teria sido muito difícil organizar um plano tão elaborado em Paris durante o Terror, época em que monarquistas e aristocratas eram caçados como animais selvagens, e quando qualquer cidadão era um informante da polícia em potencial. Além disso, é estranho que, se uma conspiração assim tivesse existido, nenhum de seus participantes tenha reivindicado crédito pelo resgate de Luís XVII. Os líderes desse resgate, com certeza, teriam se tornado os heróis da causa monarquista, merecedores de recompensas por parte dos franceses ricos refugiados em Londres. Além disso, os participantes mais humildes de tal conspiração teriam saído de seus esconderijos após a restauração Bourbon, em 1814, para reclamar suas recompensas. Porém, uma vez mais, não há nenhum indício de que qualquer um desses indivíduos tenha se apresentado.

Um dos trunfos dos adeptos da fuga de Luís XVII é que, no final da vida, Madame Simon declarou que observara a substituição de crianças.[23] Após seu marido ter sido guilhotinado, ela imergira nos guetos de Paris. Em 1796, deu entrada num hospital com o deprimente nome de Hôpital des Incurables. Durante muitos anos, não ofereceu o menor indício de que tivesse algum conhecimento especial do destino de Luís XVII. Mas em 1810, depois que as freiras foram autorizadas a retornar ao hospital, ela começou a falar. Como muitas outras pessoas envolvidas em delitos durante a revolução, estava ansiosa para se eximir de qualquer culpa. Alegou que amava ternamente seu pequeno Bourbon, como o chamava, e que o tratara como se ele fosse seu próprio filho. Quando esse pacote de mentiras foi aceito por sua plateia, ela melhorou a história: os Simon tinham na verdade ajudado a resgatar Luís XVII, contrabandeando outro menino para dentro da prisão, escondido dentro de um grande cavalo de papelão. Depois retiraram o pequeno rei dentro de uma cesta de roupa suja. Quando estava de bom humor, a velha mulher acrescentava que, em 1802, Luís XVII chegara a visitá-la no hospital, para agradecer sua ajuda no heroico resgate.

Em 1816, a tagarelice de Madame Simon atraiu a atenção dos policiais, que a intimidaram e repreenderam severamente. O resultado foi que ela assinou um documento negando por completo suas revelações. Recuperada do medo e de volta à companhia de seus amigos no hospital, ela reincidiu nos velhos hábitos, contando sua história para quem quisesse ouvir. Mas, como sabemos, os Simon eram subordinados e informantes de Hébert e Chaumette; alguém se atreveria a recrutar essas pessoas para uma operação de resgate do pequeno rei? E como executariam a troca de garotos com tanta facilidade, quando cada objeto que entrava ou saía da prisão — e fosse grande o bastante para esconder uma criança — era inspecionado rigorosamente pelos guardas em serviço? Madame Simon tinha um forte motivo para inventar essa história: como esposa do notório Simon, não teria um alto conceito com as enfermeiras e com os outros pacientes; mas, ao inventar a história do resgate de Luís XVII, se tornou uma espécie de celebridade local, e passou a receber um tratamento muito melhor do que receberia em outras circunstâncias.

Um argumento esmagador contra o resgate e a sobrevivência de Luís XVII é que nenhum dos pretendentes resistiu a um escrutínio mais atento. Naundorff fracassou de forma abjeta em diversos itens; é espantoso que ele tenha conseguido atrair tantos seguidores antes e depois de sua morte. Bruneau era um idiota vulgar; Richemont, um larápio e vigarista; alguns dos outros, como Augustus Meves e Eleazar Williams, eram absolutamente ridículos. Pessoalmente, eu sempre tive uma inclinação a favor do jovem Hervagault, que tinha algumas vantagens não partilhadas pelos outros. Ele foi o primeiro de muitos pretendentes e fez sua reivindicação antes que o romance de Regnault-Warin fosse publicado. Ele se parecia com Luís XVII e seus modos sugeriam uma criação privilegiada, muito diferente da que teria o filho de um alfaiate provinciano. Parecia ter cerca de 13 anos, como Luís XVII teria. Mas, de acordo com sua certidão de nascimento, Jean Marie Hervagault tinha 18 anos na época. A oportuna chegada do velho Hervagault para reclamar seu filho também despertou suspeitas: seria ele o peão de uma conspiração contra o pretendente? Mas, assim sendo, por que o pretendente admitiu que era o jovem Hervagault, em vez de denunciar o alfaiate e reunir seu exército de seguidores para defendê-lo? A psicologia fornece outro argumento irrefutável contra Hervagault. Poderia um garoto de 13 anos — que fora encarcerado por tantos anos nas circunstâncias mais deprimentes, e que perdera seus pais para a escumalha sanguinária que ameaçava sua própria vida — ter se comportado com tanta frivolidade? Sua história sobre a fuga da torre do Templo é claramente impossível, pois ele afirmou que fora retirado em um cesto de roupas com o auxílio de uma enfermeira monarquista (coisa que o Menino do Templo nunca teve). Ele situou a fuga em maio de 1795, quando o Menino do Templo estava de cama e inválido, já prestes a morrer. Hervagault estava saudável e fisicamente capaz.

Uma teoria de fuga alternativa é que uma conspiração de revolucionários levou Luís XVII para algum lugar seguro no campo, para ser usado como peão na luta pelo poder. Os sequestradores podem ter efetuado uma troca de crianças, ou os revolucionários do governo podem ter posto outro garoto na masmorra para encobrir o fato de que Luís XVII fora sequestrado. E pode ser que os sequestradores tenham sido descobertos e mortos pela polícia, ou perecido na grande luta pelo poder, ocorrida em 1794. Eles podem ter deixado Luís XVII com alguns simples camponeses, que talvez nem suspeitassem da identidade do menino. Com os sequestradores fora do caminho, ninguém saberia onde estava o pequeno rei, que viveria com seus pais adotivos como uma criança qualquer. Atormentado pelas recordações de sua infância perdida e dos horrores do Templo, ele poderia ter decidido suprimir essas lembranças e tentado levar uma vida comum. Surgiram algumas teorias nesse sentido. Uma delas aventava que Luís XVII fora levado para a Suíça, onde viveu entre pessoas comuns. Historiadores mais audaciosos afirmaram que esse Luís XVII suíço, certa vez, foi preso na Alemanha, onde entrou em contato com o impostor Naundorff, que roubou seus documentos e decidiu personificar ele mesmo o Delfim Desaparecido. Isso também explicaria o grande sucesso de Naundorff em ludibriar vários franceses proeminentes no início da década de 1830.[24] Mas essa teoria, assim como muitas outras envolvendo plebeus apontados como Luís XVII, sofre de uma crônica falta de provas.

TERIA OCORRIDO UMA TROCA DE CRIANÇAS?

APÓS EXAMINAR as evidências — ou melhor, a falta delas — de que Luís XVII deixou o Templo com vida, devemos avaliar a hipótese alternativa de que houve uma troca de crianças por causa da morte do delfim no Templo em janeiro de 1794. Um dos suportes dessa teoria é a súbita e inexplicável decisão de isolar o Menino do Templo em meados de janeiro. Não há uma razão óbvia para um encarceramento com tão alto nível de segurança. O risco de uma conspiração monarquista para salvar Luís XVII, na verdade, era menor no início de 1794 do que fora antes. Foi sugerido que os revolucionários decidiram assassinar Luís XVII deliberadamente, mediante negligência e maus tratos. Mas se eles quisessem se livrar do pequeno rei de modo permanente, poderiam tê-lo matado com facilidade, abertamente ou em segredo. Além disso, como sabemos, Luís XVII tinha grande valor como peão político em possíveis negociações com os países inimigos.

Os proponentes de uma troca de crianças investigaram por que Simon foi destituído de repente no início de janeiro de 1794. Teria sido porque não era um indivíduo confiável para participar de uma conspiração para matar Luís XVII e substituí-lo por outro garoto? Três criados que também conheciam Luís Carlos também foram demitidos entre outubro de 1793 e janeiro de 1794. Teria sido porque alguém desejava se livrar de qualquer pessoa que conseguisse perceber o logro? Chama a atenção o fato de que, no dia 19 de janeiro, Maria Teresa registrou que ouviu uma enorme barulheira proveniente dos aposentos abaixo. Ela achou que seu irmão estava sendo retirado da cela para dar lugar a outro prisioneiro. Historiadores presumiram que ela na verdade ouviu os Simon deixando a torre, o que aconteceu nesse dia. Mas um prisioneiro mantido na mesma cela por muito tempo aprende a distinguir os diferentes sons da prisão. O que ela ouviu de fato não foi a porta da cela de Luís Carlos sendo aberta, algum tipo de agitação e depois o silêncio? Esse silêncio, que se prolongou por muitos meses, é em si mesmo outro mistério. Enquanto esteve com Simon, Luís Carlos atormentava suas parentas com seus gritos e canções. E não há dúvida de que ele aprendera a se expressar vigorosamente em linguagem vulgar. Seria possível acreditar que o "pequeno *sans-culotte*" não resistiria de algum modo ao ser afastado dos Simon, a quem se afeiçoara, para ser isolado em uma masmorra? O verdadeiro Luís Carlos chorou por dois dias ao ser retirado da companhia de sua mãe. Não seria um drama muito maior ter sido encarcerado em completo isolamento? Luís Carlos nunca ficara sozinho antes. Qualquer menino que não estivesse drogado ou muito enfraquecido por alguma doença debilitante teria batido na porta e nas grades, tentando sair da cela, e gritaria por socorro. Mas Maria Teresa não ouviu mais nenhum som.

Se acreditarmos em Barras e Harmand, quando afirmaram que tentaram obter cuidados médicos para o Menino do Templo, o fato de que Laurent decidiu ignorar suas recomendações nos deixa espantados, embora deva ter sido óbvio para ele que a criança estava gravemente doente. Também é de notar que, quando os médicos foram finalmente enviados, não eram os médicos da prisão que tinham cuidado de Luís Carlos em 1793. Outro fato muito peculiar foi a identificação oficial do Menino do Templo como Luís XVII. Não há dúvida de que essa identificação ocorreu às 23h30, em uma cela escura, após a criança ter sido dissecada e costurada de novo. Não só deve ter havido putrefação (o garoto estava morto havia trinta horas), como os traços do menino devem ter sido alterados pela serradura do crânio e a divisão da pele em abas. Além disso, a cabeça do garoto estava raspada e uma grande atadura fora enrolada em volta do queixo, cobrindo parcialmente a cabeça. Não sabemos como os indivíduos que identificaram o Menino do Templo como Luís XVII foram escolhidos, nem quais foram os incentivos que receberam para identificar aquele corpo dilacerado na mesa de autópsia como o filho de Capeto. Nenhum esforço foi feito para encontrar pessoas que tivessem visto Luís Carlos no Templo apenas alguns anos antes, como o criado Tison, o cozinheiro Meunier e o porteiro Baron. A pessoa que melhor conhecia Luís XVII, sua irmã Maria Teresa, jamais obteve permissão para ver o Menino do Templo, vivo ou morto.

EM JUNHO DE 1801, um certo general d'Andigné, prisioneiro político do Templo, estava capinando um canteiro de flores perto do muro, juntamente com outros prisioneiros, quando encontrou o esqueleto de uma criança enterrado e coberto de cal. O general disse para o diretor da prisão, um homem chamado Fauconnier, que fora ver o esqueleto, que deveriam ser com certeza os restos mortais de Luís XVII. O diretor pareceu embaraçado com o comentário do general, mas confirmou em voz baixa que era realmente o caso. Fauconnier fora para o Templo em 1797, mas poderia muito bem ter se inteirado dos fatos através do carcereiro Gourlet, homem com fama de tagarela, cujas ações em 1795 indicam que talvez ele soubesse mais do que podia contar sobre a identidade do Menino do Templo. O general d'Andigné era um militar honrado e monarquista convicto, que não tinha nenhum motivo para inventar essa história. Tem sido argumentado que o esqueleto poderia ser de qualquer pessoa, mas parecia ser de uma criança com a idade certa, e estivera enterrado durante um período que se ajustava com o que conhecemos a respeito de Luís XVII. Vale notar que aquela criança fora enterrada clandestinamente, sem um caixão, numa prisão rigorosamente vigiada. Luís XVII era o único prisioneiro que se encaixaria no quadro. Eu descobri que o general retornou ao Templo após a Restauração. Ele e outros ainda se lembravam de onde haviam visto o esqueleto em 1801. Mas, para o desalento de todos, uma casa fora construída recentemente naquele mesmo local. O general propôs à duquesa de Angoulême que a casa fosse demolida e o esqueleto do rei mártir, desenterrado, mas ela ficou tão perturbada com a sugestão que não insistiu no assunto.[25]

A história do general d'Andigné é o principal esteio da hipótese de que Luís XVII morreu e foi enterrado no terreno do Templo, e que foi um substituto que morreu em junho de 1795. Outras fontes apoiam essa teoria. M. Senar, secretário do Comitê no início de 1794, escreveu um bilhete misterioso informando que fora decidido que Luís XVII deveria ser descartado. Os conspiradores o mataram e, clandestinamente, enterraram seu corpo próximo a uma torre; o corpo que fora autopsiado pelos médicos não era o de Luís XVII, mas o de outro menino. Senar não especificou em que estágio do cativeiro de Luís XVII ele fora assassinado. Em junho de 1795, correu um boato em Paris de que Luís XVII estava morto e fora enterrado ao pé da torre do Templo. Esse boato foi relatado pelo monarquista Frotté, pelo advogado parisiense M. Guérinau e por diplomatas austríacos e espanhóis. Na mesma época, um dos deputados da Convenção Nacional deu a entender que tinha perigosas informações relativas à morte de Luís XVII, mas nunca revelou o que era. Um livro obscuro de 1816 se refere ao assunto, acrescentando que um carcereiro (Gourlet?) dissera que o verdadeiro Luís XVII fora enterrado em segredo no terreno do Templo.[26]

O HISTORIADOR Louis Hastier propôs que o verdadeiro Luís XVII morreu de uma doença nos primeiros dias de janeiro de 1794, e que um substituto foi levado às escondidas para o Templo logo após a saída dos Simon, em 19 de janeiro.[27] Ele tentou fundamentar sua teoria esquadrinhando as listas da lavadeira do Templo; descobriu que menos meias foram entregues no início de janeiro do que no restante das semanas cobertas por seus registros. O motivo, sugeriu ele, deve ser que, a essa altura, havia uma pessoa a menos no Templo. Mas outros historiadores apontam que, embora o número de meias tenha decrescido, as camisas continuaram a ser entregues como antes; eles também destacam que extrair conclusões de indícios tão frágeis dá margem a falhas.[28] Eu concordo inteiramente com eles a esse respeito. Além disso, o motivo da menor demanda de meias pode ter sido a prostração do Menino do Templo; um inválido que está de cama não precisa trocar as meias com tanta frequência quanto uma criança ativa. Hastier também tentou implicar que diversos funcionários do Templo estavam em uma conspiração para encobrir a morte de Luís XVII. Mas suas evidências foram severamente criticadas por outros estudiosos. É nesse ponto que a cadeia de indícios de uma substituição chega a seu elo mais frágil. Se Luís XVII morreu de uma doença, por que substituí-lo por um garoto inválido? Isso apenas provocaria uma repetição do mesmo problema quando o substituto expirasse. E não há nenhuma evidência sólida de que Luís XVII estivesse com alguma doença séria no final de 1793.

O historiador Joseph Turquan propôs uma hipótese ligeiramente diferente, ou seja, a de que Luís XVII foi assassinado em 19 de janeiro e enterrado ao pé de um muro do Templo, e que um menino inválido foi colocado na masmorra para que os inimigos da França acreditassem que Luís XVII ainda estava vivo.[29] A desvantagem dessa teoria é que não havia nenhum motivo para que o governo revolucionário matasse Luís XVII, pois ele era um peão valioso no xadrez político. Uma linha de pensamento mais intrigante é a de que uma facção de extremistas executou o assassinato em segredo. Os sanguinários extremistas Hébert e Chaumette seriam os suspeitos óbvios de liderar tal conspiração. Defendiam abertamente o completo extermínio da família real. E não faltavam correligionários desesperados e fanáticos, para quem teria sido uma grande honra eliminar o filho de Luís XVI e da odiada Maria Antonieta. A dificuldade está em explicar como esses homens conseguiram entrar na rigorosamente guardada torre do Templo, efetuar a substituição e sair sem nenhum problema. Mas teriam saído? Consta dos registros históricos que Hébert e Chaumette pereceram na guilhotina poucos meses depois, assim como o administrador do Templo, o próprio Simon e três dos quatro homens que assinaram o certificado declarando que Simon lhes entregara o filho de Capeto em boas condições de saúde. Se esses homens faziam parte de uma conspiração para assassinar Luís XVII, levaram seu segredo com eles.

OS RACIONALISTAS CONTRA-ATACAM

OS HISTORIADORES que afirmam que Luís XVII e o Menino do Templo eram a mesma pessoa objetam, com razão, que as evidências resumidas anteriormente são todas circunstanciais. Não há nenhuma prova real da existência de uma conspiração para substituir Luís XVII por outra criança. Uma conspiração assim teria de envolver muitas pessoas, algumas das quais, como Laurent, Gomin e Lasne, sobreviveram à revolução, a guerras e a sublevações. Mas nenhum deles falou nada, mesmo em uma época em que havia grandes incentivos para que o fizessem. E se Laurent tivesse sido uma peça-chave na conspiração, detentor de um grande segredo, teria ele realmente pedido um assistente? E se Gomin e Lasne estivessem envolvidos, por que teriam levado o Menino do Templo, no final de sua vida, para a galeria do quarto andar da torre do Templo? Nesse local ele poderia ser visto de fora, e haveria o risco de que alguém descobrisse que ele não era o verdadeiro Luís XVII.

Ninguém que realmente tenha visto o Menino do Templo alertou as autoridades de que aquele não era Luís XVII. Pelo contrário, dez pessoas assinaram o certificado declarando que a criança que morrera na torre do Templo era realmente o filho de Capeto. Algumas dessas pessoas especificaram que tinham visto Luís Carlos nas Tulherias, cinco ou seis anos antes. É importante notar que o dr. Pelletan, que viu o menino em diversas ocasiões, não parece ter a menor dúvida de que seu paciente era Luís XVII. Quando foi entrevistado em 1816, o médico contou uma comovente anedota: o adoentado prisioneiro fez sinal para que ele falasse mais baixo, caso contrário sua irmã poderia ouvir a conversa; e ficaria muito triste se soubesse que seu querido irmão estava doente. O carcereiro Damont acrescentou que já vira Luís Carlos no Palácio das Tulherias quando fazia parte da guarda nacional. E seu colega Gourlet afirmou que conhecia o garoto desde que ele chegara ao Templo, em agosto de 1792. O comissário Darlot assinou mais tarde um atestado de que reconhecera claramente o corpo como sendo de Luís XVII, que avistara várias vezes nos jardins do Palácio das Tulherias. O arquiteto Bellanger viu o Menino do Templo durante o período de Gomin como carcereiro, e não teve nenhuma dificuldade em reconhecê-lo como Luís Carlos, que vira em Versalhes muitos anos antes.[30]

Um suporte para os argumentos dos historiadores racionalistas são os testemunhos de Gomin e Lasne.[31] Ambos viveram até uma idade avançada e se tornaram celebridades menores através de sua associação com o mistério. Quando o historiador Alcide de Beauchesne os entrevistou, eles fizeram de tudo para convencê-lo de que, longe de serem revolucionários brutais e sanguinários, eram monarquistas de coração e amigos carinhosos de Luís XVII. Gomin era um mestre em contar — ou inventar — histórias patéticas de como ajudara a consolar o real prisioneiro. Gomin costumava lhe dar flores, e a gratidão do menino era comovente. Quando o enfraquecido Menino do Templo queria que alguém lesse para ele, jogasse cartas ou damas com ele, seu amigo Gomin estava sempre a postos. Certa vez, quando Gomin ajudou o Menino do Templo a descer a escada, após este ter tomado ar na galeria da torre do Templo, o garoto pegou um punhado de flores para dar de presente à sua mãe, tal como fazia em tempos mais felizes. Gomin e De Beauchesne também espremeram todas as gotas de sentimentalismo de um incidente patético: certa vez, o menino pediu a Gomin que lhe permitisse ver a mãe pela última vez, mas seu amigo, o carcereiro, negou o pedido, sabendo que Maria Antonieta morrera há muito tempo. Gomin teve até a audácia de dizer a De Beauchesne que enfrentava abertamente os comissários do Templo quando eles ameaçavam seu querido amigo, o prisioneiro, ou faziam comentários zombeteiros sobre a Igreja. Lasne, que se descrevia como outro amigo leal do prisioneiro enfermo, disse que costumava cantar velhas canções dos guardas reais para divertir o garoto, acompanhado por Gomin ao violino. Acrescentou que, diversas vezes, vira Luís Carlos nos jardins do Palácio das Tulherias, e que não tinha dúvida de que fora realmente ele quem morrera no Templo.

Documentos mais relevantes sobre o mistério do Delfim Desaparecido estão nos Arquivos Nacionais de Paris. Apesar do tamanho e da organização um tanto errática desses documentos, estudiosos persistentes conseguiram descobrir importantes fontes de material primário, que se estendem até meados da década de 1900. O zelo dos partidários de Naundorff e o desejo de acreditar que Luís XVII fora realmente salvo levaram algumas pessoas a forjar documentos e cartas para colaborar com a causa do pretendente.[32] Pesquisadores idosos trabalharam durante anos e décadas em arquivos poeirentos, avançando no labirinto do mistério nacional da França, na esperança de um dia encontrar uma pista a respeito do que de fato aconteceu. Selecionando criteriosamente as pessoas em quem poderiam acreditar e os documentos que poderiam considerar autênticos, alguns desses pesquisadores erigiram as mais fantásticas teorias sobre fugas heroicas, trocas por crianças surdas-mudas e o onipresente papa, brandindo seu ferro em brasa, apenas para ver seus castelos de cartas derrubados por céticos sarcásticos.

Uma enorme literatura secundária sobre o mistério do Delfim Desaparecido já existia no final do século XIX, e havia debates acalorados até mesmo sobre os aspectos mais triviais e periféricos do drama do Templo. Um eterno problema para o historiador do mistério de Luís XVII é a tendência de muitas testemunhas de mudar seus depoimentos, de modo a agradar a pessoa que as está interrogando. Isso é particularmente evidente no caso de Gomin e Lasne, cujas melífluas anedotas foram citadas anteriormente. Ambos eram hábeis mentirosos, que sabiam o que seus interlocutores queriam ouvir. Deveria o historiador acreditar em Gomin quando ele disse que informou a Maria Teresa que seu irmão estava muito enfraquecido e a caminho da imbecilidade? Ou na mesma testemunha quando ele disse a De Beauchesne que ele e Luís Carlos costumavam ler textos clássicos juntos? No julgamento contra Richemont, em 1834, onde atuou como testemunha, Lasne disse que todos os dias discutia filosofia com o Menino do Templo. No julgamento contra Naundorff, seis anos mais tarde, ele declarou secamente que só uma vez ouvira o pobre prisioneiro falar.[33] A abundância de depoimentos contraditórios, tanto primários quanto secundários, levou alguns historiadores a presumir que a verdade jamais será encontrada em meio a esse amontoado de mentiras, falsificações e imposturas. Outros, não sem alguma razão, concluíram que, como inexiste uma prova nítida e incontestável de que o Menino do Templo não era Luís XVII, não deveria haver dúvidas sobre sua identidade.

EVIDÊNCIAS MÉDICAS

O ASPECTO MAIS ÓBVIO em qualquer caso de identidade questionada é a análise de sinais físicos característicos. Por exemplo, se Luís XVII tivesse perdido um de seus polegares e Naundorff tivesse os dez dedos das mãos intactos, Naundorff não poderia ser o Delfim Desaparecido. Infelizmente, Luís XVII tinha poucos sinais físicos característicos — apenas a cicatriz da mordida de um coelho e marcas de inoculação da varíola em ambos os braços. Mas isso foi o bastante para confundir muita gente. A velha babá de Luís XVII, Madame de Rambaud, pediu a Naundorff para ver a cicatriz da inoculação em seu braço; depois o abraçou, em lágrimas, e se tornou uma de suas mais fanáticas seguidoras. É uma pena que ela não tivesse pedido para examinar ambos os braços, pois Naundorff só foi inoculado em um deles! A marca da mordida do coelho estava no lado esquerdo do queixo, mas o coelho do pretendente Bruneau o mordera na bochecha e o de Naundorff, no lábio superior. Um documento da polícia alemã, de 1825, acrescenta que Naundorff, originalmente, tinha cabelos castanho-escuros. Naundorff também tinha o rosto extremamente marcado por acne ou catapora. Mas com sua habitual facilidade para inventar histórias fantásticas ele encontrou uma explicação para isso. Quando voltava de Roma, após ter sido coroado e marcado a ferro pelo papa, seu navio foi capturado pelos franceses, e três sinistros homens mascarados o torturaram, espetando um instrumento com agulhas afiadas em seu rosto.[34]

O mesmo método pode ser aplicado no caso de uma troca suspeita de crianças: nós sabemos que Luís XVII tinha olhos azuis; se pudesse ser estabelecido de forma conclusiva que os olhos do Menino do Templo eram castanhos, então ambos não poderiam ser a mesma pessoa. Uma vez mais os indícios são contraditórios, mas alguns pontos merecem destaque. Em primeiro lugar, o que é provavelmente o único retrato autêntico do Menino do Templo, feito pelo artista Morier, mostra um garoto de cabelos escuros e ar um tanto sinistro, mais velho que Luís XVII. Outro retrato interessante, supostamente do Menino do Templo, combina bastante com o desenho de Morier.[35] Algumas descrições do Menino do Templo sugerem que ele era bem alto para um menino de 10 anos, mas Luís Carlos tinha apenas 98 cm em março de 1793, segundo uma anotação feita por Maria Antonieta. Embora seja verdade que as crianças crescem rapidamente, não é razoável presumir que ele tenha crescido muito com uma dieta rala e isolado em uma cela. É uma pena que Pelletan e seus colegas não tenham medido o corpo do Menino do Templo. O único indício provém do homem chamado Voisin, que mais tarde declarou que achara o Menino do Templo alto para a idade e por isso comprara um caixão que media 1,40 m ou até 1,50 m de comprimento.[36] Por fim, há a questão das amostras de cabelo do Menino do Templo guardadas pelo comissário Damont. Em 1817, ele quis doá-las à família real. Foi recebido pelo duque de Gramont, capitão da guarda pessoal do rei, que rejeitou as amostras sem rodeios, pois eram muito mais escuras que os cabelos de Luís Carlos, a quem o duque vira muitas vezes.[37]

A SEGUNDA PARTE das evidências médicas diz respeito à procura do esqueleto do Menino do Templo. A maioria dos escritores prefere acreditar que os restos mortais do garoto foram enterrados no cemitério de Sainte-Marguerite, num local só conhecido pelo coveiro Bertrancourt.

O Menino do Templo. Retrato reproduzido no livro *The Dauphin*,
de G. Lenôtre (Londres, 1921).

Quando os Bourbon retornaram à França, em 1814, Luís XVIII imediatamente ordenou uma busca pelos restos mortais de Luís XVI e Maria Antonieta, cujos ossos foram transferidos para a cripta de Saint-Denis. Nenhum esforço semelhante foi feito para localizar os restos mortais de Luís XVII. Na verdade foi Gabrielle Bertrancourt, viúva do coveiro, quem se aproximou do rei, e não o contrário. Em uma audiência que lhe foi concedida em janeiro de 1816, ela contou ao rei que seu marido tinha salvado os restos mortais de Luís XVII e os enterrado em um lugar seguro. Após longas deliberações, foram programadas escavações no local indicado por Madame Bertrancourt. Inesperadamente, foram logo suspensas. O motivo alegado foi que ninguém poderia saber com certeza o local do sepultamento; mas a verdade, provavelmente, era que Luís XVIII duvidava que seu sobrinho fosse de fato a criança inválida que morrera no Templo. Dois falsos delfins andavam pleiteando sua coroa e é possível que o rei temesse o falatório que se seguiria, caso as escavações não encontrassem nada. No ano seguinte, o professor Simien-Despréaux sugeriu outra vez que uma escavação fosse feita no local indicado. Ele conhecia o dr. Pelletan, que lhe dissera que reconheceria o crânio que serrara para examinar o cérebro e a atadura que usara para envolver a cabeça. Simien-Despréaux também achava que os tumores nos joelhos do Menino do Templo poderiam ter corroído os ossos, deixando traços visíveis no esqueleto. Mas o rei e seus ministros se mostraram inflexíveis: o local não deveria ser escavado. Quando o professor se ofereceu para fazer o trabalho por conta própria, foi abruptamente informado de que sua colaboração não era necessária.

Em 1846, Abbé Haumet, o capelão do cemitério de Sainte-Marguerite, decidiu construir um telheiro próximo à porta da capela. É bem possível que ele tenha encomendado o trabalho clandestinamente, apenas para encontrar os restos mortais do delfim, pois com certeza conhecia a história de Bertrancourt. A apenas noventa centímetros da superfície, foi encontrado um caixão de chumbo, com 1,50 m de comprimento. O padre ficou surpreso ao encontrar um caixão de chumbo, pois sabia que o delfim fora enterrado em um caixão de pinho. Ficou ainda mais surpreso ao ver o tamanho do caixão, que parecia ter sido confeccionado

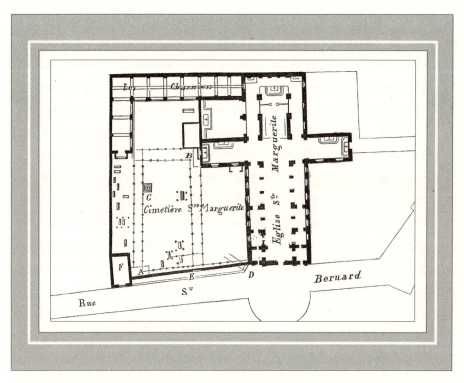

O cemitério de Sainte-Marguerite em uma planta do século XIX;
o suposto local do sepultamento está marcado com um A.

para um adolescente, e não para uma criança. De qualquer forma, o caixão foi levado para o presbitério e aberto na presença de um certo dr. Milcent. No interior havia um esqueleto cujo crânio fora serrado durante uma autópsia. Tanto Haumet quanto Milcent tinham certeza de que aqueles eram os restos mortais de Luís XVII. Outros médicos foram consultados e todos concordaram que os ossos eram de uma criança ou adolescente do sexo masculino, que sofrera algum tipo de infecção que afetara um osso da coxa e um osso da perna. Mas o tamanho dos ossos e o desenvolvimento dos dentes pareciam indicar um garoto de pelo menos 15 anos de idade. Havia uma discrepância entre as pernas e braços longos e o tórax estreito. Os céticos sugeriram que não poderia ser provado que aqueles ossos eram do mesmo cadáver, principalmente porque o esqueleto não estava completo; faltavam muitos ossos, inclusive uma grande parte da coluna vertebral. Mas havia uma incrível semelhança entre as características daquele esqueleto e a descrição que Harmand fizera do enfermo Menino do Templo: os longos braços e pernas, as crônicas infecções dos joelhos, as costas recurvadas e o peito estreito. Haumet providenciou para que os ossos fossem colocados em um caixão de carvalho com a inscrição L. XVII, que foi enterrado no mesmo local onde estava.

Durante quase 50 anos, discutiu-se nas publicações históricas e médicas se os ossos eram mesmo de Luís XVII. Em 1894, outra exumação foi organizada. Cinco especialistas foram convidados a expressarem suas opiniões. Dessa vez os médicos foram mais criteriosos. O dr. Félix de Backer examinou as mandíbulas e os dentes do esqueleto e descobriu que já não havia mais nenhum dente de leite, e que os dentes do siso estavam no último estágio de desenvolvimento; isso indicaria que o crânio pertencia a um garoto com 15 ou 16 anos. O dr. Manouvrier, antropólogo, calculou a altura do indivíduo, com base no comprimento dos ossos, chegando a um resultado entre 1,55 m e 1,64 m, que sugeria que o menino era muito mais alto que o delfim.[38] Os defensores da tese de substituição de crianças argumentam que o estado dos ossos prova que o Menino do Templo era muito mais velho e mais alto que Luís Carlos. Mas é pouco realista esperar que os guardiães do Templo acreditassem, sem nenhuma investigação, que seu prisioneiro tivesse crescido trinta centímetros subitamente. O golpe de morte nessa teoria vem do relatório de autópsia do dr. Pelletan: ele escreveu que serrara o crânio à altura das órbitas oculares. Mas o crânio examinado pelo dr. De Backer fora serrado muito mais acima. Sabe-se que o cemitério de Sainte-Marguerite estava muito movimentado por volta de 1800. Corpos provenientes de vários hospitais eram enterrados lá, muitos dos quais eram autopsiados por estudantes de medicina. Não é improvável que o caixão de chumbo contivesse uma mistura de diferentes corpos, trazidos das escolas de medicina depois que os alunos terminavam de usá-los.

Isso levanta a questão a respeito de onde o Menino do Templo foi de fato enterrado. A resposta mais plausível é que os restos mortais da criança foram jogados na vala comum. Ou a história de Bertrancourt foi

O crânio exumado no cemitério de Sainte-Marguerite;
vale observar que foi serrado bem acima das órbitas oculares.

uma invenção ou ele desenterrou o caixão errado. A primeira hipótese é mais provável, considerando as muitas discrepâncias envolvidas. Por exemplo, Bertrancourt disse a sua esposa que desenterrara o caixão no mesmo dia; e contou a um amigo que esperara três dias para fazê-lo. O historiador Georges Lenôtre, entre outros, presumiu que Bertrancourt estava falando a verdade e que, se a equipe que trabalhou em 1846 continuasse a cavar após ter encontrado o caixão de chumbo, teria encontrado os ossos do Menino do Templo a uma profundidade maior. Mas em 1970 e 1979 uma terceira escavação foi realizada, sob a direção do historiador Michel Fleury, com três médicos de prontidão para examinar os ossos. Embora os ossos de 1894 tenham sido desenterrados novamente, nada de interessante foi encontrado durante uma ambiciosa busca na área indicada por Bertrancourt.[39]

Em 1943, o historiador André Castelot decidiu utilizar outro método de análise, conhecido como tricoscopia, que é o exame microscópico dos cabelos. Ele sabia que amostras capilares do verdadeiro delfim haviam sido preservadas, assim como do Menino do Templo (na autópsia), do esqueleto de 1846 e de Naundorff. Castelot fez o que pôde para se certificar de que as amostras eram autênticas e as enviou ao laboratório do dr. Locard, renomado especialista em tricoscopia. Depois ficou aguardando ansiosamente os resultados. Duas amostras de cabelo do delfim, de forma encorajadora, revelaram a mesma característica inusitada: os canais medianos dos cabelos eram excêntricos. Nenhum dos fios extraídos do esqueleto de 1846 ou do Menino do Templo partilhava essa característica. Castelot concluiu então que fora feita uma troca de crianças. Espantosamente, os cabelos de Naundorff também tinham canais medianos excêntricos. Apanhado de surpresa pela descoberta inesperada, Castelot escreveu um artigo afirmando que uma grande injustiça fora feita: Naundorff era de fato Luís XVII. Mais tarde ele começou a suspeitar de que algum indivíduo poderia ter substituído o cabelo de Naundorff pelo do delfim, com o propósito de ludibriá-lo. O corpo de Naundorff foi exumado em 1950, e Castelot conseguiu obter algumas amostras de seus cabelos; suas suspeitas se revelaram bem-fundadas, pois aqueles fios nada tinham de anormal nos canais medianos.[40] A tricoscopia tem pouca utilidade para a ciência forense moderna, e foi descartada como duvidosa. As descobertas de Castelot são ainda mais solapadas por uma dúvida inerente à origem das amostras de cabelo: diz-se que, se todos os fios de cabelo de Luís XVII mantidos em museus ou coleções particulares fossem autênticos, poderiam ser usados para confeccionar uma das vistosas perucas que estavam na moda à época de seu bisavô, Luís XIV.

HÁ OUTRO ASPECTO do mistério que é passível de análise científica: a história da doença do incontestável Luís Carlos comparada com a do Menino do Templo.[41] Sabemos que, em maio de 1793, o antes saudável Luís Carlos sofreu uma infecção aguda que provocou febre, dor de cabeça, uma pontada em um lado do tronco que o impedia de rir e uma sensação de sufocamento quando estava deitado. Ele permaneceu doente por quatorze dias, mas se recuperou totalmente. O diagnóstico mais provável é uma pleurisia (infecção na pleura, membrana que recobre o pulmão) ou uma pleuropneumonia (pneumonia que também afeta a pleura). Essas formas de infecção podem ser causadas por vários tipos de bactérias e vírus; o desfecho favorável, no caso de Luís Carlos, praticamente descarta uma infecção bacteriana fulminante. Existem dois caminhos a partir daqui. Um deles é presumir que Luís Carlos sofreu uma pleurisia ou pleuropneumonia de origem não especificada. Isso não dá nenhuma indicação de que ele tenha contraído tuberculose antes do início de 1794, e torna a identificação de Luís XVII como o Menino do Templo muito improvável. O segundo caminho é presumir que a doença de maio de 1793, como uma pleurisia tuberculosa, o primeiro sinal da doença que lhe tiraria a vida. Não há nada em sua história que contradiga diretamente essa suposição, nem nada que a prove. Já foi sugerido que o tratamento prescrito pelo dr. Thierry se destinava, de forma específica, a combater a tuberculose, mas isso não é verdade. Os mesmos medicamentos seriam usados em qualquer tipo de doença que provocasse febre alta.

Alguns historiadores racionalistas tentaram provar que Luís XVII apresentava sinais de tuberculose generalizada antes de 1794. Nós sabemos que Luís XVII se machucou enquanto brincava, mas se recuperou sob os cuidados do dr. Pipelet. Mas outro médico consultado na época, o cirurgião Soupe, descreveu um grande inchaço sob um dos testículos do garoto. Os historiadores racionalistas presumiram então que esse inchaço era uma orquiepididimite tuberculosa, uma infecção nos testículos.[42] Mas, se a hipótese de que Luís Carlos teve uma pleurisia tuberculosa em maio de 1793 for aceita, esse deve ter sido seu primeiro ataque de pleurisia. E indicaria que ele estava com tuberculose no início de 1793, pois o primeiro ataque de pleurisia, normalmente, ocorre de três a seis meses após a infecção. A orquiepididimite tuberculosa é muito rara em crianças e sempre ocorre no final da doença, quando já há envolvimento do trato renal; portanto, é quase impossível que Luís XVII estivesse com esse tipo de infecção nos testículos. Além disso, a orquiepididimite tuberculosa permanece durante meses, ou anos, se não for tratada. Luís XVII se recuperou em algumas semanas.[43] Assim, há poucas dúvidas de que Luís Carlos, na verdade, estava com uma hérnia, corretamente diagnosticada pelo dr. Pipelet.

Durante o período em que Luís Carlos esteve sob a guarda de Simon, quase não há informações sobre a saúde do menino. Algumas anedotas sugerem que era razoavelmente boa. Em outubro, ele estava dando gargalhadas com uma piada; em meados de dezembro, estava brincando animadamente com seus passarinhos engaiolados; e no dia 27 de dezembro, um médico que visitou a esposa de Simon não viu nada de errado com a saúde do garoto. Por outro lado, alguns espiões ingleses relataram que nessa mesma época Luís XVII estava ficando cada vez mais fraco e sofria de diarreias. Também há o relato do artista Morier, que visitou o Templo durante o período de Simon como carcereiro e achou Luís XVII triste e melancólico; as linhas imaculadas de seu rosto estavam alteradas e suas costas começavam a se curvar. Deve ser observado, no entanto, que um dos quatro comissários que assinaram o certificado de que Simon lhes entregara Luís Carlos *em boas condições de saúde* era um médico. No mínimo por orgulho profissional, ele teria certamente feito objeções a essa elocução se tivesse notado qualquer coisa de anormal nas condições do pequeno prisioneiro.

Para que fosse admissível que o Menino do Templo e Luís Carlos fossem a mesma pessoa, temos de aceitar que a tuberculose se espalhou com tanta velocidade que o garoto, que estava razoavelmente bem de saúde no final de 1793, tornou-se um inválido apenas sete meses depois e morreu de tuberculose onze meses mais tarde. Pelo relatório da autópsia fica claro que o Menino do Templo estava com uma tuberculose grave e generalizada, que afetou os ossos, o trato intestinal e provavelmente outros órgãos. Temos um conhecimento considerável a respeito da história natural da tuberculose não tratada e do tempo que a moléstia leva para afetar vários sistemas orgânicos a partir de seu início.[44] Normalmente é preciso um ano, às vezes até três anos, para que os primeiros sinais de tuberculose óssea sejam detectados; e, como sabemos, o Menino do Templo tinha sinais manifestos de artrite tuberculosa quando foi visto por Barras em julho de 1794. Além disso, não é normal uma criança desenvolver uma tuberculose intestinal tão grave no espaço de apenas dois anos, a partir da infecção. Sabe-se, entretanto, que a resistência à infecção é afetada pela má nutrição e outros aspectos externos. O solitário prisioneiro da torre do Templo, tremendo em sua cela úmida e enfraquecido demais para comer, estava claramente predisposto a uma rápida propagação da enfermidade. É uma pena que o relatório da autópsia de Pelletan não apresente mais detalhes. Seria importante que os médicos tivessem se dado ao trabalho de examinar com mais cuidado as juntas e os ossos, mas eles não o fizeram. Foi também observado que as costas do Menino do Templo estavam extremamente recurvadas, mas Pelletan não parece ter examinado essa parte de sua anatomia. Na ausência de maiores informações clínicas, só se pode chegar a uma conclusão: embora improvável, não é impossível que, caso Luís XVII estivesse infectado pela tuberculose no início de 1793, sua vida possa ter sido abreviada pela rápida propagação da doença apenas treze meses depois.

O CORAÇÃO DO MENINO DO TEMPLO

COMO SABEMOS, o dr. Pelletan embrulhou o coração do Menino do Templo em seu lenço, após a autópsia de 1795, e o levou para sua casa, na rue de Touraine. Colocou-o então num frasco de cristal com álcool e o escondeu atrás de uma fileira de livros, na prateleira superior da estante de sua biblioteca. Ao examinar o frasco oito ou dez anos mais tarde, ele o encontrou sem nenhum líquido; e o coração estava completamente ressecado. Pelletan o acrescentou a uma coleção de exemplares anatômicos secos que mantinha sobre sua mesa. Como não queria ser acusado de monarquista dissimulado, ele não o mostrou a ninguém, exceto a seu aprendiz, o dr. Tillus. Durante muitos anos, Pelletan não prestou muita atenção ao coração, até que um dia percebeu que tinha desaparecido. Como sabia que Tillus era a única pessoa ciente de sua existência, ele decidiu localizar seu ex-aprendiz, que o deixara alguns anos antes, para se casar. Quando Pelletan encontrou a casa de Tillus, em 1810, a esposa do médico lhe disse que seu marido morrera recentemente de tuberculose. Quando questionada, ela apresentou uma bolsa com o coração do delfim. O aliviado dr. Pelletan logo reconheceu "o objeto que vira e tocara mais de mil vezes" e o levou de volta para casa. Em 1814, quando a monarquia Bourbon foi restaurada, o doutor achou que chegara a hora de devolver o coração de Luís XVII à família real. Sem dúvida esperava receber uma recompensa, como leal servidor da monarquia. Mas, como sabemos, Luís XVIII era muito cauteloso em qualquer assunto que se referisse ao Delfim Desaparecido, possivelmente por suspeitar de que a criança autopsiada por Pelletan não era o verdadeiro Luís XVII. Além disso, os invejosos colegas de Pelletan no hospital o haviam acusado de acalentar simpatias bonapartistas, o que levou Luís XVIII e seus cortesãos a ter sérias dúvidas sobre as motivações do médico e a autenticidade da relíquia que ele lhes estava oferecendo.

Depois que Luís XVIII foi sucedido por Carlos X, o dr. Pelletan reiniciou suas tentativas de devolver o coração à família Bourbon. O monsenhor De Quelen, arcebispo de Paris, concordou em atuar como intermediário. Em 1828, ele assumiu a posse do coração, que depositou em sua biblioteca, até que conseguisse persuadir o rei a aceitá-lo. Mas em julho de 1830 ocorreu um desastre. Em meio aos grandes tumultos que tomaram as ruas de Paris, uma turba invadiu e pilhou a residência do arcebispo. Um gráfico chamado M. Lescroart entrou na biblioteca e viu a caixa de madeira onde estava um frasco de cristal com o coração seco e um maço de documentos em que Pelletan atestava sua autenticidade. Lescroart pegou a caixa de madeira, mas um dos desordeiros a tirou dele; quando Lescroart tentou defender seu butim, o outro homem o golpeou com sua espada, estilhaçando tanto a caixa quanto o frasco de cristal. Para não sofrer outro

Dr. Pelletan, guardião do coração. Ilustração extraída do livro *The King Who Never Reigned* (O rei que nunca reinou — Londres, 1908).

golpe de espada, Lescroart fugiu, carregando o maço de documentos. Ao ler os papéis alguns dias depois, ele ficou consternado ao saber que estivera tão próximo de ficar com aquela relíquia tão singular. Pelletan morrera em 1828, mas seu filho, o dr. Philippe Gabriel Pelletan clinicava no mesmo endereço. O gráfico entrou em contato com ele. Lescroart e o jovem Pelletan se dirigiram até o que restava do palácio do arcebispo, esperando encontrar o coração entre os destroços. Na biblioteca, eles se depararam com os restos do frasco de cristal. Quando já estavam prestes a desistir da busca, encontraram um pedaço de tecido escuro, no qual o coração estava embrulhado.

O jovem dr. Pelletan pôs o coração em outro frasco de cristal, juntamente com os fragmentos do frasco anterior. O coração não passou por maiores peripécias até a morte de Pelletan, em 1879, quando foi repassado para o primo de sua esposa, o arquiteto Prosper Deschamps. Esse tentou persuadir um dos Bourbon exilados, o conde de Chambord, a aceitá-lo, mas o nobre pediu mais provas de sua autenticidade. Em 1887, Deschamps morreu, deixando o coração para Edouard Dumont, filho de um primeiro casamento de sua esposa. Em 1895, Dumont e um amigo, o historiador monarquista Maurice Pascal, ofereceram o coração a Don Carlos, duque de Madri, principal pretendente Bourbon ao trono francês. Afinal de contas, era o centésimo aniversário da morte de Luís XVIII, e eles acharam muito apropriado que o coração fosse se juntar às outras relíquias da família Bourbon. Quando Don Carlos concordou em recebê-lo, Pascal levou o coração até Veneza e o entregou a ele. Algumas semanas depois, o coração foi colocado no relicário dos Bourbon, no Palácio de Frohsdorf, na Áustria, ao lado do gorro usado por Maria Antonieta no dia de sua execução, e de sua echarpe manchada de sangue. O coração permaneceu lá por quase meio século, até que a princesa Massimo, filha de Don Carlos, levou-o de volta para a Itália, em 1942. Foi uma sábia precaução, pois o Palácio de Frohsdorf foi pilhado por tropas soviéticas em 1945; ninguém sabe o que teriam feito com o coração de um príncipe de 150 anos de idade. Em 1975, duas das filhas da princesa Massimo deram

70   OS GRANDES IMPOSTORES

O coração do Menino do Templo em sua urna, como pode
ser visto hoje. Foto da coleção de M. Philippe Delorme,
reproduzida com permissão.

o coração de presente ao duque de Bauffremont, presidente do memorial dos reis e rainhas da França, na Basílica de Saint-Denis, nos arredores de Paris, onde se juntou a uma grande coleção de relíquias de vários reis, rainhas e príncipes da antiga dinastia Bourbon.[45]

MISTÉRIO SOLUCIONADO?

EM 1995, FORAM dados os primeiros passos para o uso da tecnologia de DNA na solução do mistério do Delfim Desaparecido. O pesquisador holandês J. H. Petries e o professor Philippe A. Boiry sabiam que o túmulo de Naundorff, em Delft, fora aberto em 1950, para que fosse verificada a hipótese de que ele fora envenenado por arsênico, como alegavam os naundorffistas – não fora. O úmero direito ainda estava na Holanda, assim como amostras de cabelo extraídas por ocasião da morte de Naundorff, em 1845, e de sua exumação, em 1950. Os dois pesquisadores também conseguiram amostras de cabelo de Maria Antonieta e de duas de suas filhas. Duas descendentes vivas de duas tias de Maria Antonieta, pelo lado materno, concordaram em fornecer amostras de sangue e de cabelos. A ideia era usar a análise do DNA mitocondrial para testar a hipótese de que Naundorff era filho de Maria Antonieta. As mitocôndrias são organelas subcelulares que desempenham importante papel na geração da energia celular. Elas contêm seu próprio DNA, que é sempre herdado pelo lado materno, pois as mitocôndrias são transferidas através dos óvulos, não dos espermatozoides. O DNA mitocondrial está presente em um grande número de cópias, devido à abundância de mitocôndrias, e tem a vantagem adicional de ter mais probabilidades de sobreviver por longos períodos de tempo que o DNA cromossômico. O DNA mitocondrial tem duas regiões em seu chamado laço de deslocamento (D-loop) que variam consideravelmente entre indivíduos que não compartilham a mesma descendência matrilinear; é possível analisar sequências dessas regiões nos casos de identidade questionada. Se Naundorff fosse realmente Luís XVII, seu DNA mitocondrial seria idêntico aos de Maria Antonieta e suas tias. Petries e Boiry conseguiram a cooperação de um laboratório de genética da Universidade de Louvain, na Bélgica, e de outro em Nantes, na França. Os descendentes de Naundorff aprovaram a pesquisa e concederam autorização oficial para o uso dos restos mortais de seu antepassado.

As amostras de cabelo das tias de Maria Antonieta foram tiradas de um rosário que pertencera à imperatriz Maria Teresa, mantido em um convento de Klagenfurt. As amostras de Maria Antonieta vieram de uma coleção privada, em Cannes, e de um documento mantido na Biblioteca da Universidade de Nijmegen. Os cientistas descobriram que as amostras de Maria Antonieta e suas duas irmãs coincidiam. O DNA mitocondrial do úmero de Naundorff apresentou diversas sequências que não combinavam com as de Maria Antonieta, suas duas irmãs e as descendentes vivas. Os cientistas concluíram então que era muito improvável que Naundorff fosse filho de Maria Antonieta.[46] Boiry, um naundorffista, discordou com veemência, assim como o descendente de Naundorff então candidato ao trono, que se apresentava como príncipe Charles Louis Edmond de Bourbon, ou rei Carlos XII da França. Ambos exigiram que os ossos de Naundorff fossem exumados mais uma vez e que esses indiscutíveis restos mortais fossem também analisados. Mas essa sugestão, que teria um peso muito grande se tivesse sido feita antes da análise, não foi acatada.[47]

Em 1998, o historiador Philippe Delorme sugeriu que, de modo a provar que Luís XVII de fato morrera na torre do Templo, o coração do menino deveria ter seu DNA comparado com as amostras das descendentes da Casa de Habsburgo relacionadas anteriormente. Delorme estava convencido da autenticidade do coração, apesar de sua fantástica história, e conseguiu persuadir os curadores da Basílica de Saint-Denis a emprestá-lo para uma análise. Após cuidadoso exame, um anatomista declarou que aquele coração pertencia a uma criança entre 5 e 10 anos de idade; estava totalmente ressecado, duro como pedra, e suas medidas eram de 6 x 3 x 2 centímetros; cerca de dois centímetros de aorta ainda estavam ligados a ele. Pedaços do músculo cardíaco e da aorta foram então retirados e o coração foi devolvido ao relicário real.

Se o DNA mitocondrial daquele coração não combinasse com os de Maria Antonieta e suas irmãs, haveria um clima de festa entre os historiadores que acreditavam que ocorrera uma troca de crianças. Os racionalistas, porém, poderiam rebater facilmente o resultado lançando dúvidas sobre a autenticidade do coração. Em primeiro lugar, o dr. Pelletan poderia ter mentido sobre ter ficado com o coração, inventando tal história apenas para cair nas boas graças dos Bourbon e evitar ser acusado de ter simpatias revolucionárias. Em segundo lugar, o coração poderia ter sido trocado com facilidade, quando fora "perdido e encontrado" em 1810 ou 1830. Afinal, um coração ressecado se parece com qualquer outro.

Mas o resultado da análise foi que o DNA do coração combinava com o de Maria Antonieta e suas irmãs, e a conclusão foi que Luís XVII de fato morrera no Templo.[48] Os racionalistas soltaram um suspiro de alívio coletivo. A notícia de que o mistério do Delfim Desaparecido fora solucionado pela ciência após mais de dois séculos alcançou as primeiras páginas de jornais no mundo inteiro.

O QUE A ANÁLISE de DNA prova é que o coração provém de uma criança aparentada, pelo lado materno, à imperatriz Maria Teresa, mãe de Maria Antonieta. A imperatriz teve nada menos que dezesseis filhos, dos quais onze eram meninas. Muitas das irmãs de Maria Antonieta se casaram com membros de famílias reais ou nobres, e tiveram vários descendentes. Não era incomum, entre a nobreza europeia, guardar os corações dos mortos, o que era feito durante o embalsamamento. Poderia o coração do Menino do Templo ter sido trocado em alguma época com o de algum dos descendentes da Casa de Habsburgo?[49] Seria possível que o dr. Pelletan, de alguma forma, tenha obtido um coração oriundo da realeza? É muito pouco provável. Afinal, se ele queria enganar os Bourbon, poderia facilmente ter conseguido um coração adequado durante suas atividades médicas e declarado que pertencia ao Menino do Templo. Não há registro de que Pelletan tivesse acesso a algum repositório de relíquias reais. Sua história de como o coração fora levado pelo dr. Tillus constitui um hiato, mas aparenta ser verdadeira. E Pelletan, evidentemente, não teve nenhuma dúvida de que o coração que recuperou era o verdadeiro. O hiato mais importante na odisseia do coração ocorreu na época de seu desaparecimento durante o saque do palácio do arcebispo. Uma pista vital sobre essa questão provém de um dos artigos sobre o coração publicado na década de 1890. Ao descrever a biblioteca do arcebispo de Paris, o artigo afirma claramente que, durante sua breve permanência na coleção do prelado, o coração do Menino do Templo foi mantido ao lado do coração de seu irmão mais velho, Luís José. Em uma carta, o próprio Pelletan se refere ao interesse do arcebispo nesses dois régios corações, e a seu plano de depositá-los na igreja do Val-de-Grâce.[50] Ali estava, portanto, o coração de outro filho de Maria Antonieta; um coração do tamanho certo e com o mesmo DNA mitocondrial. Não se sabe como o coração de Luís José foi preparado durante a autópsia. Mas pode muito bem ter sido imerso em álcool e depois secado. Foi então colocado em um relicário de chumbo dentro de um relicário de prata dourada, mais ornamentado.

Também não se sabe se o relicário de chumbo foi enchido com álcool ou com alguma preparação de ervas aromáticas. Os protocolos de embalsamamento de alguns reis franceses sugerem ritos elaborados, nos quais o coração seco era colocado em um recipiente de vidro contendo uma complicada infusão de ervas e especiarias.[51] Em uma cerimônia realizada em 12 de junho de 1789, o relicário contendo o coração de Luís José se juntou a uma coleção de 47 corações reais na capela do Val-de-Grâce. Em 1793, desordeiros parisienses irromperam na capela, jogaram os corações no chão e roubaram o ouro e a prata de suas urnas. Depois, com sua habitual falta de reverência pela realeza, empilharam os corações em um carrinho de mão e os jogaram numa grande fogueira que ardia na Place de Grève. Em 1817, entretanto, um secretário chamado Legoy compareceu diante do prefeito local para explicar que estivera na capela do Val-de-Grâce em 1793 e salvara dos vândalos o coração de Luís José. Segundo uma das versões, o prefeito contatou Luís XVIII e o coração foi depositado na Basílica de Saint-Denis. Mas quando Philippe Boiry fez suas investigações, em 1999, evidenciou-se que o coração de Luís José não estava na Basílica de Saint-Denis, nem havia qualquer indício de que tivesse estado lá.[52] Isso confere credibilidade ao relato de que o coração estava na biblioteca do arcebispo em 1830. Boiry também fez outra descoberta interessante: dois relatos independentes dando conta de que, durante a pilhagem do palácio do arcebispo, a urna contendo o coração de Luís XVII fora roubada e atirada no Sena. Confrangedoramente, uma das histórias dizia que o coração jogado no rio estava em uma caixa de chumbo (o de Luís José?); a outra, que estava em um frasco (o do Menino do Templo?).[53]

Uma terceira alternativa, que ainda não foi descartada, é a de que o coração foi trocado pelo de algum descendente de Maria Teresa entre 1895 e 1975, enquanto se encontrava no Palácio de Frohsdorf. Um dos argumentos contra essa hipótese é que, de modo geral, a aparência do coração está bem de acordo com as descrições de 1894. Algumas discrepâncias intrigantes foram apontadas, no entanto. Em 1894, foi declarado especificamente que o coração tinha oito centímetros de comprimento, dois centímetros a mais que o coração examinado em 1999. Mas um exemplar anatômico seco como esse não encolhe com a idade. Além disso, a descrição de 1894 informa que o ventrículo esquerdo está achatado e deformado; em 1999, porém, estava grande e dilatado. É possível que o coração do Menino do Templo fosse trocado pelo de um descendente da Casa de Habsburgo durante sua permanência em Frohsdorf? Sabemos que a urna deve ter sido aberta pelo menos uma vez, pois os fragmentos da urna original desapareceram. Também sabemos que outros corações de Bourbon e Habsburgo eram mantidos em Frohsdorf. A historiadora Laure de La Chapelle descobriu uma curiosa carta, escrita por um padre jesuíta francês, mencionando que um coração tido como sendo de Luís XVII encontrava-se em Frohsdorf em 1885. Ele não pode ser o coração de Luís XVII, que, como se sabe, só foi aceito por Don Carlos em 1895.[54] Há uma distinta possibilidade de que fosse o coração de Luís José. Há uma história tradicional, em Frohsdorf, de que o coração do delfim foi guardado pela duquesa de Angoulême, irmã de Luís XVII. Da duquesa, passou para o conde de Chambord, e deste, para a coleção de relíquias de Frohsdorf. Essa curiosa tradição, repetida pela princesa Massimo numa época tão recente quanto 1975, indicaria que no final do século XIX havia dois corações de delfins em Frohsdorf: um mantido pela duquesa de Angoulême e pelo conde de Chambord, e mencionada pelo padre em sua carta de 1885; e outro, entregue a Don Carlos em 1895. A discrepância de tamanho referida acima pode na verdade sugerir que não foi o coração de Luís Carlos, menino de 12 anos, o órgão levado para a análise de DNA, e sim o coração de Luís José, menino de 9 anos.

O frasco de cristal traz a inscrição "Louis. Le coeur du Dauphin y est conservé",* que poderia servir para qualquer dos corações.

O VEREDICTO FINAL

O ENIGMA DO Delfim Desaparecido tem todas as características de um verdadeiro mistério histórico. O destino de Luís XVII é singularmente triste e trágico. Ao longo do tempo, muita gente tentou encontrar um final feliz para a história, com o pequeno rei mártir conseguindo fugir; mas avassaladoras evidências históricas e médicas depõem contra a hipótese de Luís XVII ter deixado a torre do Templo com vida. A hipótese de uma troca de crianças em janeiro de 1794 é muito mais poderosa. Tem o apoio de fontes contemporâneas e explicaria o enclausuramento do Menino do Templo, assim como muitas outras circunstâncias intrigantes. Mas a quantidade de indícios conflitantes torna quase impossível, para qualquer historiador, resolver o assunto. Dependendo de em quais testemunhas acreditar, é possível construir uma teoria convincente para a substituição de crianças devido à morte de Luís XVII, ou uma teoria igualmente convincente de que Luís XVII e o Menino do Templo eram a mesma pessoa. As evidências médicas, deve-se dizer, também não são conclusivas. Há indícios de que o Menino do Templo era mais alto e mais velho que Luís XVII, e tinha cabelos mais escuros. Por outro lado, os argumentos de que os ossos encontrados no cemitério de Sainte-Marguerite favorecem a hipótese da troca de crianças, apresentados por muitos escritores, não são válidos, pois os ossos não pertenciam ao Menino do Templo. Se o relatório da autópsia feito pelo dr. Pelletan não fosse tão deficiente, talvez fosse possível solucionar o mistério

---

* "Luís. O coração do Delfim está conservado aqui." (N.T.)

mediante uma análise crítica da tuberculose do Menino do Templo. Ainda assim, o rápido e inusitado progresso da doença torna improvável, embora não impossível, que Luís XVII e o Menino do Templo sejam a mesma pessoa.

O estudo do DNA mitocondrial prova que o coração analisado pertence a um descendente matrilinear da mãe de Maria Antonieta. A teoria da troca de crianças tem de estar errada, portanto, a menos que se presuma que houve uma troca de corações. Mais uma vez, isso é improvável, embora não impossível. Caso tenha mesmo ocorrido, não há nenhuma razão que leve a crer que a troca tenha sido deliberada. O dr. Pelletan era um homem honrado, e estava totalmente convencido de que a relíquia que levara com ele era valiosa. Os guardiães do relicário de Frohsdorf eram aristocratas idosos e conservadores. Para eles, o coração do delfim tinha um significado quase religioso; substituir o coração de Luís XVII por outro seria um enorme sacrilégio. Entretanto, a possibilidade de que o coração do então mais velho delfim Luís José estivesse no Palácio do arcebispo em 1830 e os enigmáticos relatos de dois corações no palácio de Frohsdorf na década de 1880 levantam uma dúvida: poderia o coração do Menino do Templo ter sido acidentalmente trocado pelo de Luís José? Philippe Delorme não tem a menor dúvida de que o coração analisado foi aquele guardado por Pelletan, e com razão ressalta que os argumentos contrários, citados acima, são todos circunstanciais. Ele também enfatiza que no século XVIII os corações de muitos integrantes da casa real francesa eram preparados com uma infusão de ervas e especiarias, antes de serem depositados na capela do Val-de-Grâce; se ficasse provado que isso foi feito com o coração de Luís José, os argumentos a favor de uma substituição de corações perderiam sua força. Mas o protocolo de embalsamamento está desaparecido, o que deu origem a especulações de que um protocolo menos rigoroso pode ter sido utilizado.

NOVAS REVELAÇÕES que têm vindo à luz desde o ano 2000 indicam que o mistério do Delfim Desaparecido está vivo e forte, embora atualmente se busquem provas de uma troca de corações, em vez de uma troca de crianças.

2

O Mistério de Kaspar Hauser

Ele veio como alguém que aparece sem convite,
Certo de ser bem-vindo à casa de um dos seus;
Mas como um prisioneiro, em vez de um convidado,
Partiu sem ser forçado. Para onde? Ninguém soube,
Nem de onde ele veio. Problema insolúvel, ele,
Tal como Kaspar Hauser ou o Máscara de Ferro.*

— E. R. Lytton Bulwer, *King Poppy*.

NO DIA 26 DE MAIO de 1828, Georg Weichmann, sapateiro de Nuremberg, estava de pé em frente à sua casa na Unschlittplatz, uma praça logo ao sul do rio Pegnitz. Era feriado e havia poucas pessoas nas ruas da antiga cidade.[1] Por pura curiosidade, Weichmann ficou observando um garoto de 16 ou 17 anos, que, descendo desajeitadamente a colina, se aproximava de sua casa. Era um garoto entroncado, de ombros largos, compleição

---

* He came as one who uninvited comes,/ Secure of welcome, to a kinsman's hearth;/ And rather as an inmate than a guest/ He went, unbidden. Whither? No one knew,/ Nor whence he came. An unsolved problem he,/ Like Gaspar Hauser, or the Iron Mask. (N.T.)

Kaspar é trazido a Nuremberg. De uma gravura da época.

saudável e rosto inexpressivo; seus olhos azuis tinham uma expressão vazia. Vestia roupas de camponês, de aspecto esdrúxulo, e um par de botas que pareciam pertencer a um menino muito mais jovem. Ao ver o sapateiro, o garoto berrou, em um dialeto que não era o local: "Olá, rapaz!" E depois: "Rua do Portão Novo!" Apesar de sua estranha aparência e de seu cumprimento um tanto rude, Weichmann se ofereceu para mostrar ao desconhecido a rua que ele procurava.[2] Ao atravessarem o rio, o garoto puxou um grande envelope selado e o entregou a Weichmann. Vendo que estava endereçado ao "Capitão do Quarto Esquadrão do Regimento de Schmolischer", o sapateiro disse ao garoto que era melhor eles irem até

A ilustração mais conhecida de Kaspar Hauser, vestido como quando foi encontrado em Nuremberg.

o posto da guarda, que ficava na própria rua do Portão Novo. O garoto então exclamou: Guarda! Guarda! Portão Novo deve ter sido construído há pouco tempo!" Mas o sapateiro respondeu que não era bem o caso, pois o portão era na verdade muito antigo. Ao se aproximarem do velho e imponente portão de pedra, Weichmann perguntou ao garoto de onde ele viera. O garoto respondeu: "Regensburg." Weichmann pediu notícias da cidade dele, mas o garoto parecia saber muito pouco. Ao entrarem no posto da guarda, o garoto respeitosamente tirou o chapéu e entregou a carta. O cabo que estava de serviço disse a ele onde o capitão morava e lhe explicou como chegar lá. Achando que já fizera sua boa ação do dia, Weichmann voltou para casa.

O garoto misterioso não teve dificuldade em seguir as instruções recebidas. Ao chegar em frente à casa do capitão, ele mostrou a carta e disse a Merk, criado do capitão, que queria se alistar na cavalaria, como seu pai fizera.[3] Depois chorou e disse que não sabia de onde viera, exceto que era obrigado a viajar dia e noite. Aprendera a ler e a escrever e cruzava uma fronteira todos os dias para ir à escola. Quando lhe mostraram os cavalos da estrebaria do capitão, ele pareceu encantado e disse, em seu pesado sotaque: "Havia cinco desses onde eu estava antes!" Outro criado ofereceu carne e cerveja ao garoto, que reagiu com repulsa. Mas ele bebeu água sequiosamente e comeu um pouco de pão. Exausto e com os pés machucados, ele adormeceu sobre a palha da estrebaria. Às oito horas do mesmo dia, o capitão Von Wessenig voltou para casa e foi informado da presença do estranho visitante. Quando entrou na estrebaria, o garoto acordou de seu sono profundo e se aproximou dele, sorrindo com satisfação. Parecendo fascinado com o uniforme do oficial, com seus debruns dourados, segurou a bainha da espada e disse: "Eu quero ser isso!" Quando o capitão perguntou seu nome, ele respondeu: "Eu não sei, Excelência", retirando polidamente o chapéu e acrescentando que seu pai o instruíra a sempre tirar o chapéu e dizer "Excelência" para seus superiores. Merk entregou então a carta ao capitão, que leu a seguinte e extraordinária mensagem, escrita em caprichada caligrafia alemã:

> Honrado Senhor,
> Estou enviando ao senhor um garoto que deseja verdadeiramente servir a seu Rei. Ele me foi trazido em 7 de outubro de 1812. Eu sou um pobre trabalhador e tenho dez filhos; já trabalho muito apenas para me manter vivo. A mãe do garoto me pediu para criá-lo. Eu não fiz perguntas a ela nem informei à polícia que o garoto estava aos meus cuidados... Eu o criei como Cristão e, desde 1812, não o deixei se afastar um passo da casa. Portanto, ninguém sabe onde ele foi criado. Ele mesmo não sabe o nome da minha casa nem o lugar onde fica; o senhor pode perguntar a ele, mas ele não vai conseguir responder. Eu lhe ensinei a ler e a escrever, e ele sabe escrever tão bem quanto eu. Se o senhor perguntar a ele o que ele quer ser, ele vai dizer que quer ser um cavalariano, como o pai. Se os pais dele estivessem vivos (não estão), ele seria um professor. Mostre a ele qualquer coisa e ele conseguirá fazer.
> Eu só o levei até Neumarkt; a partir daí ele seguiu sozinho... Honrado senhor, o senhor pode perguntar a ele onde eu vivo, mas ele não sabe. Eu o tirei da casa no meio da noite; ele não sabe o caminho de volta. Sinceramente, seu... eu não vou informar meu nome, pois posso ser punido.
> E ele não tem nem um Kreutzer no bolso, como eu também não tenho. Assim, se o senhor não quiser ficar com ele, mande-o embora ou o enforque na chaminé.

Essa carta, cujo empedernido final forma um desagradável contraste com os sentimentos melífluos expressados antes, estava sobrescrita desta forma: "Da fronteira bávara; lugar sem nome, 1828." E havia uma curta anotação, escrita com a mesma tinta e muito provavelmente pela mesma pessoa, mas com caracteres latinos:

O garoto é batizado; ele se chama Kaspar; o senhor deve lhe dar um sobrenome. Peço ao senhor que o crie. Seu pai era um membro da cavalaria. Quando completar 17 anos, mande-o para o Regimento de Schmolischer, em Nuremberg, que é onde o pai dele costumava estar. Imploro ao senhor que o crie até ele completar 17 anos. Ele nasceu em 23 de abril de 1812. Eu sou uma pobre moça; não posso ficar com o garoto; o pai dele está morto.[4]

O capitão não tinha a menor ideia do que deveria fazer com aquele recruta fora do comum, mas um oficial da polícia achou que o garoto deveria permanecer em custódia. No posto policial, o sargento Wust pediu-lhe asperamente que informasse seu nome e o lugar onde residia. O garoto sentou-se e escreveu Kaspar Hauser em uma letra clara e legível. Mas, quando instado a dizer de onde viera, disse: "Não posso... porque eu não sei." A todas as outras perguntas ele respondeu com seu forte sotaque: "Eu não sei." Ou "Eu quero ser um cavalariano, como meu pai." Quando lhe deram uma moeda, ele ficou entusiasmado como uma criança pequena e gritou: "Caval! Caval!", sinalizando com gestos que queria pendurar a moeda no pescoço de algum cavalo. Quando outro policial ameaçou deixá-lo sozinho em uma densa floresta se ele não informasse suas origens, Kaspar chorou amargamente e suplicou: "Na floresta não, na floresta não!" Como não podia (ou não queria) contar nenhuma história coerente a respeito de si mesmo, Kaspar foi preso como vagabundo na torre de Luginsland. Para chegar à sua cela, teve de subir uma escadaria com 92 degraus. Os policiais examinaram as roupas surradas de Kaspar, com o propósito de encontrar alguma pista do lugar de onde ele viera. Suas botas não tinham nada de especial, exceto por estarem muito usadas e parecerem pequenas demais para ele. A calça tinha um reforço entre as pernas, como calças de montaria. O paletó de Kaspar era originalmente um fraque, como demonstravam as lapelas; depois fora remodelado por alguém com pouca habilidade. Tanto o paletó quanto o lenço traziam a letra K bordada no tecido. Os bolsos de Kaspar continham um rosário, uma chave usada, um livro de orações e folhetos religiosos impressos em Praga, Salzburgo e Burghausen; um deles era muito antigo, fora impresso em 1770. A descoberta mais extraordinária foi um papel dobrado contendo uma pequena quantidade de ouro em pó.

O carcereiro da torre de Luginsland, um homem chamado Hiltel, ficou admirado com o estranho comportamento do jovem prisioneiro. Agora ele parecia incapaz de andar e entender o que lhe era dito. Ele não tocava em nenhum alimento, com exceção de água e pão preto. Quando algumas gotas de cerveja ou café eram pingadas na água, ele vomitava e ficava com dor de cabeça; quando um pedaço de carne foi escondido em seu pão, ele logo sentiu o cheiro e se afastou com repugnância. Kaspar era muito medroso e chorava à menor provocação. Quando o filho de 2 anos de Hiltel se aproximou dele, ele recuou dizendo: "Não bater em mim!" Ao avistar um objeto brilhante, ele tentou pegá-lo, como se fosse uma criança; mas, quando o objeto foi tirado de seu alcance, ele chorou. Quando alguém colocou uma vela na frente dele, ele estendeu a mão para a chama e queimou os dedos. Quando diante de um espelho, ele tentou tocar seu próprio reflexo. Depois deu a volta no espelho, para encontrar a pessoa que achava estar lá dentro. O carcereiro, que o observava atentamente, nunca descobriu nenhum sinal de fingimento. Aos poucos, foi ficando cada vez mais impressionado com a natural inocência do estranho prisioneiro; se já não tivesse muitos filhos, ficaria feliz em adotá-lo. Dois médicos, Preu e Osterhausen, que examinaram Kaspar, escreveram relatos sobre suas descobertas.[5] O garoto parecia ter 16 ou 17 anos, era forte e bem-nutrido. Sua expressão facial era apática e animalesca. Suas mãos e pés eram macios, sem nenhum calo; mas seus pés estavam com bolhas.

A certeza de Hiltel de que Kaspar não era um criminoso nem um impostor gradualmente modificou a opinião da polícia de Nuremberg; o garoto permaneceu em sua cela na torre, mas passou a ser tratado mais como uma criança negligenciada e abandonada. Boatos começaram a circular a respeito daquele estranho "garoto selvagem" que estava na torre, e muitos moradores da cidade foram vê-lo. Algumas pessoas lhe deram brinquedos e moedas. Também ganhou um cavalo de madeira, que o encantou mais que qualquer outro presente. Outros visitantes queriam ver coisas invulgares, e ameaçavam o garoto com uma espada para vê-lo tremer; ou, às escondidas, adulteravam sua dieta simples para observar os vômitos e a diarreia que se seguiam. Todos ficavam assombrados com aquele entroncado rapaz de 16 anos que se comportava como uma criança pequena. Ele tinha um andar vacilante e seus modos eram extremamente infantis. Kaspar achava que seus cavalos de madeira estavam vivos, e tentava alimentá-los com pão e água. Quando o carcereiro cravou um prego em um deles, Kaspar ficou inconsolável. À medida que seu vocabulário começou a aumentar, os visitantes se congratulavam por o estarem ensinando a falar. Ele falava de si mesmo na terceira pessoa, mas logo conseguiu se fazer entender de forma razoável. Certo dia, Kaspar recebeu um visitante ilustre: o juiz Anselm von Feuerbach, presidente do tribunal de recursos.[6] O juiz tivera o cuidado de aparecer cedo, antes da habitual multidão de pessoas curiosas, pois queria ver com calma aquele estranho garoto. Quando o juiz entrou na cela, acompanhado por um oficial do exército, Kaspar correu até eles confiantemente, muito impressionado com o uniforme reluzente do oficial. Feuerbach lhe mostrou uma grande moeda suja e uma pequena moeda brilhante. Kaspar preferiu pegar a moeda menor, embora o juiz tentasse persuadi-lo de que a moeda grande valia mais. Feuerbach simpatizou muito com o garoto: Kaspar era virtuoso e obediente, além de quase obsessivamente limpo e arrumado com suas roupas e pertences. Sua memória era notável, assim como sua sede de conhecimentos.

Por fim, chegou o dia em que Kaspar foi capaz de dizer que se lembrava de sua vida anterior.[7] Ele disse que, antes de ser levado a Nuremberg, vivia quase sempre preso em uma cela de 1,80 m ou dois metros por 1,20 m de largura. As pequenas janelas existentes estavam tapadas por tábuas, o que deixava Kaspar em constante escuridão. Ele não conseguia ficar de pé nem se deitar propriamente naquela estreita masmorra; portanto, passara a vida toda sentado. Todas as manhãs, ao acordar, ele encontrava um pedaço de pão e uma jarra com água a seu lado. Às vezes, a água tinha um gosto amargo e ele dormia logo depois de bebê-la. Quando acordava, descobria que suas roupas tinham sido trocadas e suas unhas, aparadas. Estava quase sempre contente em sua cela. Durante o dia, brincava pacientemente com seus três brinquedos — dois cavalos e um cachorro de madeira —, que decorava com fitas vermelhas e azuis. Ele se vestia com uma camisa e uma calça de couro descoberta na altura das nádegas; ao lado dele havia um buraco onde podia fazer suas necessidades. Kaspar nada sabia a respeito do dia e da noite e da passagem das estações. Na verdade, não tinha nenhuma noção de tempo. Ele jamais ouvira um som, fosse de humanos ou animais, e nem mesmo de um trovão. Mas, certo dia, um banquinho com um pedaço de papel foi posto diante dele; um braço se estendeu no escuro calabouço, colocou um lápis em sua mão e a guiou sobre o papel até Kaspar conseguir escrever o próprio nome. Quando lhe questionaram se perguntara a si mesmo de onde viria aquele braço, o patético garoto respondeu: "Por que eu faria isso? Eu não tinha ideia de que havia outras pessoas no mundo!" Mais tarde, ele foi ensinado a falar, ou melhor, a repetir algumas frases simples, como: "Eu quero ser um cavalariano, como meu pai." Alguns dias depois do término dessa educação rudimentar, Kaspar foi arrastado para fora da cela e ensinado a dar alguns passos sozinho. Depois foi abandonado dentro dos portões de Nuremberg, com a carta nas mãos.

Ninguém pareceu duvidar da história fantástica: policiais, médicos e o próprio juiz Von Feuerbach se sentiram ultrajados com essa crueldade sem precedentes. O nome de Kaspar Hauser estava nos lábios de todos os cidadãos de Nuremberg. Kaspar foi formalmente adotado pela cidade, que doou uma quantia em dinheiro para sua manutenção e educação. O prefeito de Nuremberg, que se chamava Binder, distribuiu uma convocação onde pedia a todos os cidadãos de bom coração que relatassem à polícia de Nuremberg qualquer pista ou suspeita que tivessem, por mais

Kaspar em sua masmorra. De uma gravura da época. A imagem é fantasiosa: observe a cama, a janela aberta e as proporções espaçosas da cela.

remota que fosse, a respeito daquele crime desumano.[8] Em especial, o desaparecimento de alguma criança de 2 a 4 anos, de doze a quatorze anos antes, seria encarado com a maior desconfiança. Mas embora essa proclamação tenha sido amplamente divulgada — todos os jornais alemães e alguns estrangeiros publicavam longos artigos sobre o estranho destino de Kaspar —, nenhum fragmento de prova foi trazido à luz. Anselm von Feuerbach passou muito tempo refletindo sobre o mistério: se foram dedicados esforços tão grandes a isolar Kaspar do restante da humanidade, ele deveria ser alguém muito importante, possivelmente de origem real. Feuerbach estava aborrecido com as frases desdenhosas e odiosas das duas cartas trazidas por Kaspar, além da vil ironia do nome que lhe foi dado: "Hauser", que poderia significar alguém sempre mantido entre quatro paredes.* Ele também notou o sarcasmo no título de um dos folhetos que Kaspar carregava no bolso: "A Arte de Recuperar os Anos Perdidos e o Tempo Desperdiçado."

KASPAR E SEU TUTOR, DAUMER

ENTRE AS PESSOAS de Nuremberg que se interessaram por Kaspar estava Georg Friedrich Daumer, um jovem professor primário que se aposentara precocemente, aos 27 anos, devido a problemas de visão,[9] e passou a dedicar a maior parte de seu tempo a estudos pseudo-históricos. Uma de suas ideias favoritas era a de que a religião dos antigos judeus envolvia sacrifícios humanos, e que todos os primogênitos eram queimados vivos ou mortos em rituais canibalescos. Daumer também acreditava que os judeus haviam feito o êxodo do Egito por uma rota muito maior

---

* *Haus* significa casa em alemão. (N.T.)

do que outros historiadores supunham: perambularam por todo o continente da Ásia e passaram para o Alasca (o estreito de Bering estava congelado quando eles o cruzaram, segundo ele, mas descongelou a tempo de engolfar o exército do faraó, que os perseguia). Ele se aventurava em espiritualismo, homeopatia e outras formas de charlatanismo da época. Embora muitas pessoas em Nuremberg achassem Daumer excêntrico, e muitas delas acreditassem que ele estava longe de ser mentalmente são, ninguém objetou a que ele se tornasse guardião e tutor de Kaspar.[10] Daumer vivia numa casa em Nuremberg com sua mãe e a irmã, e Kaspar se tornou seu hóspede permanente. Juntamente com um médico homeopata chamado Paul Sigmund Preu, Daumer realizou uma série de experimentos com Kaspar, a quem ministrou diversos medicamentos homeopáticos, observando os arrotos, vômitos e diarreias que provocavam. Kaspar parecia reagir até às mais leves diluições das drogas, provando assim as teorias do mentor de Preu, Samuel Hahnemann, criador da homeopatia. Além disso, o estranho garoto tinha os mais incríveis poderes magnéticos. Agulhas e outros objetos de ferro o atraíam; ele podia conduzir Daumer a agulhas e tesouras que haviam sido escondidas. Isso provava, para a satisfação do excêntrico professor, algumas de suas teorias sobre o "magnetismo telúrico". Daumer também afirmava que Kaspar podia enxergar em completa escuridão e que sua audição e olfato eram sobrenaturalmente aguçados. Os dois charlatões procuravam até os menores sintomas de doenças em sua jovem "cobaia", que tratavam com drogas homeopáticas a qualquer tosse ou espirro.[11]

Mas Georg Friedrich Daumer não era somente um bufão. Era um homem de bom coração, que estava visivelmente fascinado com aquele estranho garoto, que acreditava ter sido vítima de um crime dos mais hediondos e que se esforçou para educar. Daumer via Kaspar como um raro exemplo de ser humano "natural", já que o longo encarceramento em uma masmorra o preservara dos efeitos corruptores da sociedade. Assim sendo, Kaspar era uma refutação viva da doutrina do Pecado Original. Humilde e gentil, ele não reagia a insultos, nem mesmo a golpes, e chorava amargamente quando via um animal sendo morto ou uma criança sendo castigada. Kaspar não odiava nem o carcereiro brutal que o mantivera na masmorra, mas Daumer se recorda de que, certa vez, ao ver o estrelado céu noturno pela primeira vez, ele ficou assombrado com a beleza de tudo aquilo, e lamentou ter sido isolado por tanto tempo. Kaspar respondia bem à paciência e à bondade de Daumer e logo fez progressos tão rápidos na leitura, na escrita e em outros assuntos que muita gente achou que ele deveria ter notáveis dotes mentais. Isso acrescentou combustível aos persistentes rumores de que ele devia ser alguém que nascera com elevada posição social.[12] Embora fraco e amedrontado em outros aspectos, Kaspar era um excelente cavaleiro: após algumas lições rudimentares, ele se tornou capaz de montar até os cavalos mais difíceis e caprichosos.[13] Feuerbach se recorda de que Daumer atribuiu a desenvoltura de Kaspar na sela ao efeito anestesiante de ter permanecido muitos anos sentado no chão duro.

Mas, após um ano com Daumer, Kaspar começou a mudar. Embora Daumer jamais duvidasse de sua história e permanecesse afeiçoado ao menino como amigo e tutor, ele lastimava que "a natureza de seu pupilo tivesse perdido tanto de sua pureza original e manifestado uma tendência altamente lamentável à falsidade e à dissimulação".[14] Kaspar às vezes matava aulas para perambular ou cavalgar nos campos próximos a Nuremberg. Daumer atribuía essas mudanças à modificação na dieta de Kaspar: comer carne havia enfraquecido seus talentos homeopáticos e magnéticos, e aos poucos transformara a maravilhosa criança de Nuremberg em um garoto comum. Na manhã de 17 de outubro de 1829, ocorreu uma discussão, após Kaspar ter obstinadamente negado que matara suas aulas, embora Daumer tenha verificado que ele fora visto fora dos muros da cidade. Mais tarde, naquele mesmo dia, a criada de Daumer descobriu uma poça de sangue na escada e seguiu uma trilha dele até o porão, onde encontrou Kaspar semiconsciente, com uma ferida sanguinolenta na testa.[15] Ao ser levado para o interior da casa, sofreu um ataque epilético tão forte que foram necessários três homens para imobilizá-lo no chão; depois, ele permaneceu inconsciente por quase 48 horas. Em seu delírio, ele repetia as palavras: "Não me mate! Por que homem me mata? Eu também quero viver! Eu nunca fiz mal a você!... Eu cavalguei até Fürth, não fui à Erlangen em Wallfisch!"[16] Ao se recuperar, Kaspar disse a Daumer que naquele mesmo dia, mais cedo, fora visitar a casa do homeopata dr. Preu, que lhe oferecera uma noz. Kaspar não sabia ao certo se aquele tipo de alimento poderia afetar seu estômago delicado, mas o doutor, sempre ansioso para fazer experiências, persuadiu-o a aceitar um pedaço da noz. O pobre Kaspar logo começou a se sentir mal e, ao retornar à casa de Daumer, teve de pedir licença para não comparecer às aulas. Às 11h45 ele foi até a varanda coberta, onde permaneceu sentado por um longo tempo. De repente, ouviu um barulho no lado de fora. Foi olhar para ver quem era, mas ficou paralisado quando viu um estranho mascarado, vestido de preto, com botas e luvas reluzentes. O homem disse: "Você precisa morrer antes de sair de Nuremberg!", e lhe deu uma forte pancada na cabeça com um cutelo de aspecto ameaçador. Kaspar caiu no chão, inconsciente. Depois de voltar a si, correu até o porão para se esconder, formando uma trilha com o sangue que escorria de sua testa. Kaspar disse mais tarde que, embora não pudesse ver o rosto do homem, ele o reconhecera como seu antigo carcereiro. Seguiu-se uma grande caçada ao quase assassino, mas ninguém que correspondesse à descrição foi encontrado. Tudo o que a polícia conseguiu trazer à luz foram dois relatos sobre um homem vagamente parecido com a descrição de Kaspar

Kaspar atacado na casa de Daumer. Outra gravura fantasiosa.

saindo da casa de Daumer e, depois, lavando as mãos em uma calha. Uma mulher, no entanto, foi inflexível ao declarar que ninguém, a não ser um mendigo, estivera na casa de Daumer na hora em que Kaspar fora ferido.

Após o atentado contra a vida de Kaspar, o interesse nele retornou, e houve muitas especulações de que ele deveria ser, no fim das contas, alguém que nascera com elevada posição social. Feuerbach aventou que o motivo do ataque homicida fora que os jornais haviam noticiado que Kaspar estava escrevendo sua autobiografia, e que o cérebro por trás do complô contra ele decidira que teria de silenciá-lo. Para impedir outras tentativas de assassinato, dois guardas foram designados para proteger Kaspar, dia e noite. A essa altura, Daumer já estava farto de suas funções como guardião de Kaspar. Reclamou que seu físico frágil e saúde debilitada não o qualificavam como tutor, ou melhor, guarda-costas, de alguém que era alvo de assassinos. Tendo de sair da casa de Daumer, Kaspar foi morar com Herr Biberbach, um rico mercador que se declarou disposto a tomar conta do garoto abandonado.[17] Todos os relatos concordam que Kaspar não estava feliz na casa de Biberbach. O barão Von Tucher, guardião de Kaspar, reclamou com Feuerbach que os dois guardas se comportavam de forma licenciosa com as criadas de Biberbach, e que o puro Kaspar sofria por estar na companhia constante daqueles brutos. Além disso, Frau Biberbach, que Von Tucher descreve como uma senhora nervosa, muito excitável, não exercia uma influência benéfica. Daumer insinuou que aquela mulher perversa e sensual desejava ter Kaspar como seu "brinquedinho", mas o casto rapaz resistira a seus avanços.[18] Fosse qual fosse a verdade dessa acusação, feita muitos anos mais tarde e sem a corroboração de nenhuma fonte contemporânea, era evidente que Frau Biberbach nutria uma forte antipatia por Kaspar. Afirmava que ele mentia descaradamente e, quando descoberto, tinha violentos ataques de fúria. Certa vez o mandaram para seu quarto por ter mentido, ordem que ele acatou com expressão amuada. De repente, ouviu-se o barulho de um tiro. Os dois guardas foram até o quarto de Kaspar e o encontraram no chão, novamente com um ferimento na cabeça. O garoto explicou que subira num banco para pegar um livro em uma prateleira alta, mas escorregara e agarrara uma pistola carregada que estava pendurada na parede. Essa pistola pertencia a um conjunto de duas, que algum indivíduo mal-orientado dera de presente ao rapaz — tão sujeito a acidentes — como uma última linha de defesa contra o estranho de preto.[19] Depois desse incidente, Biberbach achou que já era demais, e Kaspar foi levado pelo barão Von Tucher, em cuja casa era monitorado com mais atenção e se mantinha ocupado com seus estudos. Seu orgulhoso guardião logo relatou a Feuerbach que as tendências anteriores de Kaspar a mentir e a se mostrar haviam diminuído; agora ele estava ansioso para aprender e era muito inteligente. Von Tucher estava muito contente com seus progressos e esperava que Kaspar fosse aceito como aprendiz de um encadernador de Nuremberg, de modo a se tornar um membro útil da sociedade. Mas um personagem mais sinistro desse drama tinha outros planos.

LORD STANHOPE INTERFERE

PHILIP HENRY, o quarto conde de Stanhope, nasceu em 1781, em uma família ao mesmo tempo ilustre e mal-afamada.[20] Era sobrinho do primeiro-ministro William Pitt, mas seu pai era uma pessoa excêntrica e sua irmã mais velha, Lady Hester Stanhope, ainda mais: vivia no Líbano como uma déspota oriental. Philip Henry estudou na Universidade de Erlangen e permaneceu um germanófilo pelo resto da vida. De 1806 a 1818, foi membro do Parlamento, mas passou a maior parte do tempo viajando pelo continente europeu. Não é de modo algum improvável que ele atuasse como espião não oficial do governo britânico; a fachada de viajante rico lhe oferecia amplas oportunidades para conhecer diversos governantes alemães e italianos, cujas atividades políticas eram importantes para a grande aliança contra Napoleão. Em 1816, ele herdou o título de conde e ocupou seu assento na Câmara dos Lordes. Era um homem bem-apessoado e aristocrático. Sob todos os aspectos, parecia um cavalheiro inglês que vivia em meio ao luxo, como convinha a um rico *grand seigneur*. Pouco se sabe sobre como ele financiava suas extravagâncias, entretanto, pois ele nunca ocupou nenhum cargo remunerado, e a fortuna da família não era muito grande. Pode ser que ele tenha mantido seu emprego em meio expediente, como um superespião de alta linhagem; também é provável que ele trabalhasse como agente secreto político para vários príncipes alemães. Em 1829, na época em que Kaspar Hauser foi ferido, Stanhope estava em Nuremberg. Depois de ouvir tudo sobre o misterioso garoto abandonado, interessou-se por ele. A filha de Stanhope, mais tarde, escreveu que o pai era um homem muito bom, impetuoso e entusiástico, com tendência a formar amizades sentimentais. Ele fez de tudo para se encontrar com Kaspar, mas a multidão de policiais, médicos e curiosos era tão grande que não conseguiu uma audiência com a celebridade ferida.[21] Dois anos depois, quando Kaspar estava vivendo tranquilamente com Von Tucher, Lord Stanhope retornou. Muitas pessoas se impressionavam favoravelmente com sua família ilustre, seu título de nobreza, sua fortuna e sua prodigalidade, mas o puritano barão Von Tucher não gostou dele. Stanhope, no entanto, demonstrou grande afeição pelo garoto abandonado e, avidamente, procurou aprender todos os detalhes de sua patética história. Inundou Kaspar com presentes caros, concedeu-lhe quinhentos *gulden* como anuidade vitalícia e deu-lhe cem *gulden* para despesas miúdas. Ambos logo estavam se tratando pelos primeiros nomes e passando muito tempo juntos. Lord Stanhope se declarou convencido de que Kaspar deveria ser alguém de família ilustre, e se comprometeu a lhe restituir seu lugar na sociedade. Isso reacendeu a vaidade de Kaspar, que começou a falar em como trataria seus súditos quando fosse um príncipe. Aborrecido com as ideias sentimentais do conde e sua influência corruptora sobre Kaspar, Von Tucher renunciou à guarda do rapaz, logo assumida por Lord Stanhope. Anselm von Feuerbach foi completamente cativado pelo conde, e expressou sua alegria com o fato de que Stanhope adotaria o pobre Kaspar e o levaria para a velha e feliz Inglaterra, onde o garoto cresceria cercado de riquezas e privilégios, a salvo das forças sinistras que ameaçavam a sua vida.

Lord Stanhope. Em uma gravura da época.

Em busca das verdadeiras origens de Kaspar, Lord Stanhope ficou muito impressionado com algumas experiências feitas com o rapaz depois que este pareceu entender algumas palavras em húngaro. Kaspar mergulhou em convulsões quando alguém mencionou o nome Pusonbya (a cidade de Pressburg); e ao ouvir o nome Bartakowick (o nome de solteira da condessa Maytheny), ele gritou: "Essa é a minha mãe!" Circulou também uma história escandalosa, divulgada por um padre católico, que denunciou um pastor chamado Wirth e uma governanta chamada Danbonne como sequestradores de Kaspar Hauser. Segundo o padre, eles o haviam roubado da família de uma condessa que vivia perto de Pest. Uma francesa chamada Anna Dalbonne, que fora governanta na Hungria, desmaiou ao ouvir a história, e morreu mais tarde em um hospício. O impetuoso Lord Stanhope decidiu então que Kaspar deveria ser levado à Hungria, acreditando que a visão de diversos castelos e cidades húngaras, além de uma contínua exposição à língua húngara, seria a melhor forma de instigar a memória dele. O conde se incumbiu de pagar todas as despesas da viagem de Kaspar e seu acompanhante, Josef Hickel, o tenente da polícia. Mas, apesar da riqueza de Stanhope e do empenho de Hickel, a viagem foi um fracasso total. Kaspar não reconheceu nenhum prédio ou monumento, e parecia ter perdido qualquer conhecimento da língua que pudesse algum dia ter tido.[22] Um nobre húngaro, que se encontrou com Kaspar em Munique mais tarde, disse que ele e o filho riam muito quando se lembravam do estranho garoto e seu comportamento histriônico. O conde escreveu posteriormente que, dessa época em diante, começou a alimentar dúvidas sobre o caráter e a autenticidade de Kaspar.[23]

Tão logo se tornou guardião de Kaspar, Lord Stanhope pareceu ir perdendo interesse no estranho rapaz, o que se tornou mais evidente após a malograda viagem à Hungria. Nunca sequer cogitou realmente adotar

Kaspar, ou mesmo levá-lo à Inglaterra. Em vez disso, deixou Ansbach em janeiro de 1832 e voltou a se dedicar a suas misteriosas atividades, circulando pela Europa e visitando diversos magnatas. Kaspar ficou hospedado na casa de um professor primário de Ansbach chamado Johann Meyer — um disciplinador severo e tacanho que não se notabilizava propriamente pela bondade com os alunos. Uma forte antipatia mútua logo se desenvolveu entre ele e Kaspar. É fato que Meyer estava espionando Kaspar, e é provável que fizesse isso seguindo instruções de Lord Stanhope. Em particular, Meyer estava ansioso para pôr as mãos num diário que Kaspar estava escrevendo, mas embora ele ameaçasse e tentasse intimidar seu pupilo — e até vasculhasse seus pertences às escondidas — Kaspar conseguia escondê-lo.[24] Kaspar jamais obtinha permissão para sair de casa desacompanhado, e poucas eram suas distrações: educação religiosa com o pastor Fuhrmann, um amável indivíduo que gostava muito de Kaspar, fazia visitas ocasionais à casa de Feuerbach e comparecia a diversas festas organizadas pelos cidadãos de Ansbach. Todos os dias, Meyer lhe incutia à força uma dose de história, latim e matemática. Não é nenhuma surpresa que Kaspar aprendesse pouca coisa com aquele tirano pedante, nem que Meyer escrevesse longas cartas a Lord Stanhope, lamentando a falta de empenho de seu aluno. A maior queixa de Meyer era que Kaspar tinha propensão a mentir, principalmente quando precisava de desculpas para sair daquela casa onde sua vida era tão infeliz. Porém, como Daumer notara antes, quase todas as mentiras de Kaspar eram invenções infantis, e não falsidades deliberadas. No final de 1832, Feuerbach providenciou para que Kaspar trabalhasse em seu próprio tribunal, como aprendiz de escrevente. Embora Meyer objetasse que aquele trabalho era difícil demais para o cérebro moroso de seu pupilo, Kaspar parece ter executado suas tarefas conscienciosamente.

Provavelmente a mais fiel imagem de Kaspar. Litogravura de J. N. Hoff, baseada em um retrato pintado em 1830.

Mas Feuerbach tinha ainda outro projeto. Ele nunca deixara de refletir sobre o mistério de Kaspar Hauser, e no início daquele mesmo ano publicara um livro sobre o caso, que classificava como um exemplo de assassinato da alma. Esse crime obscuro e enigmático roubara a infância de Kaspar.[25] Feuerbach achava que Kaspar devia ser um filho legítimo em vista dos cuidados que haviam sido tomados para manter seu nascimento em segredo. Os métodos radicais utilizados para isolar Kaspar do restante da humanidade, além do extraordinário poder e dos recursos de que dispunham os responsáveis por aquele crime jamais visto, indicavam que o rapaz deveria ter nascido com elevada posição social. Feuerbach nada adiantou a respeito de que posição seria essa, mas deu a entender que a solução do mistério estaria por trás dos "portões dourados de certos palácios"; particularmente, ele estava convencido de que Kaspar era o desaparecido príncipe herdeiro de Baden. Mas Feuerbach morreu de repente, em maio de 1833, e Kaspar perdeu seu melhor amigo. Meyer foi se tornando cada vez mais confiante em suas intimidações, e chegou a declarar abertamente que Kaspar era apenas um mentiroso, uma fraude, que simulara o atentado contra sua vida para obter simpatia e atenção.

A MORTE DE KASPAR HAUSER

NO DIA 14 de dezembro de 1833, um sábado, às 8h da manhã, Kaspar Hauser se encaminhou à casa do pastor Fuhrmann para sua aula de religião. O pastor queria que Kaspar o ajudasse na confecção de uma caixa de cartolina, mas o garoto percebeu que o desligado pastor comprara uma cartolina fina demais para esse propósito. Ele mesmo adquiriu um material de melhor qualidade e mergulhou na tarefa com entusiasmo. Às 9h da manhã, dirigiu-se ao tribunal para iniciar suas atividades como escrevente; lá permaneceu até as 12h30, hora de seu almoço na casa de Meyer. Seu entusiasmo com a caixa de papelão era tanto, porém, que ele retornou à casa do pastor às 12h45 e trabalhou diligentemente até as 14h27, hora em que o pastor lhe disse que estava indo para a igreja. Alguns minutos depois, com relutância, Kaspar interrompeu seu trabalho e caminhou ao lado do pastor por alguns quarteirões. Parecia alegre e ativo. Disse que iria à casa da srta. Lilla von Stichaner, que conhecera em um dos jantares de Feuerbach, para ajudá-la a fazer um guarda-fogo, coisa que lhe prometera na quarta-feira anterior. Então se afastou do pastor e seguiu em direção à casa da srta. Von Stichaner. Mas aconteceu alguma coisa que o fez mudar de ideia.[26]

Pouco antes das 15h, duas pessoas viram Kaspar andando na direção do parque Hofgarten. Logo em seguida, a mulher e a filha de outro cidadão de Ansbach o viram caminhando no parque. O tempo estava muito frio, com muito vento, e Kaspar estava sozinho. O operário Joseph Leich avistou Kaspar mais tarde, andando na companhia de um homem de aparência estranha. Ficou espantado por ambos estarem ao relento, com aquele tempo abominável, principalmente porque Kaspar estava sem sobretudo. Ele descreveu o homem como tendo 1,80 m de altura e cerca de 40 anos. Tinha uma barba escura, com bigode; usava um casaco azul e um chapéu preto, de copa redonda. Antes, às 14h30, um tanoeiro chamado Pfaffenberger vira Kaspar caminhando sozinho e notara que ele parecia alegre; por volta das 15h, ele se encontrou com Leich, que lhe falou sobre Kaspar e o estranho no Hofgarten. Mais tarde, evidenciou-se que sete outras testemunhas, entre elas um policial e um professor da escola, haviam visto um desconhecido que correspondia à descrição de Leich na praça principal ou no Hofgarten. Um fazendeiro disse que devia ter havido uma luta, pois vira um homem com a mão manchada de sangue saindo dos jardins do parque. Às 15h30, a campainha tocou na casa de Meyer. Quando este abriu a porta, Kaspar Hauser pulou para dentro. Contraindo o rosto espasmodicamente, ele apontou para o lado esquerdo de seu peito, e depois para a rua. Ainda sem uma palavra, segurou a mão do professor e o puxou na direção do Hofgarten. Meyer percebeu que Kaspar estava com um leve sangramento no peito, e lhe perguntou se ele sofrera algum acidente no parque. Kaspar acenou de forma afirmativa e, aos arquejos, conseguiu enfim falar: "Fui ao Hofgarten... homem tinha faca... Me deu bornal... Facada... Corri o mais depressa que pude... Bornal ainda está lá!" O professor perguntou o que, para início de conversa, ele estava fazendo no parque com aquele tempo horrível. Ao que Kaspar respondeu: "Homem foi ao tribunal hoje de manhã... Mensagem de que eu deveria estar no Hofgarten às duas e meia, que ele queria me mostrar uma coisa!" Então, ele desmaiou. Meyer o arrastou para dentro de casa e o deitou no sofá.

Kaspar Hauser é assassinado. Litogravura de Walde.

Ao recobrar o sangue-frio após esses dramáticos acontecimentos, Meyer pôs sua mente estreita para funcionar. Tinha fortes suspeitas de que o rapaz forjara outro ataque contra si mesmo, para obter atenção e compaixão. Afinal, o ferimento não parecia grave. Meyer falou a Kaspar sobre suas suspeitas e o repreendeu por sua brincadeira de mau gosto. Com o garoto gemendo de dor no sofá, Meyer ameaçou lhe dar uma boa surra. Embora intimidado por mais de uma hora, Kaspar não mudou sua história. Por fim, pisando duro, o professor saiu de casa para procurar um médico. Um certo dr. Heidenreich foi até a casa e examinou Kaspar. Provavelmente influenciado pela opinião de Meyer, para quem não havia nada de grave, ele enfiou o dedo no ferimento aberto para avaliar sua profundidade. Mesmo naquela época, tinha-se alguma noção de que não era uma coisa inteligente, sobretudo para um médico, usar o próprio dedo para sondar um ferimento; mas Heidenreich não era propriamente um luminar da profissão médica. Para seu espanto, o ferimento era muito profundo. Ele deve ter sentido um choque tremendo quando seu dedo quase tocou o coração de Kaspar, ainda pulsante. O abalado Heidenreich declarou que a vida de Kaspar, com certeza, corria perigo. Chocado com essa informação, o professor correu até o posto policial para relatar o crime. Um policial foi até o lugar em que Kaspar dissera ter sido esfaqueado, próximo ao memorial de um poeta chamado Uz. Lá, encontrou um bornal contendo um pedaço de papel, mas nenhum sinal do autor do crime nem qualquer pista valiosa.[27] Um texto misterioso estava escrito no papel, palavras que têm intrigado os historiadores desde então:

Para ser entregue.
Hauser poderá lhe dizer exatamente quem sou eu, e de onde eu venho,
mas, para poupar trabalho a você, eu mesmo farei isso:
Eu venho de...

> Na fronteira da Baviera,
> Às margens do rio...
> Eu até vou dizer meu nome... M.L.Ö.

Mais tarde, naquele mesmo dia, outro médico local, o dr. Horlacher, foi consultado; confiantemente, ele declarou que o ferimento era muito superficial e que Kaspar logo iria se recuperar. Aliviado, Meyer disse aos amigos que o ferimento era apenas um arranhão, e que o pobre garoto estava apenas com uma icterícia leve, resultante do abalo nervoso.[28] Ao ser formalmente interrogado pela polícia, Kaspar disse que fora abordado fora do tribunal por um indivíduo com aparência de operário, que o convidou para ir até o Hofgarten para observar alguns primitivos artefatos de argila encontrados em um poço recém-escavado, que estavam em exibição. Embora artefatos de argila não sejam coisas tão interessantes assim, e embora o tempo estivesse frio e úmido, Kaspar, obediente, fora até o local marcado para o encontro, mas não encontrara ninguém lá. Após esperar alguns momentos, ele caminhou até o memorial de Uz. De repente, um homem se aproximou dele, segurando um bornal, e disse: "Estou lhe dando este bornal de presente." Enquanto Kaspar pegava o bornal, o homem o golpeou no peito com um punhal. O policial lhe mostrou então o bornal, que Kaspar reconheceu como o que deixara cair no chão. Kaspar disse que o homem que o apunhalara não era o operário de aparência comum que encontrara naquela manhã; o assassino era um homem maior, de rosto rubicundo, barba e bigode. Estava usando um chapéu preto e, talvez, um sobretudo. Essa história extraordinária tinha diversas inconsistências, uma das quais foi detectada pela polícia: se Kaspar temia por sua vida, por que fora sozinho até uma parte desolada da cidade, e por que não saíra correndo quando um desconhecido o abordara? Em voz fraca, Kaspar replicou que, agora que tinha um pai adotivo (o sempre ausente Lord Stanhope), imaginara que nada mais tinha a temer. Revelou-se mais tarde que Kaspar já tinha visto os artefatos de argila e deveria saber que nenhum deles estava sendo exibido no dia em questão. Nenhum jardineiro ou operário do Hofgarten fora enviado para encontrá-lo. Várias pessoas o viram sair correndo do parque em direção à casa de Meyer, mas ele não gritara por socorro.

Depois de alguns dias, ficou evidente que a confiança do dr. Horlacher era tristemente inoportuna; Kaspar estava muito doente, com febre alta, fraqueza e icterícia. Enquanto agonizava de dor em sua cama, os médicos trapalhões pouco podiam fazer além de observá-lo. Meyer tentava persuadir os policiais de que Kaspar apunhalara a si mesmo; e o fazia ao alcance dos ouvidos do rapaz, que dizia: "*Ach Gott*, ter de partir deste mundo assim, desesperado e desonrado!" Kaspar Hauser morreu na noite do dia 17 de dezembro de 1833.

Como a morte de Kaspar foi considerada suspeita, foi ordenada uma autópsia. Quatro médicos uniram forças nessa empreitada: o patologista forense Albert e os clínicos gerais Koppen, Horlacher e Heidenreich. Três dos médicos fizeram relatórios independentes sobre a autópsia, onde expressaram suas próprias opiniões sobre as origens do ferimento de Kaspar.[29] Isso teria sido benéfico se os médicos fossem razoavelmente competentes, mesmo para os padrões da época, mas o fato é que o pobre Kaspar foi tão mal servido pela classe médica após sua morte quanto o fora em vida. Descobriu-se que a punhalada atravessara o pericárdio e ferira de forma superficial o ápex cardíaco antes de perfurar o lobo esquerdo do fígado e as paredes do estômago. Um ferimento como esse poderia ser fatal por si só, mas há diversos relatos de militares feridos em duelos e batalhas que sobreviveram a ferimentos mais sérios com pouca ou nenhuma assistência da classe médica. No caso de Kaspar, é provável que a causa da morte tenha sido pericardite bacteriana e pleurisia, resultantes da entrada do dedo contaminado do dr. Heidenreich no antes limpo ferimento feito pelo punhal — pois os médicos assinalaram que o pericárdio estava coberto por grandes pseudomembranas e que havia uma copiosa e malcheirosa exsudação pleural. Além dessas alterações e de alguns sinais de peritonite, provocada pelo ferimento no estômago, os outros órgãos de Kaspar se encontravam normais. A exceção era o fígado aumentado. Albert concluiu que esse fenômeno fora o resultado dos doze anos que Kaspar passara na masmorra. Ele sabia que os judeus costumavam aprisionar seus gansos em um pequeno compartimento, para que o fígado se tornasse maior! Heidenreich descobriu que o crânio de Kaspar era especialmente espesso, e que o cérebro era pequeno e menos convoluto que o normal. Mas o relatório da autópsia, assinado também por Horlacher e Koppen, não menciona nada de anormal no cérebro de Kaspar. Heidenreich, entretanto, era um frenologista; acreditava que o formato da cabeça e a estrutura geral do cérebro ofereciam boas pistas a respeito do caráter do indivíduo analisado. Sua preconceituosa teoria era a de que os doze anos que Kaspar passara encarcerado haviam tido efeitos desestabilizadores em sua estrutura cerebral, tornando seu cérebro semelhante ao de um animal.

Após se deparar com opiniões tão desanimadoras, o leitor não ficará surpreso em saber que os pareceres dos médicos sobre a questão do assassinato ou suicídio foram completamente divergentes. O extravagante dr. Heidenreich não conseguiu deduzir muita coisa a partir das descobertas da autópsia. Mas acreditava que seria difícil uma punhalada tão potente ser o resultado de uma tentativa de suicídio. Ele também ressaltou que naquele dia fatídico ninguém achara Kaspar deprimido ou abatido. Daumer escreveu que, em uma carta ao filho de Feuerbach, Heidenreich se declarou convencido de que Kaspar fora assassinado, mas estava amedrontado demais pelas controvérsias que poderiam advir, caso ele expressasse essa opinião no relatório oficial.[30] Em contraposição, o dr. Horlacher achava provável que Kaspar tivesse apunhalado a si mesmo, mas não ofereceu nenhum motivo, exceto o fato de achar que Kaspar era canhoto e, portanto, capaz de desfechar uma punhalada no próprio peito. Isso está em desacordo com os depoimentos do pastor Fuhrmann e do barão Von Tucher, que diziam que Kaspar era destro, sem qualquer dúvida. O tolo Horlacher replicou que os suicidas, muitas vezes, parecem alegres no dia em que decidem pôr fim à vida. Há bons indícios de que esse clínico geral era muito influenciado por Meyer e que, na verdade, colaborou com o trabalho do professor no sentido de encontrar provas de que Kaspar se matara.[31] O dr. Albert, o único dos médicos que tinha experiência forense, descobriu que a direção do canal do ferimento era inconsistente com um suicídio. Ele também sabia que os suicidas que usam facas geralmente desnudam o peito; é muito raro que se golpeiem através de quatro camadas de tecidos espessos, como se presumia que Kaspar tivesse feito. Nesses dois aspectos, a moderna ciência forense concorda com esse obtuso médico alemão.[32] Suicídio por facada infligida pelo próprio suicida, no peito ou no abdome, é um fenômeno bastante raro. É um método duvidoso e doloroso de suicídio; os conhecimentos de anatomia da maioria das pessoas são inadequados para aplicar um golpe mortal. Quando um corpo é encontrado com uma facada no peito, os cientistas têm meios de dizer se foi assassinato ou suicídio. Um suicídio costuma ter "marcas de hesitação" nos lugares em que foram feitas tentativas malsucedidas de penetração na caixa torácica; não havia nenhuma dessas marcas no peito de Kaspar Hauser. Também se sabe que uma linha de entrada vertical do ferimento, como no caso de Kaspar, seria um indício de assassinato. E, particularmente, é muito raro que o golpe seja desfechado através de roupas; os poucos casos relatados geralmente se referem a indivíduos muito desesperados: lunáticos em delírio, viciados sob efeito de drogas ou espadachins japoneses frenéticos.[33] Até mesmo Meyer admitia que, longe de ser atraído por facas, Kaspar sempre tivera medo de manusear objetos cortantes. Frau Biberbach acrescentou que Kaspar sempre se mostrava acovardado e assustado com o menor ferimento, sobretudo se visse sangue.[34]

Houve uma mobilização geral em busca do suposto assassino, mas sem nenhum resultado. O rei Luís da Baviera ofereceu uma grande recompensa por qualquer informação, e Lord Stanhope aumentou o prêmio. Mas ninguém jamais foi preso.[35] Esse fato teve um peso considerável quando o tribunal preparou seu veredicto final sobre a morte de Kaspar; foi argumentado que, caso existisse um assassino, a eficiente polícia bávara certamente o teria capturado. Meyer continuou atarefado como sempre, em seu trabalho de denegrir seu ex-aluno; sua própria esposa escreveu que ele não parava de visitar pessoas em Ansbach, para persuadi-las de que Kaspar era um salafrário mentiroso e abominável, que morrera por suas próprias mãos. Diante da esposa do dr. Heidenreich, o frenético professor apunhalou um grande pedaço de carne, que pusera sob o casaco, para demonstrar como Kaspar se matara.[36] Meyer também alegava que vira o bornal, ou um semelhante, em poder de Kaspar antes do incidente. Examinando o bilhete misterioso, escrito em *Spiegelschrift* (escrita especular, isto é, feita com a ajuda de um espelho), que Kaspar andara aprendendo, ele descobriu semelhanças com a caligrafia do rapaz, e um erro gramatical característico dele. O dono da papelaria de Ansbach constatou que o papel era semelhante ao que Kaspar usava, e que um pedaço dele foi encontrado em sua cesta de lixo. Além disso, o bilhete estava dobrado do modo como Kaspar gostava de fazer com as suas cartas. Testemunhas imparciais declararam mais tarde que Kaspar estava aprendendo escrita especular e que possuía um bornal semelhante ao que fora encontrado no parque.[37] Meyer também anotou tudo o que o delirante Kaspar disse em seu leito de morte, em particular as palavras que poderiam ter uma interpretação sinistra. Kaspar dissera: "Preciso escrever muito com um lápis... O que é escrito com um lápis ninguém pode ler!" Isso foi considerado como uma alusão ao bilhete misterioso. Quando perguntaram a Kaspar se ele desejava perdoar alguém por alguma coisa, ele dissera: "Quem sou eu para ter rancor de alguém, já que ninguém nunca me faz mal nenhum!" Os certificados contraditórios fornecidos pelos médicos poderiam sustentar qualquer versão dos acontecimentos, e receberam pouca atenção; a decisão da corte foi que não havia provas de assassinato. Esse veredicto pode ter sido influenciado pelas atividades do enigmático Lord Stanhope, que após a morte de Kaspar se posicionou violentamente contra ele. Em flagrante contraste com sua falta de interesse pelo rapaz durante seus últimos anos de vida, ele passou a viajar pela Alemanha, tentando persuadir as pessoas de que Kaspar era um impostor, e publicou livros em inglês e alemão divulgando essa teoria.[38]

A LENDA DO PRÍNCIPE KASPAR

DURANTE O PERÍODO de vida de Kaspar Hauser surgiram diversas hipóteses sobre suas origens. A maioria delas aventava que ele nascera nobre. Como vimos, o barão Von Tucher e Lord Stanhope acreditavam que ele era um nobre húngaro. O estouvado Daumer, no início, achou que ele fosse o herdeiro de um rico lorde inglês. Outra teoria, não menos ousada, foi a de que era um dos filhos de Napoleão. A hipótese mais importante, veiculada apenas algumas semanas após Kaspar ter aparecido em Nuremberg, foi a de que ele era o príncipe herdeiro de Baden, que fora roubado de seu berço em 1812. Feuerbach era um grande defensor dessa teoria, e quase todos os escritores que mais tarde trataram do assunto se alinharam com ele.

A lenda do príncipe Kaspar é a seguinte: o velho grão-duque de Baden, Carlos Frederico, teve três filhos de um casamento morganático com Luísa Geyer von Geyersberg, que recebeu o título de condessa de Hochberg. Essa mulher perversa e maquinadora se tornaria a nêmesis de Kaspar Hauser. Rapidamente, ela presenteou seu idoso marido com três príncipes e uma princesa — cujo pai, segundo boatos, não era o grão-duque, então na casa dos 70 anos, mas seu filho Luís. A condessa estava determinada a fazer de tudo para que seus filhos se tornassem os governantes do grão-ducado de Baden, em detrimento do príncipe Carlos, o único neto do velho grão-duque, oriundo de seu primeiro casamento. Carlos se casara com Estefânia de Beauharnais, enteada de Napoleão. Quando, em 1812, a grã-duquesa Estefânia deu à luz um principezinho, a maligna condessa entrou em ação. Paramentada como a Dama de Branco de Baden, um fantasma com a reputação de ser visto antes da morte de príncipes, ela conseguiu entrar no berçário real, deixando atrás de si uma trilha de criados assustados e damas desmaiadas. Tirou então do berço o bebê de três semanas e o substituiu por uma criança doente, que logo morreu de causas naturais. A grã-duquesa ficou desconsolada. A perversa condessa entregou o príncipe Kaspar a dois bandidos que trabalhavam para ela, e eles o entregaram à família da criança doente, a qual haviam roubado. Um dos criados da condessa de Hochberg, Christoph Blochmann, teve um filho por essa época, registrado como Johann Ernst, ou Kaspar Ernst. Presume-se que o príncipe Kaspar passou seus primeiros dois ou três anos com a família Blochmann, até que a maléfica condessa executasse a segunda parte de seu plano nefando, que foi contratar Anna Dalbonne, a desfalecente governanta que trabalhara na Hungria, para levar o menino até o castelo de Beuggen, às margens do Reno. Foi com ela que o jovem príncipe aprendeu algumas palavras em húngaro. Daumer forneceu uma nova evidência do encarceramento de Kaspar em Beuggen, publicando o desenho de um brasão que Kaspar vislumbrara em uma visão. Não é muito diferente do que ainda se pode ver no castelo de Beuggen. Mas Kaspar não permaneceria por muito tempo nesse lugar. Em 1816, uma garrafa com uma mensagem foi pescada no Reno, perto de Grand-Kemps; o bilhete trazia uma patética súplica em latim, escrita por um indivíduo preso numa cela subterrânea perto de Lauffenburg, também às margens do Reno. Fora assinado por um certo S. Hanès Sprancio — claramente um anagrama de "Sein Sohn Caspar" (seu filho Kaspar, em alemão). A pessoa que escrevera a mensagem deve ter sentido pena do principezinho cativo e esperava que a misteriosa súplica fosse decifrada por alguém a serviço do grão-duque Carlos. Isso não aconteceu, embora a mensagem fosse citada em diversos jornais alemães e franceses. Mas seu significado não escapou à maléfica condessa. Temendo uma vingança, ela decidiu levar seu prisioneiro para outro cárcere. Uma vez mais, descobertas realizadas no século XX forneceram indícios de seu paradeiro. Quando a romancista Klara Hofer comprou o castelo de Pilsach, em 1924, descobriu uma masmorra secreta. Uma de suas barras de ferro lembrava uma planta desenhada por Kaspar em 1829. Ao serem feitas reformas no castelo, em 1982, um pequeno cavalo de madeira foi encontrado em um quarto adjacente. Assim, nas palavras de um pesquisador recente, "nós agora conhecemos... a identidade do castelo em cuja masmorra Kaspar viveu durante doze anos".[39]

Enquanto o pobre Kaspar mofava no cárcere de Pilsach, a perversa condessa não ficou de braços cruzados: assassinou o pai do príncipe Kaspar, o grão-duque Carlos, o tio dele, Frederico, e seu irmão mais novo, Alexandre, assim como várias outras pessoas. Por ocasião de sua morte, em 1820, as perspectivas dinásticas de seu rebento pareciam seguras, exceto por um problema em potencial: o prisioneiro de Pilsach. Por algum motivo, aquele ser pobre e indefeso não fora assassinado, mas deixado em uma pequena cela, onde se tornara grande e forte, alimentado por uma dieta de pão e água. Após a morte da condessa, seu cúmplice, o major Hennenhofer, deu prosseguimento às ambições políticas que ela acalentava. Esse aventureiro sem escrúpulos, que de soldado raso se tornara oficial graças à sua associação com a condessa e suas atividades nocivas, tinha receio de se livrar definitivamente do príncipe Kaspar. Assim, em 1828, em vez de enviá-lo para junto de seus parentes pondo alguma coisa em sua água, Hennenhofer ordenou que Kaspar fosse libertado na cidade de Nuremberg. Mas o príncipe Kaspar não se tornou cavalariano, como Hennenhofer esperava, e sim acabou fazendo muitos amigos. Além disso, havia o perigo de que ele se lembrasse de seu passado. Quando começaram a surgir boatos de que Kaspar era o príncipe herdeiro de Baden, Hennenhofer mandou que o mesmo malfeitor que vigiava Kaspar em Pilsach o assassinasse na casa de Daumer. O brutal carcereiro falhou na tentativa, mesmo contando com a ajuda do pérfido Lord Stanhope, um agente contratado pela perversa condessa e seus descendentes, que foram a Nuremberg para participar do assassinato. Como dois policiais passaram a proteger Kaspar dia e noite, não era fácil, para Hennenhofer, executar um novo atentado contra a vida dele. Assim sendo, o astuto Lord Stanhope ludibriou os amigos de Kaspar, Daumer e Von Tucher, e se colocou em uma posição de autoridade e confiança. A viagem infrutífera à Hungria fora apenas uma manobra para afastar suspeitas e convencer as pessoas de que ele estava de fato do lado de Kaspar. A espionagem e a desconfiança de Hickel, seu brutal assecla, somado ao longo enclausuramento com o desprezível pedagogo Johann Meyer, tinham o propósito de enfraquecer o ânimo do príncipe, mas Kaspar, teimosamente, resistiu à influência degradante desses asquerosos guardiães. Há notícias de que a grã-duquesa Estefânia chorou com amargura depois de ler o livro de Feuerbach, e que expressou o desejo de conhecer Kaspar. Mas isso não aconteceu. Hennenhofer e Stanhope tentaram o assassinato mais uma vez e tiveram êxito. Após a morte de Kaspar, Stanhope iniciou sua campanha de difamação, auxiliado pelo professor de Ansbach. Feuerbach, que morrera no início daquele mesmo ano, também foi assassinado — mediante um veneno ministrado pelo próprio Stanhope. E houve rumores de que o maligno lorde liquidou outros amigos de Kaspar de modo semelhante.

Os defensores da teoria do príncipe alegam que alguns membros da casa de Baden realmente aceitaram Kaspar Hauser como o príncipe desaparecido, mas as provas estão longe de ser convincentes. Foi relatado que o príncipe Max, de Baden, prometeu transferir os ossos de Kaspar para a tumba da família, e que esse projeto foi abortado pela Primeira Guerra Mundial. Um último e adequado segmento dessa fantástica Lenda do Príncipe Kaspar é oferecido por uma das sessões realizadas pelo célebre médium Daniel Dunglass Home para a imperatriz Eugênia. Nessa sessão, o fantasma de Kaspar Hauser apareceu e se apresentou como o príncipe de Baden!

HAUSERIANOS E ANTI-HAUSERIANOS

MUITOS DOS AMIGOS de Kaspar ficaram ultrajados com a decisão do tribunal, que sugeria que Kaspar se matara; e mais ainda com Lord Stanhope, que de forma vil se voltara contra seu antigo filho adotivo. Daumer, Von Tucher e outros assumiram a defesa do garoto abandonado, e um debate feroz se estendeu por muitas décadas. Os hauserianos transformaram Kaspar em um paradigma da virtude, alguém quase semelhante a Cristo, uma figura que permanecia intocada na sua *via crucis* em meio à malta; os anti-hauserianos o acusavam de ser um impostor atrevido, que acabara morrendo por suas próprias mãos. Ou ele era um príncipe, ou um vagabundo — não havia meio-termo. A condessa Von Albersdorf, uma nobre de origem inglesa um tanto desequilibrada, que antes denunciara dois indivíduos inocentes como sendo os assassinos de Kaspar, e que tinha uma velha rixa com Lord Stanhope, escreveu um livro acusando o conde de ter tramado a morte do rapaz. Sebastian Sailer, por sua vez, tinha suas próprias razões para afirmar que Kaspar era o príncipe: ele era um republicano radical que desejava explorar o escândalo para acusar a casa de Baden, de modo a denegri-la, por um abominável crime dinástico.[40]

Em 1850, o fisiologista dinamarquês Daniel Eschricht publicou um panfleto crítico sobre Kaspar Hauser.[41] Os cuidados profissionais que prestara a prisioneiros dinamarqueses submetidos a uma dieta de pão e água deixavam-no pouco inclinado a crer que uma dieta assim resultaria em um organismo forte e bem-nutrido. O que, considerando as primeiras observações a respeito da aparência de Kaspar, em Nuremberg, lançaria uma dúvida considerável sobre a história de seu encarceramento. Mas Eschricht conhecia pouco a história de Kaspar Hauser, pois afirmava que ele era um idiota, com a mentalidade de um garoto de 2 ou 3 anos de idade. Há bons indícios, entretanto, de que tal avaliação do intelecto de Kaspar era bastante injusta. Ele sabia ler e escrever sem dificuldade; restam várias cartas suas, e todas lúcidas e bem-escritas. Kaspar chegou até a escrever poesia. O próprio Johann Meyer foi obrigado a admitir, a contragosto, que Kaspar não era tolo, pois era capaz de realizar bons progressos em seus estudos quando se dedicava a eles. Kaspar também possuía um genuíno talento artístico; diversos desenhos e aquarelas suas subsistem até hoje, e demonstram proficiência no uso da cor e da perspectiva. Além disso, Kaspar estava trabalhando como escrevente no serviço público, e mesmo aqueles que têm em baixa conta a administração pública dificilmente diriam que esse tipo de trabalho é compatível com uma criança de 2 ou 3 anos. Eschricht acusou Daumer de ser um simplório, pois prontamente ajudara e incentivara o impostor com suas ridículas experiências homeopáticas. Enraivecido com o ataque de Eschricht, o professor de Nuremberg escreveu um livro em que tentou refutar a argumentação do dinamarquês, mas suas estranhas teorias sobre fantasmas, homeopatia e magnetismo serviram apenas para enfraquecer sua causa. Daumer também divulgou que, em 1834, Lord Stanhope tentara voltá-lo contra Kaspar. Mas, quando o professor se mostrou firmemente leal a seu antigo pupilo, o conde saiu correndo de sua casa como se estivesse sendo perseguido pelo demônio. "Você não está vendo que ele é o ASSASSINO?!", gritou a velha mãe de Daumer, que estava presente. Ele estava planejando escrever um panfleto contra Stanhope na época, mas, como um sujeito misterioso o andava perseguindo com a mão direita enfiada no bolso, Daumer achou melhor preservar sua vida e evitar um ataque daquele que deveria ser, segundo presumia, um assassino contratado pelo conde. Ao comentar a confiança de Feuerbach na intenção, manifestada por Stanhope, de levar Kaspar para a Inglaterra, Daumer escreveu em sua prosa caracteristicamente carregada: "Sim, um refúgio seguro foi oferecido a ele, aquela vítima inocente do mais covarde e mortífero dos monstros: esse refúgio foi o TÚMULO; e, assim que seu corpo lacerado foi posto na cova, seu 'adorado padrasto' o acusou de ser um mentiroso desprezível, um impostor e um suicida!"[42]

Os trabalhos críticos importantes a respeito de Kaspar Hauser que surgiram em seguida foram publicados por Julius Meyer, filho do professor de Ansbach, que herdara os papéis de seu pai. Publicou diversas observações que lançaram dúvidas em relação à honestidade e ao caráter de Kaspar, embora a torpeza e o pedantismo de seu lastimável pai sempre estejam claros. Meyer também esquadrinhou os registros do caso e recolheu vários depoimentos de testemunhas, colhidos em 1829 e 1834. Teria sido uma iniciativa valiosa caso ele não tivesse sucumbido à tentação de *melhorar* os depoimentos, de modo a forjar "provas" de que

Kaspar era um impostor. A contribuição mais valiosa do jovem Meyer foi ter encontrado, entre os papéis do pai, uma folha que parece ter vestígios da escrita especular de Kaspar.[43] Uma vez mais, Daumer apresentou suas objeções; em um longo e delirante livro, ele acusou o velho Meyer de torturador e seu filho, de canalha mentiroso.[44] Pouco depois, Daumer declarou que alguém (provavelmente um anti-hauseriano) tentara assassiná-lo. Em 1881, Julius Meyer publicou outro trabalho dúbio, apresentado como sendo um manuscrito póstumo de Josef Hickel, o policial que acompanhara Kaspar na viagem à Hungria. O trabalho também está cheio de referências desabonadoras a Kaspar, mas não existe nenhuma evidência de que, durante sua vida, Hickel tenha alimentado qualquer dúvida a respeito da autenticidade de Kaspar.[45] Quando, em 1883, um impetuoso escritor alemão publicou um livro sobre o príncipe Kaspar contendo algumas observações injuriosas sobre Johann Meyer, o filho de Meyer o processou por calúnia, ganhou a causa e conseguiu que toda a edição da obra fosse destruída. Essa série de sucessos dos anti-hauserianos culminou, em 1887, com a publicação de um longo e infundado trabalho escrito pelo juiz Antonius von der Linde, que repassa o assunto através de um prisma preconcebido e onde Kaspar é chamado de canalha desprezível e impostor.[46]

Por volta dessa época, o interesse dos britânicos em Kaspar Hauser, adormecido desde a publicação dos trabalhos de Feuerbach e Stanhope, na década de 1830, foi reativado. Diversas publicações resenharam a literatura alemã sobre o assunto e brindaram com sua aprovação os trabalhos dos anti-hauserianos.[47] Porém, em 1892, surgiu o primeiro livro em inglês a promover com dedicação a teoria do príncipe. Foi escrito por Elizabeth E. Evans, cujas ridículas manifestações a favor do falso delfim Eleazar Williams já haviam sido notadas. Depois de ler os trabalhos alemães sobre o assunto publicados na época, ela regurgitou indiscriminadamente muitas das afirmações fantasiosas a respeito da Lenda do Príncipe Kaspar.[48] Sua prevenção contra Lord Stanhope era impressionante: ela o chamou de "o mais desprezível personagem nessa tragédia medonha". A srta. Evans afirmou que Stanhope fora um agente pago de uma sociedade bíblica, que negligenciava a própria família enquanto viajava pela Alemanha arrancando dinheiro de fanáticos religiosos. Ao ser contatado pelo pérfido major Hennenhofer, o lorde não tivera o menor escrúpulo em deixar de lado suas Bíblias e aderir à conspiração contra o príncipe Kaspar; usando os recursos mais traiçoeiros, ele enganou a grã-duquesa Estefânia e afastou Kaspar de seus amigos em Nuremberg. Não satisfeita em acusar o lorde de assassino, canalha e hipócrita, a srta. Evans interpretou da forma mais sinistra algumas observações vulgares feitas por Daumer sobre o comportamento por demais afetuoso de Stanhope em relação a Kaspar e seus frequentes "beijos e abraços". No final, ela fez a falsa afirmativa de que, em seu leito de morte, no ano de 1855, o execrável lorde estava totalmente louco e com medo de ir para o inferno por conta de seus crimes. A duquesa de Cleveland, filha de Lord Stanhope, escreveu um livro para defender seu pai, lamentando que pelas leis inglesas não fosse crime caluniar uma pessoa já falecida.[49]

Ao longo do século XX, Kaspar Hauser recebeu um tratamento melhor, em livros e periódicos, que qualquer outro pleiteante mencionado neste livro. A bibliografia sobre o caso contém pelo menos quatrocentos livros e dois mil artigos, na maior parte a favor da teoria do príncipe.[50] Na década de 1920, o dr. Hermann Pies, professor alemão, ficou fascinado com o mistério e decidiu publicar as evidências originais sobre o assunto. Embora acreditasse na Lenda do Príncipe Kaspar, ele fez o possível para se manter imparcial; seus muitos livros são inestimáveis para qualquer pesquisador sério, sobretudo porque muitos dos documentos originais foram destruídos durante a Segunda Guerra Mundial.[51] Mas Pies também acreditava em ocultismo e gostava de traçar paralelos entre a vida de Kaspar Hauser e a de Jesus Cristo. A seu ver, a *via crucis* de Kaspar se tornara um símbolo do destino humano. Rudolf Steiner, fundador da antroposofia, aventou que os judeus e os maçons haviam se aliado para criar um ser humano sem uma alma. Essa experiência monstruosa ocorreu em 1802, mas a criança (Kaspar Hauser) adquirira uma alma, apesar de tudo, e teria erguido um novo castelo do Santo Graal na Alemanha se os judeus e os maçons não o tivessem alcançado antes. Outro escritor especulou que Deus havia confiado uma missão ao príncipe Kaspar: unir os estados alemães em um grande reino que iria liderar o desenvolvimento espiritual da humanidade através de seus altos valores religiosos e morais. Mas, como sabemos, as forças do mal aniquilaram o príncipe, que foi posto numa masmorra e finalmente assassinado. As desastrosas consequências foram que, em vez de ser liderada pelo humilde e gentil príncipe Kaspar, a Alemanha foi unificada pelo belicoso kaiser Guilherme. Duas guerras mundiais, as atrocidades nazistas, a bomba atômica e a divisão da Alemanha em Oriental e Ocidental, tudo isso poderia ser atribuído ao fracasso da grande missão do príncipe Kaspar.[52] O historiador e antroposofista Peter Tradowsky foi mais a fundo nessa ridícula teoria: em sua opinião, quase todos os grandes eventos dos séculos XIX e XX estão ligados ao príncipe Kaspar, o Cristo do mundo moderno.[53] Tradowsky e seu colega, o historiador Johannes Mayer, publicaram mais tarde um volume com cerca de oitocentas páginas, profusamente ilustradas, que resume todo o caso sob uma ótica pró-Hauser.[54] Mais tarde, Mayer obteve permissão dos curadores dos arquivos de Stanhope — que devem ter esperado que o resultado fosse uma boa biografia — ara estudar as cartas e os papéis do lorde. O resultado foi um livro de setecentas páginas, onde o ousado historiador alemão afirmou que Stanhope fora um agente secreto a serviço da corte de Baden, cuja missão era "silenciar" as testemunhas do caso Kaspar Hauser.[55] O renascimento do interesse por Kaspar Hauser, desencadeado pelo trabalho de Pies e alimentado pelos influentes livros de Tradowsky e Mayer, deu origem a diversos livros, filmes, romances e peças de teatro sobre sua história, que em sua maioria aceita completamente a teoria do príncipe.[56] Mas, como no caso dos falsos delfins, isso se deve em grande parte à tendência em voga. As pessoas queriam ler relatos dramáticos sobre o rapto do principezinho e os maus tratos que ele recebeu, bem como teorias malucas sobre conspirações e assassinatos entre a aristocracia. Enquanto fantasistas que promoviam variações sobre o tema da teoria do príncipe não encontravam dificuldades para publicar as elucubrações de seus cérebros delirantes, valiosos trabalhos críticos permaneceram inéditos ou condenados a permanecer na obscuridade de publicações especializadas.[57]

Em 1996, o público leitor americano recebeu uma apimentada versão das aventuras de Kaspar, escrita pelo psicólogo Jeffrey Masson, controvertido biógrafo de Sigmund Freud e um dos principais proponentes da teoria das "lembranças recuperadas". Masson trabalhava em estreita colaboração com o historiador Johannes Mayer, e tinha boas oportunidades para efetuar uma contribuição significativa à análise do mistério, sobretudo por ter acesso a um manuscrito de Daumer recém-descoberto, com novas informações sobre os primeiros dias de Kaspar em Nuremberg. Bem-escrito e controverso, seu livro foi um sucesso, sendo um dos mais vendidos trabalhos sobre Kaspar Hauser de todos os tempos.[58] Mas a aceitação indiscriminada da Lenda do Príncipe Kaspar, por parte de Masson, e suas inusitadas teorias sobre psicologia infantil prejudicaram sobremaneira o livro. Nele, Masson afirmou que 38% de todas as mulheres são molestadas sexualmente antes dos 18 anos, e que os psiquiatras se mostravam céticos e desdenhosos quando as pacientes lhes contavam que haviam sido molestadas quando criança, usando o conceito da "síndrome das falsas lembranças" para desacreditá-las. Kaspar Hauser serviu, para ele, como uma metáfora de todas as crianças molestadas e infelizes do mundo, e seu livro faz muitas especulações sobre as "lembranças recuperadas" dos doze anos que Kaspar passou encarcerado.

ARGUMENTOS CONTRA A TEORIA DO PRÍNCIPE

UM DOS PRINCIPAIS argumentos históricos contra a Lenda do Príncipe Kaspar é a implausibilidade básica da história. Embora a condessa de Hochberg possa ter sido uma dama maquiavélica e impopular, não há nenhuma prova de que ela pudesse ter cometido assassinato em massa de seus próprios parentes, numa carnificina sem precedentes nos anais da nobreza germânica. Não há nem mesmo evidências de que esses indivíduos tenham sido assassinados; a maioria deles, se não todos, parece ter falecido de causas naturais. Além disso, mesmo se ela fosse capaz de tantos atos sanguinários, o rapto do príncipe Kaspar teria sido um crime sem muita importância, pois seus parentes, o grão-duque Carlos e a grã-duquesa Estefânia, tinham apenas 26 e 23 anos de idade, respectivamente, na época em que foi cometido. De fato, eles tiveram outros filhos. Luís e Frederico, tios do principezinho, também eram capazes de ter filhos. E, mesmo se alguém acreditar que a condessa estava envenenando todos os seus parentes, isso não explica por que ela não se livrou do príncipe Kaspar de modo semelhante e definitivo; afinal, ele constituía a maior ameaça a seus filhos, no tocante à sucessão. Já foi sugerido que ela queria manter Kaspar vivo para chantagear o grão-duque Luís e impedi-lo de se casar. Mas não há nenhuma evidência disso, nem uma explicação racional sobre como tal chantagem poderia ter sido executada.

Os proponentes da teoria do príncipe estão certos ao afirmarem que houve boatos de jogo sujo por ocasião da morte de ambos os filhos da grã-duquesa Estefânia. Mas as provas médicas indicam que o principezinho já estava muito doente quando viu a luz pela primeira vez, em setembro de 1812. Como era um bebê grande, seu parto foi difícil. Nasceu com hidrocefalia congênita e sofria repetidas convulsões. A própria grã-duquesa Estefânia estava de cama, foi Margravine Amalie, avó do jovem príncipe, quem cuidou dele. Ela o descreveu com minúcias em suas cartas, e é improvável que tanto ela quanto a governanta, Frau Holst, possam ter sido iludidas com uma troca de crianças, principalmente porque o principezinho era um bebê de aparência estranha, com uma cabeça enorme. As evidências em favor de uma troca de crianças também não impressionam; informações arquivadas registram que, longe de ter morrido quando bebê, Kaspar Ernst Blochmann se tornou soldado e viveu até os 21 anos.[59]

As teorias sobre o local onde estava o príncipe Kaspar antes de entrar em Nuremberg também não resistem a um exame crítico. Não há prova de que a mensagem na garrafa estivesse relacionada, mesmo de forma remota, com a casa de Baden. E alguns escritores descartam inteiramente sua relevância, afirmando que deve ter sido alguma brincadeira de estudantes com conhecimento de latim. A assinatura, Hanès Sprancio, pode ser interpretada como "Eu sou um idiota que não sabe onde está!". Não há qualquer evidência sólida que ligue Kaspar ao castelo de Beuggen ou ao de Pilsach; e existe uma razão especial para que se duvide da prova apresentada por Klara Hofer, a romancista. Além de imaginativa, ela era adepta da Lenda do Príncipe Kaspar. Já foi sugerido que ela inventou a história do cavalo de madeira para tornar mais interessante a de sua casa. O aposento que ela sugeriu ter sido a prisão de Kaspar é muito maior que o cubículo cujas medidas ele mesmo forneceu, em 1828. Os proponentes da teoria do príncipe atribuíram à mente fraca de Kaspar essa inexatidão, mas é natural que qualquer pessoa aprisionada numa pequena masmorra por tantos anos preste muita atenção em suas dimensões.

A cela de Pilsach, claramente, nunca teve nenhuma janela, o que contraria de novo a própria descrição de Kaspar.[60]

Argumentos ainda mais fortes provêm dos primeiros relatos sobre a aparência de Kaspar Hauser quando ele chegou a Nuremberg, como foi dito antes. Esses relatos são unânimes em afirmar que Kaspar podia andar e tinha energia suficiente para subir uma escada com 92 degraus, e que ele conseguia falar de forma inteligível, embora não inteligente. Os defensores da teoria do príncipe alegam que Lord Stanhope subornou as testemunhas para que cometessem perjúrio, e que o admiravelmente meticuloso Johannes Mayer apresentou provas de que o enigmático lorde subornou o sapateiro Weichmann, que reuniu depoimentos contra Kaspar em 1834.[61] Mas os depoimentos fornecidos pelas mesmas testemunhas em 1829, antes que Stanhope pudesse influenciá-las, já eram bastante contundentes. Existem também numerosas contradições e inconsistências na história contada pelo próprio Kaspar a respeito de seu encarceramento. Ele disse que nenhum som chegava à cela, e ficou muito assustado ao ouvir um trovão pela primeira vez, mas é pouco provável que a prisão tivesse paredes à prova de som. E como um indivíduo poderia aprender a escrever em completa escuridão, ou a caminhar em poucas horas após passar a vida sentado? Como, se não tinha noção de linguagem, Kaspar obedeceu quando o homem lhe disse para parar de chorar e quando lhe ordenou que fosse para Nuremberg? Como ele pôde reconhecer como cavalos os animais na estrebaria do capitão, se jamais vira um cavalo de verdade? Kaspar contou a Hiltel que conseguia ver uma pilha de madeira e uma árvore da janela de sua masmorra, mas disse a Binder e a outras pessoas que as janelas estavam sempre fechadas. Pesquisas feitas por linguistas profissionais indicam que Kaspar falava o velho dialeto bávaro, pitoresco e singular, comum em partes da Baviera e no Tirol, mas não em Nuremberg. Portanto, há boas evidências de que, durante seus primeiros dias em Nuremberg, Kaspar usou, repetida e inteligentemente, palavras que não poderia ter aprendido naquela cidade.[62]

Também há fortes argumentos médicos indicando que a história de Kaspar Hauser sobre seu encarceramento foi uma completa invenção. Em primeiro lugar, todos os psicólogos do desenvolvimento concordam que uma criança que não aprendeu a falar antes da idade crítica de 4 anos jamais aprenderá a fazê-lo. Isso, é claro, desacreditaria a história de Hauser, mas seus defensores mais intelectualizados, como Masson, contornaram o problema sugerindo que Kaspar deve ter sido criado de forma adequada e só *depois* foi encerrado na masmorra. Mas — como demonstra a experiência de outros casos de privação extrema — uma criança mantida em total isolamento por muitos anos se tornaria mental e emocionalmente retardada, e não seria reintegrada à sociedade de forma tranquila.[63] Todas as fontes estão de acordo em que Kaspar era amável e sociável, quando recebia visitas na torre de Luginsland; e muita gente ficou impressionada com sua curiosidade e vontade de aprender. Além disso, quando entrou em Nuremberg, Kaspar era um jovem robusto, de ombros largos, bem-nutrido, com bons dentes e uma compleição saudável. O que dificilmente seria o caso se ele tivesse se alimentado somente com pão preto e água durante muitos anos, pois tal dieta não é a ideal para ninguém, e pode ser até letal para uma criança em fase de crescimento. Mesmo um ou dois anos a pão e água teriam provocado uma grave desnutrição e deficiência proteica, assim como raquitismo, devido à ausência de minerais e vitamina D; um período de doze anos o teria matado, com certeza. As primeiras observações sobre sua aparência também concordam que Kaspar andava ereto e era razoavelmente ágil. Esse não seria o caso se ele tivesse crescido em uma masmorra tão baixa que não lhe permitia ficar de pé, o que teria provocado atrofia muscular, contraturas flexoras nos joelhos e uma corcunda, em função da cifose da coluna torácica, e escaras de decúbito na parte posterior. Foi observado que Kaspar tinha uma má-formação nas patelas, que pareciam mais achatadas e retangulares que o normal. Os doutores Preu e Osterhausen atribuíram isso a seu longo encarceramento, mas era na verdade uma forma conhecida de hipoplasia patelar, uma perturbação menor do crescimento natural da patela, com pouca influência na articulação do joelho. Por fim, se Kaspar tivesse sido isolado do restante da humanidade por doze anos, seu sistema imunológico não teria sido desafiado pelas doenças infantis comuns, mas não há nenhuma evidência de que ele fosse sujeito a essas doenças durante sua permanência na casa de Daumer.

O VEREDICTO DA TECNOLOGIA DE DNA

NO INÍCIO DE 1996, a revista alemã *Der Spiegel* patrocinou uma tentativa de solucionar o mistério de Kaspar Hauser mediante a tecnologia de DNA, conservando o direito de publicar os resultados.

Depois que o inquérito sobre a morte de Kaspar foi concluído, suas roupas manchadas de sangue permaneceram guardadas no arquivo do tribunal até 1888. Foram então adquiridas pela Sociedade Histórica de Ansbach, que as conservou em um armário trancado até 1926. A sociedade exibiu as roupas no início de 1928, em suas próprias instalações e no museu da polícia, em Berlim. Mais tarde, elas foram transferidas para o museu Markgrafen de Ansbach; e em 1961 um manequim parecido com Kaspar Hauser foi vestido com as roupas. O modelo ainda pode ser visto hoje. As autoridades de Ansbach entraram em contato com alguns cientistas forenses da Universidade de Munique, que inspecionaram as roupas cuidadosamente. O rasgão da facada através de várias camadas de roupas ainda podia ser visto com clareza, e todo o conjunto de roupas parecia limpo e em bom estado de conservação. Havia manchas de sangue em todas as camadas de pano, ao redor do rasgão, e o sangue também formara uma grande mancha na cueca de Kaspar. Um pedaço de pano com essa mancha foi cortado e submetido a uma análise mitocondrial às cegas* em dois laboratórios especializados.

Os espertos jornalistas da *Der Spiegel* extraíram do projeto toda a publicidade e sensacionalismo que puderam. Publicaram constantes atualizações sobre a pesquisa e relembraram a patética história de Kaspar, juntamente com evidências de sua identificação como o príncipe de Baden, reunidas por diversos entusiastas. Os cientistas forenses obtiveram a colaboração de duas nobres alemãs, ambas tetranetas da grã-duquesa Estefânia, de Baden, cujo DNA mitocondrial, herdado do lado materno, era coincidente. E também coincidiria com o da grã-duquesa Estefânia e qualquer filho dela.

Ao longo do verão e do outono de 1996, a expectativa cresceu na Alemanha, principalmente nas regiões de Ansbach e Nuremberg, onde o nome de Kaspar Hauser era muito reverenciado. Cartas indignadas enviadas aos jornais diziam que cortar as cuecas de Kaspar fora uma destruição injustificada de um objeto histórico, e que um grande mito nacional alemão estava sendo arrastado na lama pela imprensa sensacionalista. O curador do museu replicou que cortar um fragmento de pano sujo de sangue de uma cueca não era uma coisa tão absurda, e que um perito em restaurações consertara o estrago.[64] Ele ainda deplorou as cartas ferozes, que alegavam que ele havia assassinado Kaspar Hauser pela segunda vez. Nos jornais, ocorreram alguns debates sobre a autenticidade das manchas de sangue. Um brincalhão confessou que, certa vez, ao visitar o museu, havia "melhorado" as manchas com ketchup. E houve também

---

* Análise às cegas — quando a origem do material não é especificada. (N.T.)

muitas especulações a respeito da exequibilidade do projeto. Um cartum mostrava cientistas confusos diante do assombroso resultado de que a mãe de Kaspar Hauser era um tomate. Mas os sérios patologistas alemães publicaram uma declaração informando que a substância na cueca de Kaspar era sem dúvida sangue. Seguiu-se outro grande susto, depois que uma mulher de 84 anos, que sempre morara em Ansbach, fez uma confissão sensacional para um jornal da cidade.[65] Em meados da década de 1920, sua escola fizera uma excursão ao museu de Ansbach. Ela ficara espantada ao ver que o zelador do museu trouxera um pouco de sangue de vaca e o espalhara nas roupas de Kaspar, para tornar as manchas de sangue mais impressionantes! Outros jornais embarcaram na história, e aventaram que o motivo pelo qual a *Der Spiegel* não publicara os resultados, após cinco meses de investigação, era a embaraçosa descoberta de que a mancha era de sangue de vaca. O cartunista de um jornal publicou outro cartum: cientistas atravessam um pasto, aproximam-se de uma vaca, tiram o chapéu e informam que ela é a mãe de Kaspar Hauser. Um touro nas proximidades diz: "Rosa, você andou me traindo?" Sem achar graça, os cientistas publicaram outra declaração, agora informando que a mancha era realmente de sangue humano.

No final de novembro de 1996, a *Der Spiegel* estava pronta para publicar os resultados. A capa da revista trazia uma grande reprodução do desenho original de Kaspar Hauser, que mostrava seu aspecto quando ele chegou a Nuremberg, em 1828. Mas fora habilmente retocada, de modo que Kaspar não estava segurando a carta ao capitão, mas um disquete de computador. A legenda era "O Enfeitiçado Príncipe KASPAR HAUSER: Geneticistas solucionam o Enigma de Séculos!". É provável que muitas pessoas tenham comprado a revista acreditando que a Lenda do Príncipe Kaspar Hauser tivesse sido enfim confirmada. Mas os resultados — também anunciados ao vivo na TV e em uma coletiva de imprensa realizada na Orangerie de Ansbach, em 23 de novembro — foram que Kaspar não poderia ter sido filho da grã-duquesa Estefânia.[66] Houve uma surpresa e desalento generalizados entre os partidários da Lenda do Príncipe Kaspar. Alguns deles admitiram que estavam errados e que Kaspar não era o príncipe de Baden.[67] Outros recriminaram a *Der Spiegel* por sua exploração asquerosa do que chamaram de "farsa do DNA". Outras críticas foram dirigidas ao curador do museu; graças a suas ações irresponsáveis, Ansbach perdera sua maior atração turística. A história de Kaspar tinha um simbolismo quase religioso para algumas pessoas, que furiosamente protestaram nos jornais. Segundo elas, embora Kaspar tivesse morrido em 1832, aqueles vândalos e tecnocratas modernos haviam agora assassinado sua alma, ao refutar de forma irresponsável a lenda daquele jovem inocente.[68]

Alguns dos mais renitentes defensores da teoria do príncipe montaram um contra-ataque, alegando que a mancha não era do sangue de Kaspar. Esses argumentos teriam mais peso se tivessem sido apresentados antes da análise do DNA, mas de qualquer forma merecem ser considerados. Um escritor destacou corretamente que a análise do DNA provava apenas que o indivíduo cujo sangue estava na cueca não era aparentado com a grã-duquesa Estefânia pelo lado materno. Mas aquela cueca, com certeza, viajara muito durante suas exibições em museus; alguém poderia tê-la trocado por outra, numa brincadeira de mau gosto, acrescentando uma mancha de sangue semelhante.[69] Outro escritor notou que, quando o antiquário Adolf Bartling examinou as roupas em 1927, as meias e um dos casacos de Kaspar estavam faltando. Como essas peças de vestuário estão presentes hoje, isso lança dúvidas sobre a autenticidade das outras.[70] Outros historiadores retrucam que a cueca estava bordada com as iniciais C.H., e que sem dúvida são exemplos autênticos do vestuário usado no início do século XIX. Ela foi fotografada no final da década de 1920 e se parecia muito com a que foi examinada em 1996, apenas com a mancha de sangue um tanto desbotada; isso corrobora a opinião de que nenhuma substituição foi efetuada durante esse período. A imprensa já sugeriu que a comparação entre o DNA mitocondrial da mancha de sangue na cueca com amostras extraídas do esqueleto de Kaspar poderia valer a pena, pois acabaria com as dúvidas restantes, mas, ao que parece, os cientistas não levaram a sugestão a sério.[71] Mas alguns dos hauserianos mais obstinados, pessoas cuja crença na Lenda do Príncipe Kaspar tem uma aura quase religiosa, ainda permaneceriam na dúvida. Em uma palestra proferida no ano 2000, o professor Rudolf Biedermann afirmou que a casa de Baden havia roubado o corpo de Kaspar do túmulo há muitos anos, e também substituíra a cueca para confundir os cientistas forenses. Uma poderosa conspiração de nobres, editores, políticos, empresários, maçons e rotarianos estava impedindo que a verdade sobre o príncipe Kaspar viesse à luz.[72]

TEORIAS CONFLITANTES

MAS, SE NÃO ERA o príncipe de Baden, quem era Kaspar Hauser? Como sabemos, os anti-hauserianos sustentavam que era um impostor que simulara os atentados contra a sua vida, mas que errara na dose ao dar uma punhalada no próprio peito e acabara se matando. Mas se Kaspar era um impostor, foi um dos menos oportunistas que já existiu. Ele ignorou diversas oportunidades para roubar seus benfeitores e nunca demonstrou nenhum sinal de desonestidade, exceto por algumas mentiras ocasionais e inocentes. E é um fato digno de nota que, durante os 53 dias que passou na torre de Luginsland, esse garoto misterioso comeu apenas pão preto e bebeu somente água. Caso fosse um impostor, como Lord Stanhope e outros anti-hauserianos afirmavam, Kaspar era com certeza muito determinado. E se sua intenção fosse melhorar de vida através de uma fraude, ele fracassou miseravelmente, pois sua vida na triste casa de Meyer deve ter sido bastante lúgubre. Um psiquiatra alemão sugeriu que Kaspar sofria de mitomania, uma síndrome caracterizada por um desejo inconsciente de enganar outras pessoas, não necessariamente relacionada a motivos externos, como fuga das obrigações ou ganho financeiro.[73] Essa hipótese tem mais méritos, mas também existem importantes argumentos contrários. Sabemos que algumas pessoas envolvidas no caso, como Daumer e Preu, eram entusiastas simplórios; mas homens como o cético Hiltel, o sério Von Tucher e o brilhante juiz Von Feuerbach poderiam ter sido iludidos por um impostor durante mais de cinco anos? A maioria das pessoas com mitomania são vigaristas extrovertidos, que infligem todos os tipos de sofrimento aos que são ludibriados por eles; relatos da época concordam que Kaspar era calmo, humilde e obediente.[74] Quanto ao alegado suicídio de Kaspar, as evidências históricas e médicas a respeito de sua morte indicam que ele de fato foi assassinado. Em 1838, uma enorme adaga foi encontrada no parque, não muito longe do memorial de Uz e numa possível rota de fuga do assassino. Presume-se que tenha sido a arma do crime, embora não haja provas suficientes. Doada ao museu de Ansbach na década de 1920, a adaga foi roubada por desordeiros em 1945, e nunca mais foi vista.[75]

Portanto, se Kaspar não era um príncipe e não era um impostor, quem era ele? Pensadores independentes apresentaram algumas sugestões. Em 1834, Ritter von Lang aventou que Kaspar pertencia a um grupo de ciganos e vagabundos.[76] Ele sabia que havia numerosos grupos de vagabundos nas proximidades de Nuremberg e provavelmente vira algum jovem fingindo ser um pobre aleijado ou um retardado indefeso para obter compaixão e dinheiro. Isso explicaria muito do extraordinário comportamento de Kaspar quando chegou a Nuremberg, e seu sucesso ao engambelar Hiltel e Daumer. Kaspar poderia ter aprendido truques equestres com os ciganos, o que explicaria sua familiaridade com cavalos e seu talento como cavaleiro. O arquivista Ivo Striedinger, um dos mais astutos estudiosos de Kaspar do século XX, apresentou uma teoria semelhante. Segundo ele, Kaspar seria um dos chamados *Kärrnersleute*, um bando de ciganos alemães que construía abrigos permanentes durante o inverno.[77] Essa teoria também fornece uma explicação para os dois atentados contra a vida de Kaspar: a culpa fora, é claro, de um dos malvados ciganos, que retornara para se vingar de um desertor. Mas as teorias de Ritter von Lang e Striedinger têm também suas deficiências, algumas delas sérias. Em primeiro lugar, todos os relatos afirmam que Kaspar era um jovem humilde, inocente e medroso quando chegou a Nuremberg; o que seria improvável caso ele tivesse crescido junto com um bando de vagabundos. Além disso, Kaspar jamais cometeu um ato desonesto, com exceção de algumas mentiras. Outra circunstância que depõe contra a argumentação de Von Lang e Striedinger: após uma semana com o rigoroso professor Meyer, qualquer garoto cigano teria aproveitado a primeira oportunidade para retornar à sua vida descuidada, como palhaço ou artista equestre. Mas o argumento mais forte contra a hipótese de Lang é que, por duas vezes — quando Kaspar foi encontrado e após a sua morte —, grandes recompensas foram oferecidas a qualquer pessoa que soubesse de onde ele vinha ou quem o assassinara. Essa informação foi divulgada em toda a Alemanha mediante panfletos e jornais populares. Ora, ciganos e vagabundos não se notabilizam por sua riqueza ou lealdade; se Kaspar tivesse sido um deles, eles com certeza prestariam informações sobre suas origens. E se ele, de fato, tivesse atuado como palhaço ou artista equestre, onde estariam todas as pessoas que assistiram às suas apresentações?

Em 1966, outra hipótese plausível referente às origens de Kaspar Hauser foi apresentada pelo dr. Gunther Hesse, um neurologista e psiquiatra atuante em Karlsruhe.[78] Os conhecimentos científicos do dr. Hesse não permitiam que acreditasse na história do encarceramento de Kaspar; ele então reinterpretou os dados disponíveis sobre o histórico médico do rapaz. Os registros dão conta de que, quando Kaspar chegou a Nuremberg, suas mãos e pés eram extraordinariamente macios. Nessa época, quando ele caminhava por meia hora, ficava com grandes bolhas nos pés. De vez em quando, ele era acometido por uma doença de pele que causava urticária no rosto e perda de cabelos. O dr. Hesse o diagnosticou com epilepsia: contrações no lado esquerdo do rosto, surtos de distração e convulsões que lembravam a epilepsia de Jackson. O dr. Hesse afirmou que Kaspar possuía a inteligência de um menino de 11 ou 12 anos, que ele sofria de alucinações e era propenso a fabulações. Na autópsia, um dos médicos sugeriu que ele tinha microcefalia. Na opinião do dr. Hesse, todas essas observações combinavam com uma doença hereditária chamada epidermólise bolhosa. A epilepsia de Kaspar também justificava perfeitamente a presença da chave, do ouro em pó, dos panfletos religiosos e do rosário em seus bolsos: na Alemanha do século XIX, eram coisas usadas como profilaxia contra a epilepsia. O carregado dialeto campestre de Kaspar indicava que ele era nativo do Tirol, e algumas palavras na carta que ele trouxera consigo pertenciam ao mesmo dialeto. O dr. Hesse sabia que uma forma de epidermólise bolhosa era endêmica no Tirol; e acreditava que Kaspar era apenas um menino pobre de um dos vilarejos do lugar. Seu nome poderia ter sido tirado de um guerreiro local, que lutara contra os bávaros. O monumento em homenagem a esse Kaspar Hauser ainda pode ser visto em Kitzbühel. Kaspar fora vacinado contra a varíola, como era então obrigatório no Tirol. Ao examinar antigos registros de vacinação, o dr. Hesse se deparou com o nome Kaspar Hechenberger, filho de Maria Hechenberger e pai desconhecido, residente do vilarejo de Rattenberg. Ele tinha a idade correta. E o retrato de um tio seu guardava alguma semelhança com Kaspar Hauser.

As descrições das bolhas nas mãos e nos pés de Kaspar com certeza se ajustam ao moderno conceito de epidermólise bolhosa.[79] Ao que parece, o surgimento de bolhas diminuiu com a idade, o que é descrito na literatura médica; uma explicação alternativa pode ser de que houve menos preocupação com a saúde de Kaspar depois que ele deixou a casa de Daumer. Ao contrário de muitos pacientes com formas mais graves de epidermólise bolhosa, Kaspar conseguia caminhar por grandes distâncias sem dificuldade. Além disso, não há nenhum indício de que ele tivesse outros sinais comuns de epidermólise, como atrofia das unhas, cicatrizes atróficas em protuberâncias ósseas, modificações dentárias e hiperqueratose. Os retratos existentes de Kaspar não sugerem que ele tivesse uma perda acentuada de cabelos. O dr. Hesse está certo ao dizer que existe um subtipo de epidermólise bolhosa que inclui microcefalia, mas isso é extremamente incomum; e não está provado que Kaspar de fato tivesse microcefalia, pois o médico mais competente que participou de sua autópsia considerou o cérebro dele perfeitamente normal. Pode ser que Kaspar tenha tido uma crise de epilepsia após o ataque que sofreu em 1829, mas é provável que fosse um sintoma pós-traumático. A medicina atual não reconhece uma ligação entre a epidermólise bolhosa e a epilepsia; os espasmos faciais de Kaspar, na verdade, podem ter sido tiques nervosos. Assim, embora seja possível (mas não esteja provado) que Kaspar tivesse uma versão benigna de epidermólise bolhosa, esse fato não oferece nenhuma pista de suas origens, e o restante da teoria do dr. Hesse é mera especulação.

UMA NOVA TEORIA

VAMOS RESUMIR a pequena quantidade de fatos indiscutíveis a respeito de Kaspar Hauser. Sabemos que a história de seu encarceramento era falsa, mas é provável que ele tenha tido pouco contato com outras pessoas enquanto crescia. Suas mãos macias indicam que ele não fez trabalhos manuais durante um bom tempo antes de entrar em Nuremberg. Seu dialeto indicava que ele provinha de um pequeno e isolado vilarejo do Tirol, próximo à fronteira bávara. Quanto ao ataque que sofreu em 1829, não existe nenhuma prova conclusiva de que foi forjado. A intenção do agressor, ao que parece, não era matar Kaspar, pois seria fácil fazer isso enquanto ele estava caído, mas amedrontá-lo ou intimidá-lo. Quanto à punhalada de 1833, as evidências forenses indicam assassinato, e as testemunhas foram unânimes em afirmar que Kaspar se encontrou com alguém no Hofgarten naquele dia, provavelmente uma pessoa que já conhecia. Mas a história de Kaspar sobre o que ocorrera no parque era sem dúvida inverídica, e há indícios de que ele mesmo escreveu a mensagem misteriosa e a colocou em seu bornal.

O furor causado pela chegada de Kaspar a Nuremberg foi tão grande que é razoável supor que sua descrição fosse conhecida por alguém, se ele não tivesse sido criado em quase completo isolamento. O motivo desse isolamento é fácil de adivinhar: ele era o filho ilegítimo de uma mulher respeitável. Ela fora seduzida por um dos soldados do regimento de Schmolischer, que estava servindo no Tirol em 1812, mas esse soldado a abandonara. A mãe de Kaspar vivia com os pais em uma fazenda isolada, e eles decidiram manter em segredo a existência do garoto. Kaspar passava quase todo o tempo dentro de casa, brincando com seus cavalos e seu cachorro de madeira; às vezes seu avô o levava até a estrebaria, onde ele admirava os cinco cavalos. Era um menino triste, negligenciado, desajeitado e atormentado por tiques nervosos no rosto — que seus avós tentavam curar com recursos da medicina popular. Como a família era pobre, Kaspar raramente comia carne ou sal. Talvez seja verdade, como o próprio Kaspar disse em Nuremberg, que ele tenha frequentado por algum tempo uma escola no outro lado da fronteira bávara, onde aprendeu a ler e a escrever. E talvez, quando Kaspar estava com 16 anos, sua mãe tenha conquistado um pretendente, que prometeu transformá-la em uma mulher honesta. O avô de Kaspar decidiu então que deveria se livrar de "Hauser", aquele desajeitado, pois não havia mais chances de ocultar a existência do garoto. Seu ajudante, na execução do plano, foi um indivíduo que chamaremos de Vagabundo Malvado, um criminoso conhecido pela família de Kaspar. O Vagabundo sugeriu que Kaspar deveria seguir os passos de seu pai e se tornar um cavalariano. Assim, escreveu uma carta contendo os fatos verdadeiros de que o nome do rapaz era Kaspar, que ele era filho de um cavalariano do mesmo regimento e que sua mãe era uma pobre mulher solteira. A mãe de Kaspar não sabia escrever, portanto o Vagabundo escreveu outra carta, que ela ditou.

O Vagabundo se ofereceu para acompanhar Kaspar até Nuremberg, para garantir que aquele garoto tapado chegasse ao quartel do regimento. Mas não por altruísmo de sua parte, evidentemente. Kaspar era uma figura ridícula, com suas roupas estranhas, e o Vagabundo percebeu sua potencialidade como mendigo profissional: aquele garoto patético com certeza iria enchê-lo de dinheiro, principalmente se fosse ensinado a contar histórias comoventes sobre como fora abandonado e maltratado. Mas a mente entorpecida de Kaspar e sua falta de talento para obter dinheiro pareciam condenar seu esquema ao fracasso. Aborrecido com seu obtuso companheiro, o Vagabundo por vezes o tratou com crueldade durante as semanas que ambos passaram caminhando em direção a Nuremberg. Kaspar tinha uma contusão no braço quando chegou à cidade. Revertendo ao plano original, o Vagabundo abandonou Kaspar dentro dos muros de Nuremberg, e foi embora rapidamente. O pobre Kaspar sentiu-se mais confuso do que nunca, pois era a primeira vez que via uma cidade tão grande; os prédios, as aglomerações de pessoas e os intimidantes policiais o deixavam amedrontado ao extremo. Ele fez o melhor que pôde para bancar o idiota, fingindo que não conseguia andar ou falar, e mais tarde contou a história de ter sido metido em um cárcere, subsistindo somente a pão e água, conforme o Vagabundo lhe ensinara. Ele recuava diante de carne e cerveja, às quais não estava habituado, mas logo notou que isso lhe granjeava atenções. Após uma vida de negligência e privações, ele parecia uma criança em sua receptividade à bondade humana, como notaram Feuerbach e outros. Sob a tutela de Daumer, o crédulo e fanático entusiasta, Kaspar desempenhou seu papel cada vez melhor. Os experimentos homeopáticos o ensinaram a mentir e a enganar, de modo a obter a recompensa que os charlatães lhe davam quando achavam que suas experiências haviam sido bem-sucedidas. O motivo pelo qual ele aprendeu a ler e a escrever com uma velocidade tão impressionante foi que, na verdade, ele estava recapturando conhecimentos que já tinha.

A única pessoa capaz de responder à solicitação do prefeito Binder era o Vagabundo Malvado, mas ele não o fez. Espantado com o fato de que seu apático e conformado companheiro de viagem estava se tornando uma celebridade local, ele preferiu fazer planos para explorar o sucesso de Kaspar. Então, certo dia, penetrou no quintal de Daumer e surpreendeu Kaspar, que estava sentado na varanda. Abrindo a porta de repente, deu um tremendo susto em seu antigo colega de embustes. Sorrindo para o garoto aterrorizado, o Vagabundo sugeriu que ele abrisse uma porta naquela noite, permitindo que alguns ladrões entrassem na casa de Daumer. Mas o ingênuo Kaspar aprendera muito sobre a natureza humana nos poucos meses que passara em Nuremberg, e isso incluía uma saudável desconfiança do violento e imprevisível Vagabundo.

Quando ele ameaçou gritar por socorro, o Vagabundo o golpeou com uma faca afiada e correu para fora rapidamente, sendo avistado apenas quando saiu da casa e quando, mais tarde, lavou o sangue de suas luvas. Sabemos o que aconteceu em seguida: abandonado por Daumer, que duvidava dos resultados de seus experimentos, Kaspar foi entregue a Von Tucher, e depois ao exuberante Lord Stanhope, que encheu sua cabeça com vaidade e presunção. Na investigação sobre a língua húngara, Kaspar fez o que aprendera nas experiências de Daumer: colaborou com o conde e fingiu reconhecer algumas frases. Mas Stanhope percebeu a representação e começou a duvidar de sua sinceridade.

No final de 1833, quando Kaspar estava vivendo na casa de Meyer, em Ansbach, o Vagabundo Malvado apareceu novamente. Tendo passado dificuldades nos últimos anos, sentia muita raiva de Kaspar, que estava bem-alimentado, bem-vestido e seguro. Surpreso com os boatos de que Kaspar era um príncipe ou um nobre, ele percebeu que poderia ganhar alguma coisa com a situação, mediante ameaças de chantagem. Afinal de contas, ele era a única pessoa que conhecia a verdade, além da família de Kaspar no vilarejo isolado. Certa manhã, ele o seguiu até o tribunal. Surgindo de repente de uma ruela e segurando o braço do desprevenido rapaz, ele jurou que, se Kaspar não lhe entregasse uma grande quantia em dinheiro, contaria a Meyer e a Stanhope que o Órfão da Europa era apenas um caipira do Tirol. Kaspar se viu em um dilema desesperador. Ainda confiava em Stanhope e acreditava que o conde algum dia o levaria para a Inglaterra. Ele não podia pedir ajuda a ninguém, por medo de trair seu passado no Tirol, e também não podia ceder à chantagem, pois era Meyer quem controlava o dinheiro que Stanhope lhe dera. Essa ameaça do Vagabundo também pode explicar um ou dois mistérios menores. Em primeiro lugar, Kaspar dissera que o operário fora até o tribunal para convidá-lo a ver os artefatos de argila, em uma ocasião anterior. Em segundo lugar, Meyer disse que Kaspar parecia preocupado e abatido duas semanas antes do crime; seria por ter recebido uma ameaça?

Durante alguns dias, o Vagabundo não foi mais visto, e Meyer notou que Kaspar estava ficando mais alegre. Mas no dia do crime, quando Kaspar se afastou do pastor Fuhrmann e começou a se encaminhar para a residência de Stichaner, o Vagabundo apareceu e lhe ordenou que ficasse em silêncio e fosse até o Hofgarten. Apavorado, Kaspar fez o que lhe foi dito, e em seu caminho foi observado por diversas pessoas. O Vagabundo seguiu atrás dele, tomando cuidado para não ser visto; é curioso que uma das testemunhas, o guarda-florestal Friedrich Rauch, viu-o esconder o rosto na capa. Apenas o operário Leich o avistou junto com Kaspar. O Vagabundo deve ter pedido dinheiro a Kaspar e ficado furioso quando este disse que não conseguira nenhum. Kaspar tirou então do bornal a mensagem misteriosa; ele a escrevera antes (em *Spiegelschrift*, para que Meyer não pudesse lê-la) e a levara consigo para intimidar seu oponente, caso este reaparecesse. Kaspar ameaçou o Vagabundo, dizendo que, se ele não sumisse, diria a Meyer que seu carcereiro retornara e lhe entregaria o bilhete. Acrescentou que poderia facilmente escrever o nome do vilarejo, do rio e do Vagabundo... Mas essa ameaça foi inútil, pois o brutal Vagabundo não entendia a escrita especular. Achando que Kaspar o estava fazendo de bobo, ele o esfaqueou no peito e fugiu do parque, jogando fora a adaga enquanto corria. Foi visto pela última vez por duas testemunhas, enquanto saía às pressas do Hofgarten, entrava na rua Eyber e seguia em direção à agência de correios Windmühle.

Enquanto isso, os persistentes boatos de que Kaspar era o príncipe desaparecido chegavam à corte de Baden. Embora infundados, tais boatos constituíam um embaraço que precisava ser enfrentado. A resposta óbvia era abordar o excêntrico Lord Stanhope. Este já estava farto de Kaspar, a quem não via a quase dois anos; quando funcionários da corte lhe ofereceram uma recompensa se ele provasse que Kaspar era um impostor, o lorde prontamente concordou em colaborar. Como sabemos, ele duvidava da história de Kaspar desde o fracasso da experiência húngara, e usava Meyer, seu lacaio, para espioná-lo. O que também explica o empenho do lorde em denunciar Kaspar como impostor, após a morte do rapaz.

O IMORTAL KASPAR HAUSER

MESMO QUANDO a Lenda do Príncipe Kaspar é tratada apenas como um mistério histórico, o que temos feito aqui, muitas das pessoas que escrevem sobre esse mistério o utilizam como uma ampla metáfora. Para Daumer, Kaspar era uma criança maravilhosa, um nobre selvagem dotado de poderes notáveis; para Feuerbach, ele representava um crime hediondo que precisava ser solucionado. Para os radicais alemães do século XIX, Kaspar servia como um oportuno lembrete das velhacarias da casa de Baden. Para outros analistas, ele era um "garoto selvagem", comparado a crianças criadas entre lobos e outros animais. Esses entusiastas se perguntam por que, em contraste com outros exemplos autênticos desse fenômeno, ele assimilou uma linguagem, era bastante inteligente e se reintegrou à sociedade sem problemas.[80] A explicação óbvia — que a história foi pura invenção — escapa a eles. Para Herman Pies e outros devotos hauserianos, Kaspar era quase como um Cristo; Peter Tradowsky e outros antroposofistas o transformaram em um herói mítico, nos moldes do Parsifal de Wagner. Para Jeffrey Masson e outros psicólogos, Kaspar Hauser era um símbolo das crianças maltratadas. Existe até a expressão "síndrome de Kaspar Hauser", usada para designar extremas privações durante a infância, um acréscimo muito duvidoso à terminologia médica.[81]

A história de Kaspar Hauser tem alguns temas característicos dos contos de fadas tradicionais: o príncipe aprisionado, o ingênuo com poderes extraordinários, o órfão à procura de suas verdadeiras origens. O fato de esse conto de fadas não ter um final feliz parece torná-lo fascinante, em vez de desagradável. Na literatura e nas artes, Kaspar Hauser adquiriu vida própria.[82] Sua estreia na ficção ocorreu pouco depois de sua morte, em um romance gótico alemão intitulado *Kaspar Hauser, ou A Freira Emparedada*. Na década de 1840, surgiram diversos romances, tanto em alemão quanto em francês. Não apareceu nenhum em inglês, mas no Theatre Royal, em Edimburgo, *Caspar Hauser, ou O Garoto Selvagem da Baviera*, de Moncrieff, foi um grande sucesso na época. A fama de Kaspar cruzou o Atlântico: anunciado ao lado da "Sereia de Fidji" na porta do Museu P. T. Barnum, em Boston, estava "Kaspar Hauser, o Garoto Selvagem da Floresta, Meio Homem, Meio Macaco"; no interior do museu estava um garoto retardado vestido com peles e balbuciando uma algaravia confusa.[83]

Muitos romancistas readaptaram a história extremamente comovente do príncipe Kaspar, percebendo que até o mais empedernido misantropo, capaz de sorrir diante dos sofrimentos da Pequena Nell e de dar gargalhadas com as desventuras do patético Smike,* teria um lenço nas mãos ao acompanhar a *via crucis* de Kaspar. De fato, é estranho que Charles Dickens não tenha utilizado a história em sua ficção ou em seus trabalhos jornalísticos, mas talvez ele tivesse sido influenciado pelo ceticismo de Stanhope, como muitos ingleses, na época. O grande romance baseado na história de Kaspar Hauser foi escrito pelo austríaco Jakob Wassermann, que era fascinado pela figura de Kaspar.[84] O tema principal

---

* A Pequena Nell (Little Nell) e Smike são, respectivamente, personagens dos romances *The Old Curiosity Shop* (A velha loja de antiguidades) e *Nicholas Nickleby*, de Charles Dickens. Ambos passam por muitos sofrimentos. (N.T.)

do livro era o inocente de coração puro arruinado pelo egoísmo e egocentrismo das pessoas que ele encontra; o subtítulo do romance é *A Inércia do Coração*. É bem-escrito e a narrativa, dinâmica. Wassermann extraiu da Lenda do Príncipe Kaspar Hauser todas as gotas de sentimentalismo, acrescentando algumas "melhorias", de sua própria lavra, para torná-la mais interessante. Ao longo do romance, ameaças exaltadas são proferidas, mensagens misteriosas, entregues, e pistas intrigantes, descobertas. O verdadeiro Kaspar Hauser teve uma amizade platônica com Karoline von Kannawurf, uma moça do círculo de Feuerbach; no romance, eles se apaixonam loucamente, e Kaspar entra em desespero quando ele se submete às convenções sociais e termina o relacionamento. O cruel professor de Ansbach é apresentado como um cruzamento entre Fagin e Wackford Squeers;* para escapar de um processo por parte da combativa família Meyer, Wassermann mudou seu nome para Quandt no livro. Outro personagem dickensiano é o maligno Lord Stanhope, um pederasta libertino que acaba vencido pela candura inocente de Kaspar e comete suicídio. Em suas memórias, Wasserman relata como escapou por pouco de um processo movido pelo neto do conde. Traduzido para muitas línguas, o romance de Wassermann se tornou um clássico, particularmente nos países de língua alemã, e o prisma através do qual todos os subsequentes adaptadores da história enxergam Kaspar e suas desventuras.

A melhor representação de Kaspar na poesia é *Gaspard Hauser chante*, de Paul Verlaine, que termina com as seguintes palavras:

---

* Fagin é o líder de uma gangue de criminosos no romance *Oliver Twist*, de Dickens; e Squeers é um brutal professor, em *Nicholas Nickleby*, também de Dickens. (N.T.)

> Suis-je né trop tôt ou trop tard?
> Qu'est-ce que je fais en ce monde?
> O vous tous, ma peine est profonde:
> Priez pour le pauvre Gaspard!

Que se traduz como:

> Nasci cedo demais ou tarde demais?
> O que estou fazendo no mundo?
> A todos vocês, minha tristeza é profunda:
> Rezem pelo pobre Kaspar!

O tema de Verlaine é a alienação. Ele escreveu o poema quando estava na prisão, por uma agressão contra Rimbaud, seu amigo e também poeta, quando estava em estado de embriaguez; provavelmente via a si mesmo como Kaspar na masmorra, isolado do resto do mundo. Um tema semelhante surge na *Kaspar Hauser Lied* (Canção de Kaspar Hauser), do poeta alemão Georg Trakl. Nesse poema, Kaspar é um rapaz excluído da sociedade conformista. O renascimento de Kaspar Hauser, deflagrado pelos trabalhos de Hermann Pies, serviu como catalisador para uma vasta produção de romances, peças e poemas. Assim como os historiadores usaram Kaspar como metáfora para seus temas favoritos, os escritores e os demais artistas fizeram o mesmo. Kaspar funcionou como um Cristo redentor, um garoto selvagem, um simplório aprendendo a se comunicar, um proscrito ansioso para se reinserir na sociedade. Foram feitos filmes, musicais e peças sobre Kaspar Hauser, inclusive uma releitura pósmoderna da história, onde um Kaspar desafiador atira com uma pistola sobre seus atormentadores. Mas a adaptação mais famosa da lenda de Kaspar Hauser desde o romance de Wassermann é, sem dúvida, *O enigma de Kaspar Hauser*, o premiado filme de Werner Herzog. O papel principal é interpretado por um excêntrico artista de rua chamado Bruno S., que tinha pelo menos 30 anos quando o filme foi feito; mas esse indivíduo de aparência estranha foi muito bem-escolhido e brinda o espectador com uma atuação memorável. É provável que a maior inspiração de Herzog tenha sido o livro de Wasserman, mas ele sabiamente ignora os traços românticos da lenda do príncipe; o foco do filme está no próprio Kaspar, e não nas especulações sobre suas origens. Os personagens são mais fiéis aos originais que os de Wassermann: o amável guarda Hiltel, o pedante entusiasta Daumer e o presunçoso Lord Stanhope. Todos eles contribuem para que o natural Kaspar seja impelido para uma sociedade reprimida e repressora. Como Wassermann, Herzog enfatiza como a percepção do nobre selvagem Kaspar ameaça o *establishment*. A história progride em direção à conclusão lógica, e Kaspar é morto pelo assassino desconhecido. Suas muitas aparições na cultura europeia do século XX indicam que, embora a lenda do príncipe esteja sendo aniquilada pela ciência, Kaspar Hauser ainda viverá muitos séculos como metáfora.

3

O Imperador e o Eremita

LEMBRADO COMO O TSAR de *Guerra e paz*, de Tolstoi, Alexandre I é uma das figuras mais fascinantes da história russa. Sua luta incansável contra os invasores franceses, em 1812 e 1813, salvou a Rússia.[1] Mas havia um lado sombrio em Alexandre I. Quando jovem, ele tomou parte na conspiração que destronou Paulo I, seu desequilibrado pai; mas o sentimento de culpa por ter concordado com o assassinato do próprio pai o atormentou pelo resto da vida. Por volta do final de seu longo e bem-sucedido reinado, ele se tornou uma espécie de místico religioso, e disse a alguns de seus amigos que seu verdadeiro desejo era abdicar do trono para levar uma vida de orações e austeridade. Desde a década de 1860, há uma lenda persistente de que Alexandre I fez exatamente isso — após forjar a própria morte, em 1825, ele viveu por mais 39 anos disfarçado como o devoto eremita siberiano Fiódor Kuzmich. O mistério do imperador e do eremita logo se tornou o enigma nacional russo, que apesar do trabalho de muitos pesquisadores ainda não foi solucionado.[2]

A VIDA DE ALEXANDRE I

ALEXANDRE NASCEU EM 1777, filho do tsarévitche Paulo e neto de Catarina, a Grande. Sua poderosa avó odiava o próprio filho, o feio e paranoico Paulo, mas adorava o bem-apessoado e precoce Alexandre, que cuidadosamente preparou para ser o futuro governante da Rússia. Alexandre teve um professor francês que o apresentou ao pensamento liberal e democrático, além de lhe incutir fluência na língua francesa. Embora Catarina tenha planejado suprimir o próprio filho da linha de sucessão, sua morte prematura em 1796 fez de Paulo o novo tsar. Durante um reinado de cinco anos de terror, esse déspota ignorante introduziu a censura a todas as cartas que saíssem da Rússia, proibiu viagens ao exterior a importação de livros estrangeiros, e promulgou leis intrincadas e ridículas para controlar a vida cotidiana. Pessoas que convidassem gente demais para um jantar, que não fizessem uma mesura profunda o bastante para seus superiores ou cujos cachorros não usassem as coleiras regulamentares eram punidas com severidade. Paulo mudou toda a política externa da Rússia. Ele odiava a França revolucionária, mas também fazia planos para uma guerra contra a Grã-Bretanha e uma invasão da Índia. Demitiu sumariamente os favoritos de sua mãe e ordenou que o corpo de Potemkin, amante de sua mãe, fosse desenterrado e atirado no rio Neva. Em 1801, foi iniciada uma conspiração de nobres para destronar o tsar. É certo que Alexandre, ciente da desastrosa política externa do pai e de sua tirania mesquinha, juntou-se a essa conspiração e concordou em assumir o trono. Mas é improvável que o jovem tsarévitche soubesse dos projetos homicidas dos conspiradores mais radicais. Eles irromperam e viram o odiado tsar se esconder atrás da cama; ele não poderia fugir para os aposentos da esposa, pois mandara que a porta de comunicação fosse pregada no lugar, por medo de que ela o envenenasse. Paul tentou abrir

Retrato equestre de Alexandre I em seu apogeu.

caminho em meio aos invasores, mas foi logo derrubado e estrangulado. Alguns dos conspiradores entraram correndo no quarto de Alexandre, gritando "Hurra! Hurra!". Então o informaram de que seu pai estava morto e de que ele era o novo tsar da Rússia. O pobre Alexandre, desolado com a ideia de que tomara parte no assassinato do pai, suplicou-lhes que o deixasse abdicar, mas eles bruscamente lhe disseram que cumprisse seu dever e reinasse.

Pelo menos na aparência, o reinado de Alexandre começou sob os melhores auspícios. As pessoas dançavam nas ruas para comemorar a morte do tirano Paulo. E a simples medida de revogar todas as leis impopulares promulgadas pelo pai tornou o garboso tsar benquisto por seus súditos. Os conspiradores de 1801 esperavam, é claro, permanecer em postos influentes, mas Alexandre tinha mais determinação do que eles esperavam e os excluiu do poder. Embora ele pretendesse introduzir, aos poucos, reformas liberais na Constituição russa, a Igreja ortodoxa e a aristocracia se opuseram a ele, que por fim percebeu que a Rússia ainda não estava preparada para nada que se parecesse com uma democracia. Durante muitos anos, toda a atenção de Alexandre I foi absorvida pela guerra contra Napoleão. Após as derrotas que sofreram em Austerlitz e Friedland, os russos assinaram um tratado de paz em Tilsit, em 1807. O tsar e o imperador francês se encontraram frente a frente e se entenderam muito bem. Ao que parece, Alexandre admirava os planos de Napoleão para uma Europa unida, embora naturalmente receoso de que o imenso Império francês se expandisse mais para o Leste. Concordando com os planos de Napoleão para redesenhar o mapa da Europa, ele fechou todos os portos russos aos navios britânicos. Mas quando, no início de 1812, Napoleão finalmente invadiu a Rússia, os exércitos de Alexandre estavam preparados. Os franceses avançaram o suficiente para incendiar e saquear Moscou, mas a determinação do tsar nunca esmoreceu. A essa altura, ele via Napoleão como um anticristo, que tinha de ser derrotado. Após algumas batalhas sangrentas, esse objetivo foi alcançado com a ajuda do implacável inverno russo. Em 1814, Alexandre I entrou triunfante em Paris. Era o homem mais poderoso da Europa. Ele desejava estabelecer uma "Santa Aliança" de Estados europeus, mas o príncipe Metternich, astuto estadista austríaco, opôs-se a ele. No final, o conceito utópico do tsar se diluiu muito ante a realidade da política europeia.

Com o passar dos anos, Alexandre se tornou cada vez mais amargo e desiludido. Não sentia muito prazer com os grandes sucessos de sua vida, mas ficava ruminando as coisas que davam errado. Lamentava que seu projeto de uma Europa unida tivesse falhado e que a posição dominante da Rússia na política europeia tivesse se esvaído. Além disso, elementos revolucionários na Rússia o obrigaram a adotar uma política reacionária após as guerras, e isso também entristeceu o solitário tsar, que se tornou mais religioso e introvertido. Em 1824, alguns acontecimentos desastrosos aumentaram sua depressão. No início desse ano, ele contraiu erisipela, uma infecção cutânea, em sua perna esquerda, que fora machucada algum tempo antes pelo coice de um cavalo. Após diversas semanas de convalescença, ele se recuperou. Foi quando a imperatriz Elizabeth também ficou seriamente doente, com uma tosse forte e dificuldade para respirar. Alguns meses depois, a filha ilegítima de Alexandre, a quem ele era muito devotado, morreu de tuberculose. Circularam então boatos de que estava havendo uma agitação social. E os espiões de Alexandre o informaram de que militares estavam planejando uma sublevação. Em novembro desse ano fatídico, o Neva inundou grande parte de São Petersburgo; o palácio imperial ficou parecendo uma ilha no meio do oceano. Muita gente morreu, e os prejuízos materiais foram enormes. Quando o tsar estava inspecionando uma área atingida, um velho gritou: "Deus está nos punindo por nossos pecados!" "Não, não pelos seus pecados, mas pelos meus", respondeu o tristonho imperador.

O TSAR ALEXANDRE VAI A TAGANROG

NO INÍCIO DE 1825, a principal preocupação de Alexandre era a saúde declinante da imperatriz. Quando jovem, ele a tratara mal e tivera numerosas amantes, mas na meia-idade se tornou dedicado à sofredora esposa. O médico particular do tsar, o escocês Sir James Wylie, sugeriu que Elizabeth passasse os meses de verão em um clima mais quente.[3] Alexandre resolveu que eles iriam para Taganrog, na Crimeia. Essa pequena cidade à beira do Mar de Azov, no entanto, não poderia ser considerada como um lugar adequado para uma pessoa doente. Úmida e varrida por ventos, era tida como particularmente insalubre. Havia grandes pântanos nas proximidades e febres violentas grassavam entre a população local. Outros membros da família imperial tentaram dissuadir Alexandre, mas ele foi inflexível. É possível que o tsar, que gostava de visitar os postos avançados de seu grande império, quisesse conhecer Taganrog e suas cercanias, e que esse desejo tenha orientado sua escolha. Antes de deixar a capital, ele assistiu a uma missa no mosteiro de Alexandre Nevsky, como era seu costume antes de iniciar uma longa viagem. Após o serviço, o metropolitano* o levou para visitar um *starets* (homem santo) — um monge que passava o dia rezando sozinho. O monge, que tinha um aspecto selvagem, instou Alexandre a rezar, e o repreendeu pelo relaxamento da moral pública na Rússia. Quando lhe perguntaram onde dormia, o monge apontou para um caixão preto aberto e gritou: "Olhem! Essa é a minha cama, e não é só minha! Todos nós deitaremos nela algum dia, e dormiremos um sono profundo!" Alexandre ficou extremamente comovido com as exortações do lúgubre monge. Quando a carruagem do tsar deixou São Petersburgo, o cocheiro ficou espantado quando Alexandre

---

* Bispo responsável pela diocese. (N.T.)

lhe ordenou que parasse nos arredores da cidade. O tsar ficou de pé e, em silêncio, contemplou sua capital como se estivesse dando adeus.

No final da viagem de dois mil e trezentos quilômetros de São Petersburgo a Taganrog, o humor de Alexandre mudou. O tempo estava bom e o cenário, lindo. Ele começou a fazer longas viagens para conhecer o cenário local. A imperatriz, que não compartilhava a predileção do marido por viagens a velocidades vertiginosas, só se juntou a ele dez dias mais tarde. Muitos integrantes da comitiva imperial notaram que Alexandre, que negligenciara a esposa por tantos anos, apegara-se a ela depois que ela ficara doente. O próprio tsar, no entanto, parecia tão vigoroso como sempre. No dia 4 de novembro, viajou quarenta quilômetros até um vilarejo tártaro. O chefe local andara com uma febre intermitente por algum tempo, mas o governador da província, o conde Vorontsov, enviara seu próprio médico, o inglês Robert Lee, que o tratou com quinino, um medicamento novo na época.[4] O tsar passou a noite no vilarejo, dormindo numa pequena cabana comunitária. No dia seguinte, Alexandre viajou ao longo do litoral com seu séquito. Ficou tão impressionado com o cenário magnífico que comprou uma propriedade rural, onde poderia passar o inverno com a imperatriz enferma. Naquela noite, ocorreu um estranho incidente. Ao abrir uma ostra, Alexandre ficou espantado ao encontrar uma espécie de verme marinho em seu interior. O dr. Wylie foi consultado e declarou que o verme era "muito comum e inofensivo". Poucas pessoas, hoje em dia, considerariam um molusco tão infectado como um alimento adequado a um imperador. Alexandre acatou a opinião de seu médico e comeu a ostra. Durante alguns dias, ele se sentiu bem e em forma. Continuou a viajar em grande velocidade, percorrendo cerca de cinquenta quilômetros por dia, a cavalo, e inspecionando diversos postos militares e estabelecimentos religiosos.

No dia 16 de novembro, viajando em sua carruagem, Alexandre foi acometido por violentos tremores e seus dentes começaram a chocalhar.[5] Quando retornou a Taganrog, Wylie notou que sua pele tinha uma tonalidade bastante amarelada. O tsar sentia uma sede insaciável, muito sono e estava com febre alta. O príncipe Volkonsky, amigo de Alexandre, disse a ele que as exageradas distâncias que percorria a cavalo eram o motivo de sua doença, pois o tempo esfriara bastante durante a noite e o tsar cavalgava sem capa e sem sobretudo. No início, nem os médicos nem os leigos pareceram particularmente alarmados com a doença do tsar. Ele estava animado e a febre ocorria apenas de forma intermitente; a imperatriz achou que ele estava melhorando. Mas Wylie estava apreensivo. Seu diagnóstico foi "febre remitente biliosa", de uma variedade endêmica na Crimeia. Seu amigo Robert Lee tivera há pouco tempo cerca de duzentos pacientes com aquela "febre da Crimeia", inclusive dois membros da comitiva do conde Vorontsov. "Febre remitente biliosa" é um termo arcaico para diversas doenças infecciosas que causam icterícia e febre recorrente. Podem ser provocadas por malária maligna, tifo, febre tifoide, febre amarela e outras infecções. Um renomado especialista na área se declarou convencido de que a variedade de febre remitente biliosa encontrada na Crimeia era provocada pela malária, o que está de acordo com a observação feita por Lee de que os pacientes com uma doença semelhante à do imperador respondiam bem ao quinino.[6] Outra possibilidade é que a ostra contaminada ingerida pelo tsar continha a bactéria do tifo. Fosse o que fosse o que havia de errado com Alexandre, ele não era um bom paciente. Embora tivesse o maior respeito por Sir James Wylie, ele se recusava a tomar qualquer remédio. Há que se admitir que a terapia proposta — sangria e purgativos — provavelmente lhe faria mais mal do que bem. Não se sabe ao certo se Wylie tinha acesso a quinino ou qualquer outra preparação usada na época contra a malária.

A MORTE DE ALEXANDRE I

SOMENTE NO DIA 22 de novembro a imperatriz Elizabeth ficou alarmada com a saúde de seu marido. Ele estava cada vez mais fraco e, às vezes, delirava de febre. O chefe de gabinete de Alexandre, o barão Diebitsch, enviou mensageiros a São Petersburgo para informar à família imperial que o tsar estava gravemente doente.[7] Wylie trocou ideias com seus colegas, os doutores Tarasov e Stoffregen, mas o tsar se recusou a tomar qualquer medicamento, exceto elixires. A imperatriz e o príncipe Volkonsky lhe imploraram que aceitasse tratamento médico, mas ele não se deixou persuadir. Em 25 de novembro, o imperador parecia bem mais forte, e trabalhou à sua mesa durante toda a manhã. Na manhã do dia seguinte, desmaiou de repente, após pedir água quente para fazer a barba. Ao voltar a si, estava irado como sempre contra os médicos, que xingou asperamente quando eles tentaram convencê-lo a aceitar sanguessugas e remédios. Quando Wylie lhe ofereceu ácido muriático dissolvido em água, o tsar gritou: "Vá embora!" Wylie ficou tão desolado que começou a chorar. Alexandre disse então: "Perdoe-me, meu caro amigo. Espero que você não fique zangado comigo. Eu tenho meus motivos." Mas o príncipe Volkonsky teve uma ideia para conseguir que o teimoso imperador aceitasse medicamentos. No dia seguinte, a imperatriz persuadiu o marido a comungar; o padre aproveitou a ocasião para dizer a ele que, ao não aceitar nenhum tratamento, estava na verdade cometendo suicídio. Alexandre imediatamente se virou para Tarasov e comunicou que aceitaria qualquer remédio que os médicos recomendassem. Eles então o deitaram na cama e aplicaram trinta sanguessugas em seu pescoço e atrás das orelhas. No dia seguinte, aplicaram compressas de mostarda em suas pernas, na vã tentativa de reduzir a febre. Mas, no dia 30 de novembro, Wylie percebeu que não havia mais esperanças. O tsar estava ficando cada vez mais fraco e permanecia inconsciente durante a maior parte do tempo.

Na manhã seguinte, Wylie registrou que, às 10h50, "o grande monarca entrou na eternidade".

No dia 2 de dezembro, os médicos se reuniram e procederam a uma cuidadosa autópsia.[8] Observaram que o fígado estava aumentado e escuro, e que a vesícula biliar estava distendida por uma grande quantidade de "bile deteriorada". O protocolo oficial da autópsia registra que o baço estava normal, mas Wylie disse a seu colega Robert Lee que o baço estava aumentado e com textura macia.[9] Segundo o protocolo, o cérebro estava congestionado de sangue, e havia uma quantidade maior

O tsar recebe a comunhão poucas horas antes de sua morte.
Ilustração extraída do *Album Cosmopolite*.

O tsar em seu leito de morte. Gravura de T. Kulakov, feita em 1827.
Ilustração extraída de *The Curse of the Romanovs* (A maldição dos Romanovs –
Londres, 1907). Vale notar que existe também um curioso desenho do tsar
morto, com o maxilar amarrado, no livro *L'empereur Alexandre 1er*
(O imperador Alexandre I). O príncipe Alexis Troubetzkoy me informou
ainda que viu o que era, presumivelmente, a máscara mortuária do tsar.

de fluido seroso nos ventrículos do cérebro. Em algumas áreas, a dura-máter (membrana que envolve o cérebro) estava fortemente colada ao crânio. Após a autópsia, o corpo do tsar foi embalsamado. Nem Wylie nem Tarasov, que conheciam bem Alexandre, quiseram se encarregar da tarefa, que foi delegada a uma equipe de quatro médicos locais, um farmacêutico e alguns ajudantes. Um oficial do exército que assistiu ao procedimento fez uma vívida descrição das atividades. Quatro cirurgiões cortavam o corpo, enquanto duas pessoas ferviam ervas em soluções alcoólicas, material que seria usado para preencher as cavidades. Os médicos fumavam fortes charutos, na vã tentativa de escapar aos pungentes odores da putrefação. No início, os médicos estavam satisfeitos com o andamento de seu trabalho, mas logo notaram que o corpo estava se decompondo rapidamente. Atribuíram o fato à falta de panos limpos e quantidades suficientes de álcool, mas a competência deles como embalsamadores, ao que parece, era bastante questionável. O rosto do tsar ficou muito escuro, quase irreconhecível. Wylie, que fora chamado, percebeu que o corpo estava em tal estado de putrefação que o resfriamento parecia o único modo de preservá-lo. Portanto, todas as janelas foram abertas e um recipiente com gelo foi posto sob a cama. Em 11 de dezembro, o corpo de Alexandre foi removido para um mosteiro local, onde uma cerimônia foi realizada. Robert Lee, que estava presente, notou que o caixão estava aberto na altura da cabeça.

Enquanto os médicos em Taganrog tentavam tornar apresentável o corpo do tsar, um pandemônio reinava em Moscou. Alexandre tomara providências para que, caso morresse, seu irmão Constantino renunciasse ao trono em favor de Nicolau, irmão mais novo de ambos, mas as pessoas não sabiam disso e a expectativa geral era de que Constantino se tornaria tsar. Uma sociedade secreta tentou usar esse interregno para deflagrar uma rebelião em grande escala, mas Nicolau chamou os militares, que dispersaram as forças rebeldes com fogo de artilharia. Apenas em 29 de dezembro Nicolau ordenou o traslado do corpo do irmão para a capital. Tarasov foi incumbido de monitorar o estado do corpo durante a longa jornada até São Petersburgo, o que fez a intervalos regulares por uma abertura no caixão. Caixas de gelo eram colocadas sob o esquife sempre que a temperatura subia acima do ponto de congelamento.

Em todas as cidades e vilarejos por onde a comitiva passava, multidões em roupas de luto surgiam para prestar suas últimas homenagens ao popular imperador. Curiosamente, perto da cidade de Tula, circulou a notícia de que operários estavam planejando deter o cortejo e abrir à força o caixão, pois havia boatos de que o corpo em seu interior não era o de Alexandre. Quando os operários apareceram, no entanto, mostraram-se cheios de reverência pelo falecido tsar; e, após desatrelarem os cavalos da carruagem, puxaram o pesado veículo por mais de cinco quilômetros até a catedral da cidade.

No dia 3 de fevereiro, a procissão finalmente chegou a Moscou, onde o féretro foi colocado sobre um palanque, no Kremlin, e visitado por milhares de pessoas. Três dias mais tarde, o metropolitano Philaret conduziu uma missa, após a qual a comitiva partiu para São Petersburgo, aonde chegou em 1º de março. Assim que alcançou Tsarskoye Selo,* alguém perguntou a Tarasov se o caixão poderia ser aberto, para que a família imperial pudesse prestar ao tsar suas últimas homenagens. Muito comovida com a chegada do corpo, sua mãe, a imperatriz viúva Maria Feodorovna, exclamou: "Sim, esse é o meu querido filho, meu querido Alexandre. Mas como ele emagreceu!" Ela não foi a única pessoa da família imperial a ficar abalada com a chegada do corpo, que foi então transferido para um adornado ataúde de bronze e levado a São Petersburgo, onde foi colocado na catedral de Kazan. O tsar Nicolau foi instado a permitir que o caixão fosse aberto, mas se recusou, segundo Tarasov, pois o rosto de Alexandre estava muito descolorido. No dia 13 de março, o caixão foi enterrado na fortaleza de São Pedro e São Paulo, local do último repouso dos tsares.

---

* Área a 24 km de São Petersburgo, onde se localizava a residência campestre da família imperial. (N.T.)

A LENDA DE FIÓDOR KUZMICH

COMO JÁ VIMOS, no início de 1826 houve rumores fugazes de que Alexandre não estava morto e de que o caixão que estava viajando através da Rússia continha o corpo de um desconhecido. Alguns autores afirmam que os jornais britânicos relataram tais rumores, mas parece que isso não é verdade. Na verdade, o *Times* e outros jornais estavam mais preocupados com os boatos de que Alexandre fora envenenado. Um curioso manuscrito na Biblioteca Bodleiana argumenta contra a hipótese de envenenamento, mas não menciona nada sobre uma substituição de corpos.[10] E nenhuma outra fonte, de 1825 a 1850, discute seriamente a possibilidade de Alexandre ter sobrevivido à sua doença em Taganrog. Mas tudo isso mudou após o aparecimento do eremita siberiano Fiódor Kuzmich. Em setembro de 1836, onze anos após a suposta morte do tsar, um misterioso desconhecido entrou a cavalo no vilarejo de Krasnoufimsk.[11] Esse vilarejo estava situado na principal estrada que atravessa o distrito de Perm, utilizada então para o transporte de presos comuns e exilados que eram enviados para a Sibéria. Um idoso, com porte militar, o desconhecido aparentava 60 anos. Vestia roupas simples, de camponês, mas seu rosto austero, com uma cerrada e bem-aparada barba cinzenta, era bastante belo. Ele se dirigiu à oficina do ferreiro e lhe pediu que fizesse novas ferraduras para seu cavalo. Não demorou, alguns rudes camponeses foram até a oficina e tentaram saber do desconhecido quais eram seus planos de viagem. O velho não lhes deu nenhuma informação. Os camponeses bisbilhoteiros acharam que ele fosse um fugitivo da justiça. O fato de que o desconhecido falava como um cavalheiro educado e tinha um ótimo cavalo apenas aumentou suas suspeitas. Os camponeses então o seguraram e o levaram até o posto policial para um interrogatório adicional. O reticente desconhecido disse que seu nome era Fiódor Kuzmich — ou seja, Fiódor, filho de Kuzma, segundo a terminologia russa —, mas não

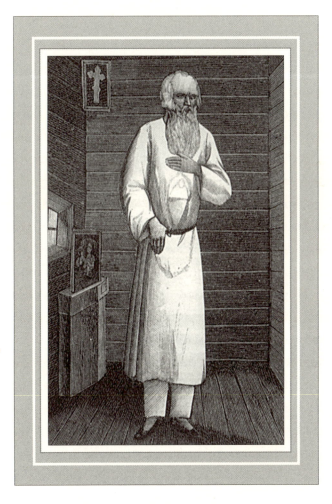

O retrato mais conhecido de Fiódor Kuzmich.
Da coleção do príncipe Alexis Troubetzkoy,
reproduzida com permissão.

forneceu seu nome de família. O cavalo lhe pertencia, disse ele, e ele estava a caminho da Sibéria. Ao ser reinquirido, informou que não tinha endereço fixo, que se sustentava fazendo bicos e que não sabia ler. Declarou-se membro da Igreja ortodoxa russa. Kuzmich não tinha nenhum documento de identificação e mantinha um silêncio obstinado quando lhe perguntavam sobre sua família e atividades anteriores. Os exasperados policiais então o prenderam como vagabundo; ele foi condenado a vinte chibatadas e exílio na Sibéria. Essa era a pena habitual para qualquer desocupado azarado o bastante para cair nas mãos das autoridades russas.[12] Em outubro, Fiódor Kuzmich, também conhecido como sentenciado nº 117, foi incluído numa leva de prisioneiros com destino a Bogoyavlensk. Durante cinco meses, ele caminhou penosamente em meio à neve e à lama, cercado de ladrões e vagabundos, mas parecia alheio à sordidez e aos sofrimentos daquela marcha forçada. Ao chegar, ele foi designado para trabalhar numa destilaria de vodca. Não demorou, entretanto, para que Kuzmich se tornasse uma celebridade local. As pessoas se impressionavam com seus modos corteses, sua devoção religiosa e seu grande talento como contador de histórias. Então, começaram a circular boatos de que ele era uma pessoa importante, talvez até um membro da família imperial.

Fiódor Kuzmich vivia numa pequena cabana de troncos e era reverenciado como um *starets* pelas pessoas do lugar, que lhe traziam mantimentos. Em troca, ele ensinava história e geografia às crianças, e aconselhava os pais delas em assuntos agrícolas. Sua cabana, ou melhor, eremitério, era mobiliada com uma cama de madeira sem colchão, uma pequena mesa, três bancos, um pequeno fogão e algumas imagens em um canto. Apesar de sua declaração em Krasnoufimsk, ele com certeza sabia ler, embora só tivesse três livros: a Bíblia, um livro de orações e uma obra religiosa chamada *Sete palavras do Salvador*. Escrevia muitas cartas, a maioria em russo, mas algumas em línguas estrangeiras, e sempre escondia a caixa com seu material para escrever quando algum desconhecido aparecia. Suas cartas eram confiadas aos peregrinos errantes que costumavam visitá-lo. Embora não fosse o mais rápido sistema de correio, o *starets* estava acima dessas questões. Seus hábitos eram muito simples: ele passava o dia trabalhando em seu jardim e cuidando de suas abelhas, e dedicava longas horas a orações diante de suas imagens e de seu crucifixo. Comia principalmente pão e vegetais, mas aceitava carne e peixe quando era convidado para jantar. Certa vez o bispo de Irkutsk tentou persuadi-lo a divulgar sua verdadeira identidade, mas Kuzmich se recusou, dizendo que sua penitência fora aprovada e abençoada pelo metropolitano Philaret, de Moscou. Muitos de seus visitantes apreciavam as infindáveis histórias de Kuzmich; ele tinha um conhecimento íntimo da corte de Catarina, a Grande, e sempre falava das grandes festas organizadas em São Petersburgo no feriado de Alexandre Nevsky, com paradas, salvas de canhões e luzes. Às vezes ele falava sobre as batalhas da grande guerra contra Napoleão, elogiando o general Kutuzov, mas raramente mencionando Alexandre I. Certo dia, um velho soldado se ajoelhou diante de Fiódor Kuzmich, afirmando que o reconhecera como Alexandre I, mas o *starets* o mandou embora de forma brusca.

Em 1858, um garimpeiro de ouro chamado Khromov persuadiu o idoso Kuzmich a se mudar para Tomsk, onde um novo eremitério foi construído para ele. A filha de Khromov, Anna, afeiçoou-se ao velho *starets* e contou algumas histórias notáveis sobre ele. Certa vez, ela e seu pai viram um jovem e bem-apessoado oficial saindo de sua cabana com uma dama. Fiódor Kuzmich os acompanhou até uma carruagem, diante da qual eles conversaram em uma língua estrangeira. O *starets* não divulgou a identidade de seus visitantes, mas disse: "Muito tempo atrás eu era conhecido pelos meus avós; agora chegou a vez dos meus netos." Os Khromov mais tarde presumiram que aquele oficial deveria ser o tsarévitche Alexandre, visitando seu tio, o eremita. Outra vez, quando ela leu em voz alta uma declaração que Alexandre I teria feito a Napoleão, uma voz gritou: "Eu nunca disse isso!" Esse grito partiu de um aposento onde estava o *starets*, mas, quando os Khromov abriram a porta, o encontraram orando fervorosamente. Outra amiga de Fiódor Kuzmich era uma jovem menina órfã chamada Alexandra Nikiforovna, a quem ele ensinou história, religião e geografia. Quando ela estava com 20 anos, decidiu realizar uma peregrinação por diversos lugares sagrados e, ao visitar um mosteiro em Kiev, apresentou uma carta de apresentação escrita por Fiódor Kuzmich para a condessa Osten-Sacken. Nessa cidade ela conheceu o tsar Nicolau I, que estava fazendo uma viagem de inspeção; ele conversou amavelmente com ela e disse que Fiódor Kuzmich era de fato um homem santo. Quando retornou à Sibéria, ela notou como Kuzmich se parecia com um retrato de Alexandre I que vira no estúdio da condessa Osten-Sacken. Confrontado com o fato, o *starets* ficou embaraçado e pareceu irritado.

Em 1864, o velho *starets* ficou doente e parecia estar à beira da morte. Khromov tentou fazê-lo dizer seu nome e o nome de seus pais, mas Kuzmich se recusou. Apontando para uma pequena bolsa pendurada na parede, ele disse: "Lá dentro está o meu segredo." Após sua morte, a bolsa foi aberta; continha seis pequenos pedaços de papel com textos enigmáticos. A única frase que poderia ser lida com clareza registrava a chegada de Kuzmich em 1837. Assim como os pesquisadores alemães tentaram decifrar a obscura mensagem no bornal de Kaspar Hauser, os historiadores russos passaram anos refletindo sobre esses pedaços de papel. Suspeita-se que alguns dele tenham sido escritos em um código usado pelos maçons, e se referiam a Alexandre, ou melhor, Fiódor Kuzmich, pelo nome secreto de Strufian. Outros formaram frases que diziam: "Quando Alexandre está em silêncio, não tem problemas de consciência a respeito de Paulo" e "Nicolau I, traiçoeiramente, enviou seu irmão para longe". Outra hipótese é que os pedaços de papel contenham na verdade o código usado por Fiódor Kuzmich em suas correspondências secretas. Muitos esforços também foram dispendidos na comparação entre a caligrafia dos pedaços de papel e a de Alexandre I. Alguns "peritos" encontraram semelhanças; outros, não. Algumas letras russas mudaram de formato no início da década de 1800. O tsar Alexandre usava as novas letras, mas Fiódor Kuzmich não o fazia.[13]

Após a morte do velho *starets*, Khromov passou muito tempo divulgando seu trabalho, enfatizando sua grande devoção e as maravilhas que realizara. O arcebispo Benjamin, da Sibéria, percebeu que Khromov estava obcecado com a ideia de que o eremita que vivera e morrera em sua propriedade era ninguém menos que Alexandre I. Ao longo da década de 1860, Khromov trabalhou para aumentar a fama do *starets*. Mandou construir uma pequena capela no túmulo do eremita, e panfletos descrevendo sua santa vida logo se tornaram comuns na área de Tomsk. Está registrado que, no final da década de 1860, Khromov solicitou uma audiência com o tsar Alexandre II. Foi recebido por um cortesão, que ficou impressionado com sua óbvia sinceridade. Khromov não pedia dinheiro nem favores, apenas queria falar para o tsar sobre sua convicção de que Alexandre I sobrevivera como Fiódor Kuzmich, e entregar a ele algumas relíquias do *starets*. Não se sabe ao certo se Khromov se encontrou ou não com o tsar, os relatos divergem, mas é certo que o barrete, a Bíblia e o rosário de Fiódor Kuzmich foram entregues a um cortesão, juntamente com bilhetes escritos por ele.[14] Enquanto isso, os panfletos de Khromov se tornaram populares o bastante para serem conhecidos em Moscou e São Petersburgo. Boatos começaram a circular e a polícia deu início a investigações sobre o que chamava de histórias inverídicas sobre um assim chamado homem santo siberiano. Os policiais estavam particularmente ultrajados com o fato de que serviços religiosos eram realizados na capela de Tomsk em frente a uma cruz com a inscrição "Alexandre, o Abençoado". O procurador do Estado mandou recolher os panfletos e advertiu os clérigos locais por sua ignorância e idolatria. Isso surtiu o efeito desejado, sobretudo porque Khromov morreu não muito tempo depois. Mas os boatos sobre o Imperador e o Eremita jamais foram silenciados por completo.

Por volta do final do século XIX, a sociedade russa se tornou um pouco menos repressiva, graças a reformas liberais. Como Kuzmich já morrera havia algumas décadas, sua figura passou a ser vista mais como uma curiosidade histórica do que uma ameaça presente, e o debate sobre a morte de Alexandre I foi reativado. Circularam boatos de que o corpo de um mensageiro chamado Maskov, que morrera num acidente em Taganrog, fora colocado no caixão do tsar, depois que este forjara a própria morte. Outra história dizia que um soldado de guarda em Taganrog vira um homem alto sair da cidade; ele reconhecera o tsar e o saudara. Os outros guardas zombaram dele, pois sabia-se que o imperador estava muito doente para sair da cama, mas o soldado persistira em sua crença. Os dois grandes biógrafos de Alexandre I no século XIX, o general N. K. Schilder e o grão-duque Nicholas Mikhailovitch, refutaram a lenda em seus trabalhos publicados, mas em particular davam a entender que não estavam nem um pouco convencidos. Uma fábula típica da saga de Fiódor Kuzmich conta que Schilder, tarde da noite, estava trabalhando em sua biografia. De repente caiu no sono e, em um sonho, viu um espectro de elevada estatura se erguer diante dele e perguntar: "Bem, você não me reconhece?" Era o fantasma de Fiódor Kuzmich. O abalado general mudou de ideia na hora e admitiu que deveria haver alguma verdade na velha lenda, no fim das contas. O grão-duque observou que Nicolau I providenciara a destruição de muitas cartas e documentos referentes aos últimos dias de Alexandre I. Diversos membros da família imperial demonstravam um grande interesse pela lenda. Um relato dá conta de que Alexandre III mantinha um pequeno retrato de Fiódor Kuzmich na parede de seu escritório, ao lado do retrato de Alexandre I. Em 1925, o príncipe

Vladimir Bariatinsky publicou o primeiro livro importante a defender a teoria de que o Imperador e o Eremita eram a mesma pessoa. Nos anos seguintes, é digno de nota, a maioria dos historiadores — incluindo Alan Palmer e Henri Troyat, os principais biógrafos de Alexandre I — se mostrou totalmente cética quanto à veracidade da lenda. Por outro lado, um pesquisador soviético e um príncipe russo argumentaram que Alexandre I sobrevivera como Fiódor Kuzmich. O segundo deles, o príncipe Alexis Troubetzkoy, certa vez ouviu a grã-duquesa Olga, irmã do tsar Nicolau II, dizer que ela e sua família não tinham dúvida de que Alexandre I sobrevivera como Fiódor Kuzmich.[15]

ARGUMENTOS HISTÓRICOS

PARA ACEITAR a lenda do Imperador e do Eremita é preciso um motivo válido para que Alexandre quisesse desaparecer na obscuridade. Os historiadores estão divididos quanto a essa questão. Aqueles a favor da lenda citam suas meditações religiosas e místicas, e seu sentimento de culpa em relação ao assassinato do pai. Não há dúvida de que ele se sentia deprimido em 1824 e 1825, quando várias calamidades o atingiram e à sua família. Alexandre sempre falava de abdicação quando estava deprimido, mas vacilava, e não há nenhuma prova de que ele fosse sincero e determinado o suficiente para abordar seus irmãos mais novos com esse assunto vital. Em Taganrog, antes de adoecer, Alexandre disse ao príncipe Volkonsky que, quando abdicasse, compraria uma propriedade na Crimeia e contrataria o príncipe como seu bibliotecário. Mas o desvalido eremita só possuía três livros. Poderia Alexandre, com seu voraz apetite por notícias e literatura, ter mudado tão completamente? Além disso, como experiente estadista, forjaria ele a própria morte? Isso anularia todas as leis e decretos de seus sucessores, caso alguém descobrisse que ele ainda estava vivo, com desastrosas consequências para a Rússia. Também é muito questionável se um homem sinceramente religioso como Alexandre poderia aceitar a encenação aviltante de enterrar um soldado morto em seu lugar; isso teria sido, a seu ver, o maior dos sacrilégios. Também teria sido implausível que o mimado tsar, rodeado de luxo desde a mais tenra idade, fosse se submeter por vontade própria a brutais açoites, seguidos pelo duro tratamento reservado a um prisioneiro. E teria ele abandonado sua esposa que ele corretamente supunha estar muito doente?

Se as dúvidas sobre um possível motivo para o desaparecimento de Alexandre permanecem sem resposta, o terreno é mais sólido no que diz respeito a sua morte em Taganrog. Existem cinco relatos em primeira mão dos últimos dias do tsar Alexandre, todos bem conhecidos: as cartas da imperatriz, o memorando particular do príncipe Volkonsky, o diário de Sir James Wylie, as memórias do médico Tarasov e um manuscrito não assinado intitulado "História Oficial da Doença e da Morte do Tsar Alexandre I".[16] Eu descobri o relato original de Wylie sobre a doença e a morte de Alexandre nos arquivos da Biblioteca Wellcome, em Londres.[17] Esse importante documento original foi ditado por Wylie na Alemanha para o dr. Stoffregen. A parte que descreve a autópsia é praticamente idêntica ao relatório oficial, mas o relato sobre a enfermidade acrescenta que Wylie acreditava que o tsar fora vítima de tifo, ou de uma doença febril aguda semelhante. Uma sétima fonte importante são os diários do médico Robert Lee. Não se sabe ao certo onde estão hoje, mas na década de 1960 estavam com a historiadora médica dra. Norah H. Schuster. Esses diários dão conta de que Lee foi chamado a Taganrog por Wylie, mas estava em Odessa, na época, e chegou tarde demais. Wylie ditou para ele o relatório completo que pretendia enviar a São Petersburgo, e Lee o anotou usando taquigrafia. Ele forneceu detalhes suficientes, em seus diários, para que Schuster concluísse que não havia dúvida de que Alexandre I morrera em Taganrog em 1825, de causas naturais.[18] Quando se considera que Tarasov escreveu seu relato da doença de Alexandre muitos anos após o fato, confiando em sua memória mais do que em anotações feitas na época, as demais descrições de sua doença combinam relativamente bem. Há diversas fontes de evidências paralelas: cartas de um coronel da comitiva imperial, cartas de um quacre inglês que visitava Taganrog e as lembranças de diversas pessoas envolvidas na autópsia e no embalsamamento.[19]

A descoberta do relato original de Wylie, feito logo após a morte, e os diários de Lee proporcionam muitas evidências de que Alexandre de fato morreu em Taganrog e que a causa da morte foi a "febre da Crimeia", uma forma maligna de malária. Pode ser aventado que o parasita da malária, no caso, poderia ser sensível ao quinino, e que a obstinação do tsar em recusar qualquer medicação até estar à beira da morte pode ter lhe custado muito caro. Se realmente tivesse ocorrido uma conspiração para forjar a morte de Alexandre, o conluio precisaria envolver um bocado de gente. Wylie, Lee, Tarasov e Stoffregen teriam de participar da trama, assim como o príncipe Volkonsky. O relato do embalsamamento revela que o trabalho não foi efetuado por Wylie ou Tarasov, mas por três médicos locais — que também teriam de estar a par do segredo. A imperatriz Elizabeth teria de ser uma peça-chave no conluio, e seu papel no acobertamento exigiria proezas de astúcia e hipocrisia, coisas incompatíveis com seu caráter. Em uma carta que escreveu pouco depois da morte de Alexandre, e descoberta em um arquivo finlandês, ela diz que não esperava sobreviver muito tempo após a perda de seu insubstituível marido.[20] Quanto à teoria de que o corpo do oficial chamado Maskov foi posto no caixão de Alexandre, foi registrado que esse indivíduo morreu num acidente não menos que quinze dias antes do tsar; teria sido muito difícil manter o corpo bem-conservado por um período tão longo.

Ferrenhos partidários da lenda de Fiódor Kuzmich precisam também explicar como o tsar saiu de Taganrog. Segundo antigos boatos, um nobre inglês acolheu Alexandre a bordo de um navio que estava atracado no porto. Há diversas teorias a respeito do nome desse arisco fidalgo. Um certo general Balinsky afirmou que fizera averiguações no Lloyd's* na década de 1890 e descobrira que apenas um navio estrangeiro, o iate do diplomata Lord Cathcart, estava em Taganrog na época. O diário de bordo do iate não contém a data de sua partida de Taganrog, nem informa seu destino. Mas, quando o príncipe Troubetzkoy, o historiador, entrou em contato com a família Cathcart, soube que o primeiro Lord Cathcart estava com 70 anos na época e já não utilizava o iate; e não há nenhuma prova de que ele tenha viajado para o exterior em 1825.[21] Outro suspeito, endossado por mais de um historiador russo, é o diplomata Lord Augustus Loftus, mas é apenas outra pista falsa. Loftus tinha apenas 8 anos de idade em 1825, sendo, portanto, uma opção muito improvável. Mas outro candidato a ser o misterioso nobre britânico é o diplomata Sir Stratford Canning, que estava na Rússia entre 1824 e 1825. Ele foi recebido em audiência por Alexandre no dia 4 de abril de 1825, e poderia assim ter se associado à conspiração. Mas é fato que Canning partiu de Londres para Constantinopla no final de outubro de 1825, com escala na Itália. Ele soube da morte de Alexandre quando estava recebendo uma delegação grega a bordo de um navio de guerra britânico. Por fim,

---

* Lloyd's Register Group — sociedade classificadora marítima que, na Grã-Bretanha, atua desde o século XVIII na regularização, no controle e na certificação das embarcações. (N.T.)

o terceiro marquês de Lansdowne foi sugerido como o nobre misterioso, mas estava em uma sessão da Câmara dos Lordes na época, e não há evidências de que viajasse em iates.[22] Depois de verem os iates de quatro nobres britânicos soçobrarem no mar Negro diante de seus olhos, os simpatizantes da lenda de Fiódor Kuzmich se veem em dificuldades ainda maiores quando têm de explicar onde o tsar Alexandre passou os onze anos que transcorreram entre sua suposta morte, em 1825, e seu aparecimento com a identidade de Kuzmich, em 1836. Há sugestões de que o misterioso nobre o levou para a Palestina, ou que ele viveu como eremita em um pequeno vilarejo da Finlândia; uma explicação mais sinistra é a de que ele foi aprisionado nas masmorras da fortaleza de Sveaborg, como se fosse uma espécie de Máscara de Ferro russo.[23] Não há nenhuma prova que corrobore tais fantasias. Por outro lado, o fato de que Fiódor Kuzmich conhecia diversos sacerdotes e estabelecimentos religiosos no Sul da Rússia indica que ele passou muito tempo nesses lugares, talvez como um peregrino que contava com a hospitalidade da Igreja. Caso o tsar tentasse algo do gênero nos anos que se seguiram a 1825, teria sido imediatamente reconhecido.

Muitas das evidências de que Fiódor Kuzmich era Alexandre provêm de seus seguidores na Sibéria. Não há dúvida de que o velho *starets* era um homem educado que falava ao menos uma língua estrangeira; provavelmente passou algum tempo na corte de Catarina, a Grande, e tinha conhecimentos que indicavam que tinha participado na guerra contra Napoleão. Profundamente religioso, ele conhecia muito a Igreja ortodoxa russa, e se correspondia com bispos e nobres. Algumas histórias de veracidade duvidosa dão conta de que um soldado o reconheceu como Alexandre, que ele foi visitado na Sibéria por seu irmão, o tsar Nicolau I, e pelo tsarévitche Alexandre, e que a certidão de casamento de Alexandre I foi vista entre seus papéis particulares. Não há informações suficientes, nas histórias sobre Kuzmich, que permitam uma comparação de seus conhecimentos e opiniões com as do tsar, mas Alan Palmer, o biógrafo de Alexandre I, assinalou que Kuzmich sempre elogiava as ações do general Kutuzov, um grande herói popular da guerra contra Napoleão, de cujos méritos Alexandre I nunca se convencera.[24] Há também uma estranha declaração de Kuzmich, no sentido de que, em 1814, Alexandre I cavalgara triunfante até Paris, ao lado do conde Metternich. É verdade que Alexandre entrou em Paris no dia 31 de março de 1814, montado em seu corcel e ladeado por seus guardas pessoais. Mas Metternich, que fora feito príncipe nessa época, não estava lá; e o tsar com certeza teria se recusado a dividir seu grande momento de triunfo com um homem de quem estava começando a desconfiar.

Os correligionários de Fiódor Kuzmich só têm elogios para seu primeiro apóstolo, o garimpeiro Khromov, mas alguns historiadores examinaram suas atividades com olhar crítico. Khromov trabalhava incessantemente para divulgar o santo homem, mas suas histórias sobre as profecias milagrosas de Kuzmich, o doce aroma que emanava de sua barba e as luzes brilhantes que cercavam seu corpo eram muito similares às que se contavam sobre outros homens santos da Rússia. Khromov louva a limpeza de Kuzmich, mas o bispo de Tomsk notou que o *starets* nunca tomava banho e nem mesmo se lavava — com exceção dos pés, uma vez por ano. O historiador alemão Martin Winckler suspeitava que Khromov inventara várias histórias sobre Fiódor Kuzmich para transformar a capela e as relíquias do famoso *starets* em um polo de atração para monges e peregrinos, enriquecendo assim a família Khromov, que tinha uma hospedaria nas proximidades.[25] Mas embora algumas das histórias de Khromov pareçam exageradas, os relatos que o mostram como embusteiro não resistem a um exame minucioso. Todas as pessoas que estiveram em contato com ele ficaram impressionadas com sua sinceridade e sua quase maníaca crença na lenda de Fiódor Kuzmich, e não há provas de que ele tenha obtido algum benefício financeiro de suas atividades.

ARGUMENTOS MÉDICOS

ANTES DA ERA das impressões digitais, da análise de grupos sanguíneos e da biologia molecular, os princípios de identificação eram baseados principalmente na antropometria e na patologia aplicada, em que se comparavam variáveis como estatura, formato do crânio, saúde dentária e cicatrizes cirúrgicas. Conhecemos bastante a aparência de Alexandre I: ele tinha bem mais de 1,80 m e traços bonitos, incluindo nariz reto e olhos azuis. Seus cabelos claros estavam começando a se tornar grisalhos na época de sua suposta morte, em 1825, e os retratos demonstram uma calvície incipiente. Alexandre era levemente surdo quando jovem, e sua surdez piorou com a idade. Alguns relatos informam que ele enxergava mal, mas não há evidências de que usasse óculos. Sua saúde foi sempre excelente, e ele jamais foi tocado pela lâmina de um cirurgião. A única marca física em seu corpo era uma concavidade na coxa esquerda, resultante do ferimento provocado pelo coice de um cavalo, que foi complicado por ataques de erisipela e que o fez mancar para sempre.

A falta de informações médicas e antropológicas sobre o velho *starets*, no entanto, é lamentável. Os dados mais confiáveis estão no exame feito pelos policiais no que acharam ser um vagabundo, em 1836, e que foi descoberto pelo historiador russo E. Hessen. Os traços de Fiódor Kuzmich eram incaracterísticos e sua idade, inferior a 65 anos. É curioso que o tenham descrito com apenas 1,80 m. Isso torna questionável a possibilidade de Fiódor Kuzmich, que foi preso em 1836, ser o mesmo homem que viveu na Sibéria nas décadas de 1840 e 1850.[26] Não existe nenhuma menção de que Fiódor Kuzmich mancasse ou tivesse alguma marca na coxa. Já foi sugerido que Kuzmich tinha uma basta cabeleira em 1836, em contraste com os ralos cabelos do tsar, mas o exame da polícia diz apenas que seus cabelos eram claros, mas estavam se tornando grisalhos. Relatos posteriores sugerem que Kuzmich também tinha um início de calvície. A única coisa digna de nota na história médica de Kuzmich era que suas costas foram ficando cada vez mais curvadas. Os românticos atribuem isso ao fato de o velho viver ruminando suas antigas glórias imperiais; um patologista, por sua vez, suspeitaria de osteoporose resultante de uma alimentação deficiente em minerais e vitamina D.

Alguns historiadores enfatizam que tanto Alexandre quanto Kuzmich tinham calos nos joelhos (devido a constantes orações), mas esses calos são encontrados em muitas pessoas, como faxineiras, monges e freiras. O retrato de Fiódor Kuzmich reproduzido neste livro apresenta um indivíduo alto e magro; muitos historiadores acham impressionante como ele lembra um idoso Alexandre I. Mas a verdade, ao que tudo indica, é que o velho e teimoso Kuzmich não queria ter seu retrato pintado, e recusou todas as ofertas de ter sua semelhança com o tsar preservada para a posteridade. Na verdade, esse retrato foi feito após sua morte, por um artista local, que se guiou por um retrato de Alexandre I. Um historiador russo afirma ter visto um segundo retrato feito pelo mesmo artista, mostrando um Fiódor Kuzmich, de traços bem mais grosseiros, deitado em seu caixão. As pessoas que conheciam Kuzmich achavam esse retrato, sem nenhuma semelhança direta com Alexandre I, muito mais preciso.[27]

A ANÁLISE DE DNA PODERIA SOLUCIONAR O ENIGMA?

O LEITOR QUE ficou impressionado com o modo como a moderna tecnologia de DNA lançou luz sobre o mistério do Delfim Desaparecido e sobre o enigma de Kaspar Hauser recomendaria, é claro, que a mesma técnica fosse aplicada sobre os restos mortais de Alexandre I e Fiódor Kuzmich. O problema, porém, é saber se o material para essa investigação está disponível. Sabemos que Fiódor Kuzmich foi enterrado no mosteiro de Bogoroditsko-Alexeyevsk, em Tomsk. Khromov erigiu uma capela sobre o túmulo, que foi reconstruída ou reformada em 1902.[28] No ano seguinte, reparos no túmulo revelaram que os restos mortais de Kuzmich estavam no lugar.[29] Ao que parece, os monges cuidaram bem do lugar de descanso final do velho *starets*, mas as autoridades soviéticas tinham muito menos reverência pelos monumentos religiosos. Na década de 1930, a capela foi derrubada para que seus tijolos fossem utilizados na construção de uma escola. Não se sabe ao certo o que aconteceu com a sepultura. Na década de 1990, a capela foi reconstruída em sua forma original. Um historiador moderno acrescentou a importante informação de que os monges restantes desenterraram os restos mortais de Fiódor Kuzmich e os transferiram para a igreja do mosteiro. Descobriram que mais de um terço do esqueleto estava faltando, inclusive o crânio.[30] Se desenterraram mesmo o esqueleto correto, isso indicaria que o túmulo de Kuzmich foi violado pelo menos em uma ocasião, possivelmente por vândalos bolcheviques na década de 1930. Há também uma história de que, algum tempo antes de 1914, quando foram feitos reparos no túmulo, não foi encontrado nenhum caixão; os operários presumiram que ele fora levado para São Petersburgo para ser colocado na tumba imperial.[31]

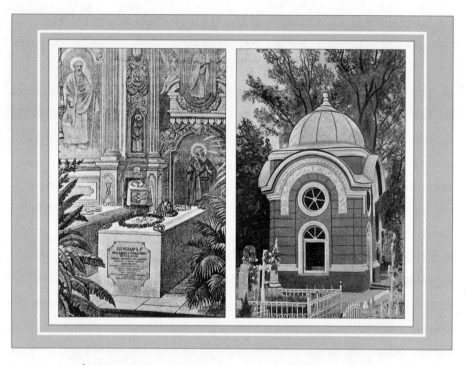

À esquerda, o túmulo de Alexandre I. Gravura da coleção do autor.
À direita, a capela sobre o túmulo de Fiódor Kuzmich. Gravura da coleção
do príncipe Alexis Troubetzkoy, reproduzida com permissão.
Estaria nesses túmulos a solução do mistério?

Existem relatos de que a sepultura de Alexandre I, na fortaleza de São Pedro e São Paulo, em São Petersburgo, foi aberta algumas vezes sem que fossem encontrados restos mortais. Uma mulher da nobreza disse ao historiador russo Lev Ljubimov que seu pai, o tsar Alexandre III, inspecionou o túmulo na década de 1880. Depois que a tampa foi levantada por quatro soldados, ficou constatado que a sepultura estava vazia.[32] Mas é duvidoso que apenas quatro pessoas, mesmo fortes guardas russos, tenham conseguido levantar a tampa daquele túmulo enorme; essa história deve ser apenas uma invenção. Há uma história, muito repetida, de que em 1921 os bolcheviques saquearam os túmulos imperiais procurando objetos de valor. Os curtos relatos nos jornais russos da época não indicam que tenha ocorrido algo fora do normal.[33] Alguns anos depois, entretanto, diversos jornais da Europa noticiaram que a sepultura de Alexandre I fora aberta em 1921 e que estava vazia. Muitos jornalistas viram isso como uma prova de que a velha história de Fiódor Kuzmich era verdadeira. A notícia se espalhou pelo mundo e foi amplamente citada como um fato. O historiador alemão Martin Winkler, porém, duvidou de sua veracidade. Tinha fortes suspeitas de que tudo aquilo era um embuste, pois a história não provinha de fontes russas, mas de duvidosos jornais alemães.[34] Ele sabia que inescrupulosos jornalistas alemães costumavam inventar histórias sensacionalistas sobre questões russas, e que havia considerável interesse em mistérios históricos, como o do Imperador e o Eremita. O historiador J. G. Lockhart leu uma história semelhante em vários jornais britânicos em 1929: a de que todos os sarcófagos haviam sido abertos em 1927, diante de muitas testemunhas, incluindo correspondentes de jornais estrangeiros, e que o túmulo de Alexandre I foi o único encontrado vazio. Lockhart escreveu para as autoridades soviéticas, que responderam que a história era pura invenção.[35] Em 1965, o historiador Ljubimov descartou as histórias de que o túmulo de Alexandre I fora aberto na década de 1920 e solicitou ao governo soviético que exumasse o corpo. Seu objetivo era descobrir se os restos mortais pareceriam ser de um homem de 48 anos (Alexandre) ou de um octogenário (Fiódor Kuzmich). Mas seu pedido parece não ter sido aceito.[36]

Os partidários da lenda aceitam a história do corpo desaparecido como verdadeira e, é claro, presumem que o corpo do soldado trocado pelo de Alexandre foi considerado indigno de ocupar sepultura tão nobre e enterrado em algum lugar obscuro. Há outro relato, no entanto, afirmando que o túmulo de Alexandre I foi aberto em 1866. Essa história, um tanto desanimadora, provém do já mencionado general Balinsky, cujas outras pesquisas sobre o mistério, inclusive a história do iate de Lord Cathcart, parecem um tanto fantasiosas.[37] Balinsky nunca publicou suas descobertas; seu arquivo foi destruído por um incêndio, e ele foi morto pelos bolcheviques em 1920. O general afirmava que seu pai, o famoso psiquiatra Ivan Balinsky, empregara um soldado como zelador de sua clínica. Em seu leito de morte, o soldado confessara ao Balinsky pai que estava entre os soldados designados para abrir o túmulo de Alexandre I em 1866. Atentamente supervisionados pelo tsar Alexandre II e um grupo de generais, os soldados levantaram a tampa do túmulo. Balinsky contou a diferentes pessoas diversas versões do que ocorreu em seguida: em uma delas, a sepultura estava vazia; em outra, um caixão foi removido e substituído por outro.[38] A maioria dos pesquisadores que vieram depois prefere acreditar numa terceira versão: o caixão foi retirado e enterrado no cemitério do mosteiro de Alexandre Nevsky, deixando o túmulo imperial vazio. Os partidários da lenda consideram essa história uma prova de que Alexandre II decidiu se livrar do corpo do soldado, mas não ofereceu nenhuma explicação sobre seus motivos. O historiador Alan Palmer, que surpreendentemente deu o benefício da dúvida ao extravagante relato de Balinsky, aventou que Alexandre não gostava do tradicional lugar de sepultamento dos tsares e escreveu um testamento secreto indicando que gostaria de ser enterrado no mosteiro de Alexandre Nevsky, onde tantas vezes rezara.[39] Um especialista em mausoléus imperiais manifestou fortes dúvidas de que uma equipe do século XIX fosse capaz de abrir aqueles imensos túmulos. Segundo ele, isso teria sido um empreendimento difícil mesmo com as modernas técnicas de içamento, e quase impossível com os métodos disponíveis no século XIX.[40]

Embora eu não compartilhe a crença na lenda, como o príncipe Troubetzkoy, cujo excelente livro sobre o assunto acaba de ser publicado, concordo inteiramente que uma análise forense dos restos mortais do imperador e do eremita valeria a pena. Ao contrário do erudito príncipe, eu não creio que nenhuma das histórias sobre a abertura da sepultura do tsar Alexandre I seja merecedora de muito crédito; preocupa-me mais a questão da autenticidade dos ossos do velho *starets*. Além disso, a interpretação dos resultados seria um tanto difícil. Caso o túmulo de Alexandre I contenha restos mortais, é preciso verificar se esses restos têm cerca de 180 anos de idade e se são de uma pessoa de meia-idade. Caso pertençam a um octogenário, é válido suspeitar que ocorreu uma troca de corpos e que os restos mortais de Fiódor Kuzmich foram colocados no túmulo imperial em alguma ocasião. Se os restos mortais no túmulo de Alexandre forem de um Romanov de 48 anos — o que pode ser verificado mediante a comparação de seu DNA com outros membros da família imperial —, isso provaria que Alexandre I de fato morreu em 1825. Caso os restos mortais não sejam de um Romanov e os de Fiódor Kuzmich sim, há uma grande probabilidade de que Alexandre sobreviveu como Kuzmich após sua suposta morte em 1825. Os céticos podem invocar a história de Balinsky, a de que o tsar foi enterrado em algum outro lugar, mas terão dificuldade em explicar por que um não Romanov foi depositado em seu túmulo. As pessoas com uma visão cética poderão também alegar que Kuzmich seria um filho ilegítimo de Paulo I, como alguns historiadores já sugeriram. A situação seria a mesma se a sepultura de Alexandre estiver vazia e os restos mortais encontrados na de Kuzmich pertençam a um Romanov: isso indicaria que a história de Balinsky era verdadeira e que o corpo do soldado foi removido da tumba. A alternativa final é a de que o túmulo do tsar esteja vazio e que os restos mortais de Kuzmich não tenham parentesco com os Romanov; isso proporcionaria um endosso muito necessário à hipótese de Palmer — de que o corpo de Alexandre foi retirado de seu túmulo e enterrado em outro lugar.

QUEM ERA FIÓDOR KUZMICH?

CONVÉM DEIXAR CLARO que, ao contrário dos falsos delfins, Fiódor Kuzmich não era pleiteante a nada; ele mesmo nunca afirmou ser o tsar e reagia com mau humor quando outros o faziam. Todos os relatos a seu respeito concordam que ele era um indivíduo extraordinário que, por alguma razão, decidira aceitar uma grande penitência. Só podemos especular sobre os motivos que levaram esse homem inteligente e educado a viver como um eremita entre pessoas comuns, numa área desolada. Em 1986, o sínodo da Igreja ortodoxa russa fez de Kuzmich um santo, reverenciado especialmente na região de Tomsk.[41]

Minha interpretação das evidências históricas e médicas não corroboram a versão de que Alexandre I e Fiódor Kuzmich eram a mesma pessoa. Mas então quem era Fiódor Kuzmich? Procurar outros indivíduos que correspondessem às características do misterioso eremita, no entender de muitas pessoas, seria uma empreitada valiosa para os céticos do final do século XIX. Mas assim como os historiadores alemães obcecados com a ideia de que Kaspar Hauser era o príncipe desaparecido de Baden, seus colegas russos pareciam pensar que, se Fiódor Kuzmich não fosse o tsar, não lhes interessava quem ele era. Alguns pesquisadores, impressionados com as histórias (não corroboradas) de que Kuzmich se correspondia com a família imperial e era visitado por seus membros, achavam provável que ele fosse o filho ilegítimo de alguma figura da realeza. Outra linha de inquérito foi procurar um possível elo de Kuzmich com a família do conde Osten-Sacken, com a qual o *starets* se correspondia. Descobriu-se que o conde fora casado com a filha de um certo general Usjakov. Sua filha era amante de Paulo, pai de Alexandre — a conexão com a realeza! —, e ambos tiveram um filho chamado Simeon Veliki, provavelmente nascido no início da década de 1770. Esse jovem frequentara a Escola Naval de São Petersburgo e depois fora para a Grã-Bretanha, onde ingressara na Marinha Real. Um relato diz que ele morreu no Caribe, de uma doença tropical; outro, que ele se afogou no mar Báltico, durante uma visita a Kronstadt. Os historiadores não descobriram nenhum indício que confirmasse qualquer das versões, e Veliki não é mencionado nos registros navais relevantes. Um fato interessante é que os nomes Fiódor e Kuzma eram comuns entre os membros da família Usjakov; um deles até se chamava Fiódor Kuzmich. Mas Simeon Veliki era velho demais para combinar com Fiódor Kuzmich, homem relativamente vigoroso em 1836, quando se tornou conhecido, e que teria morrido com mais de 90 anos.[42]

Outra abordagem tem sido interpretar o conhecimento de Kuzmich sobre as batalhas da guerra contra Napoleão como uma indicação de que ele era um oficial durante essa guerra; essa dedução aponta para outro suspeito, o nobre Fiódor Uvarov. Nascido em 1790, Uvarov se tornou oficial de cavalaria e atuou com grande destaque nas guerras contra a França. Foi ferido diversas vezes e ganhou diversas condecorações russas e estrangeiras. Em 1816, ele foi ferido em um duelo, o que o incapacitou para servir no exército, pois já não podia montar. Embora nomeado tesoureiro na corte imperial, ele passava a maior parte do tempo em sua grande propriedade rural, onde era conhecido pela crueldade com que tratava seus servos. Uvarov era um maçom atuante; alguns observadores descobriram sinais — em alguns de seus enigmáticos escritos — de que Kuzmich conhecia os rituais maçônicos. Uvarov desapareceu de sua casa em São Petersburgo em 1827. Nenhum traço de seu paradeiro foi jamais descoberto. Sua esposa afirmou que ele se afogara no rio Neva, mas a polícia suspeitou que ela sabia mais sobre o desaparecimento dele do que estava disposta a contar. Ela às vezes se descrevia como viúva, às vezes como mulher casada, embora não tenha voltado a se casar. É digno de nota que todos os retratos de Uvarov tenham desaparecido, juntamente com suas cartas e seu arquivo privado. Isso seria uma indicação de que ele não foi assassinado nem cometeu suicídio, mas deliberadamente decidiu desaparecer, levando seus pertences consigo ou os destruindo para impedir que fossem encontradas pistas de seu paradeiro. Com seu conhecimento de línguas estrangeiras, suas lembranças em primeira mão de São Petersburgo e da corte imperial, sua vasta experiência militar e os conhecimentos de agricultura que obtivera como proprietário rural, ele combina com todos os fatos conhecidos a respeito de Fiódor Kuzmich. Um historiador encontrou uma anotação misteriosa no diário de um certo bispo Foti, que aparentemente conhecia Uvarov, declarando que abençoara o penitente Fiódor de modo a prepará-lo para uma importante empreitada.[43]

Embora o caso de Fiódor Uvarov pareça mais consistente que o de Veliki e outros candidatos, não há nem um traço de evidência que o ligue a Fiódor Kuzmich. O santo Fiódor Kuzmich continuará a ser um mistério em sua capela, o que convém aos santos *starets* russos. Como ele mesmo estipulou, como parte de sua penitência, sua verdadeira identidade jamais será descoberta.

4

A princesa Olívia, Hannah Lightfoot e George Rex

> E finalmente, para tudo coroar,
> A Princesa Olívia, alma Nobre sem par,
> Descerá do banco do Tribunal dos Reis
> Para abençoar seus vassalos fiéis.
> E sob o coro leal de todo o País
> Regerá para sempre seu povo feliz.*
>
> —Thomas Moore,
> *Propostas para uma Ginecocracia*.

NO ANO DE 2002, a rainha Elizabeth II da Grã-Bretanha celebrou o jubileu de ouro de seu reinado. Embora esses cinquenta anos tenham sido por vezes acidentados, com o divórcio do príncipe de Gales e da princesa Diana sendo o ponto mais baixo para os monarquistas, a própria rainha continuou popular. Em uma época de grandes mudanças sociais, ela

---

* And finally, to crown the whole,/ The Princess Olive, Royal soul,/ Shall from her bower in Banco Regis,/ Descend, to bless her faithful lieges./ And, mid our Union's loyal chorus,/ Reign jollily forever o'er us. (N.T.)

tem sido um símbolo de tradição apreciado por muitos de seus súditos. O Partido Trabalhista está governando o país, a Câmara dos Lordes foi reformada e a libra está sendo ameaçada pelo euro, mas a monarquia britânica ainda vai bem.

O rei Jorge III. Gravura feita a partir de um retrato pintado por A. Ramsay.

Ou será que não? Por mais de duzentos anos, uma lenda contada e recontada afirma que, quando era adolescente, no início da década de 1750, o rei Jorge III se casou com Hannah Lightfoot, uma jovem quacre. A rainha Hannah, como muitos a chamam, foi de fato uma figura histórica, e algumas evidências sugerem que ela foi amante, ou esposa, de um indivíduo de posição elevada. O que se alega ser o certificado de casamento de ambos ainda está depositado no Cartório de Registros Públicos, no distrito de Kew, em Londres. Se esse documento for genuíno, o posterior casamento do rei com a princesa Carlota de Mecklenburg-Strelitz foi um ato de bigamia, e todos os outros soberanos, após Jorge III, nada mais são que usurpadores. Os filhos de Jorge III com Hannah é que seriam os verdadeiros herdeiros do trono. O mais conhecido desses herdeiros putativos é George Rex, que se mudou para a África do Sul e se tornou muito rico. Ele teve vários filhos com duas mulheres nativas, e seus descendentes ainda estão vivos. Em teoria, a Grã-Bretanha poderia assim ganhar uma família real negra, em vez da atual, uma mudança com poucas chances de ser aprovada pelos tradicionalistas. A reivindicação dos descendentes de Rex, no entanto, é enfraquecida pelo fato de que George Rex nunca se casou com nenhuma de suas "esposas". Mas mesmo se os Rex sul-africanos forem desqualificados, outras famílias alegarão descender de Jorge III e da rainha Hannah. Alguns deles acreditam sinceramente que constituem a verdadeira família real britânica.

OS TIOS DESORDEIROS DE JORGE III E DA RAINHA VITÓRIA

A IMAGEM POPULAR do rei Jorge III da Grã-Bretanha foi bastante maculada pelo conhecido filme *As loucuras do rei Jorge* (*The Madness of King George*), que mostra um louco furioso correndo alucinadamente pelos corredores de seu palácio, enquanto a rainha, o príncipe de Gales e diversos criados correm atrás dele carregando camisas de força.[1] Nos Estados Unidos, ele é conhecido como o "bandido" da Guerra da Independência. Na verdade, Jorge III foi durante muitos anos um monarca razoavelmente competente, marido e pai afetuoso e homem de elevados valores morais, em contraposição aos despudorados costumes sociais da época. Seus predecessores, os hanoverianos Jorge I e Jorge II, haviam sido governantes impopulares; nenhum deles sabia falar inglês. Seu pai, o bufão Frederico, príncipe de Gales, fora amplamente detestado. Quando Jorge III ascendeu ao trono, em 1760, com apenas 22 anos, foi o primeiro monarca a alcançar uma popularidade moderada entre as classes média e operária.[2] Nos anos seguintes, Jorge III foi de fato quem exerceu uma influência sadia e equilibrada no seio de uma família real famosa por suas tendências imorais. O comportamento burlesco dos tios-avós da rainha Vitória — que eram os irmãos e filhos de Jorge III — eram notórios na época.

Eduardo Augusto, duque de York, irmão mais novo de Jorge III, era um jovem libertino e dissoluto, que mergulhou em todo o tipo de excessos antes de cair morto de repente, em 1767, depois de passar um dia e uma noite dançando no palácio do príncipe de Mônaco. Seu irmão Guilherme Henrique, duque de Gloucester, era conhecido como Billy Bobo (Silly Billy) por sua mente fraca. Ao se casar com a viúva do conde de Waldegrave, foi prontamente banido por Jorge III pela escolha infeliz. Ele jamais foi perdoado e viu-se obrigado a perambular pelo continente europeu durante muitos anos, em um estado de semipobreza. O irmão caçula, Henrique Frederico, duque de Cumberland, foi o pior de todos. Homem tolo e presumido, era conhecido como Idiota Real. Ele teve muitas amantes e tratou todas mal. Uma delas, Polly Jones, o levou ao tribunal por ele ter vendido móveis que dera a ela. O duque então voltou suas atenções para Lady Grosvenor, e esse caso amoroso logo começou a ser muito comentado em Londres. O ator Samuel Foote disse sarcasticamente que enquanto o rei Jorge tinha feito de Sir Richard Grosvenor um lorde, seu irmão fizera dele um corno. Fosse para manter segredo ou fosse para aumentar a excitação da aventura, o duque costumava se encontrar com sua amante em estalagens no campo ou tabernas, onde comparecia disfarçado de fidalgo rural, fazendeiro ou mesmo de idiota da aldeia. Mas Lord Grosvenor estava atento, e mandou que seu irmão e um grupo de criados seguissem o duque até o seu ninho de amor, onde o flagraram com Lady Grosvenor. Achando que fosse ser espancado, o duque fugiu em pânico, gritando que nada fizera de errado. Lord Grosvenor moveu um bem-sucedido processo contra ele por seduzir sua esposa; no julgamento, o júri decidiu que ele fazia jus a uma indenização de dez mil libras por danos morais. O pobre Jorge III é quem teve de pagar a conta.[3] Em seguida, Cumberland se envolveu com a bela irlandesa Anne Horton.[4] Mas o coronel Luttrell, irmão dela, era um sujeito rude, que não concordou que sua irmã se tornasse uma concubina. Circulou o boato de que ele obrigou o duque a se casar com ela sob a mira de uma pistola. O medroso duque se ajoelhou então diante de Jorge III, chorando e implorando por seu perdão, mas o rei bruscamente lhe ordenou que sumisse. Banido da corte de seu irmão, o duque caído em desgraça foi para a França com a duquesa. Mais tarde, eles se estabeleceram em Londres, onde por muitos anos a duquesa manteve um concorrido salão de jogos e onde o jovem príncipe de Gales perdeu muito dinheiro.[5] Desgostoso com as ações de seus irmãos irresponsáveis e devassos, Jorge III promulgou, em 1772, o Decreto de Matrimônios Reais, que impedia qualquer membro da família real de se casar sem o seu consentimento. O que significava, na prática, que nenhum dos filhos de Jorge III poderia se casar segundo as próprias inclinações, mas que uma princesa alemã adequada seria escolhida para eles.

O próprio Jorge III era um marido e um pai exemplar. Em 1761, ele se casou com a princesa Carlota de Mecklenburg-Strelitz. Tiveram quinze filhos; todos, com exceção de dois, sobreviveram até a idade adulta.[6] O rei se tornou conhecido como Jorge Lavrador, por conta de seus hábitos simples e interesse em atividades agrícolas. O filho mais velho de Jorge III, o príncipe de Gales, Jorge, era bem-apessoado, garboso e inteligente, mas costumava discutir asperamente com seu pai e fazia de tudo para aborrecê-lo. Extravagante e destemperado, o príncipe bebia e comia muito, jogava em excesso e tinha uma série de amantes. Em uma flagrante violação ao Decreto de Matrimônios Reais, ele se casou com a atriz Maria Fitzherbert, em 1785. No início da década de 1790, o príncipe já havia acumulado dívidas no montante de quatrocentas mil libras. Jorge se ofereceu para pagá-las, mas só se ele desposasse uma princesa de sua escolha; seu casamento anterior seria considerado ilegal. O príncipe concordou, de má vontade, e se casou com Carolina de Brunswick, em 1795. Como era de se esperar, devido a seu início pouco promissor, o casamento não foi feliz e a rainha logo se mudou para o exterior, deixando o príncipe entregue a seus vícios. O filho favorito de Jorge III era Frederico, duque de York, hoje mais conhecido por sua desastrosa carreira como especialista em táticas militares na guerra contra a França revolucionária. Após se retirar do serviço ativo nos campos de batalha, ele se tornou comandante em chefe do exército britânico. Foi quando começou a permitir que sua amante, a cortesã Mary Anne Clarke, vendesse promoções na carreira militar; ele mesmo as assinava, de acordo com o que ela pedia. Em 1809, esse esquema foi descoberto, e o duque, em desgraça, foi obrigado a renunciar a seu posto no exército. Vários outros filhos de Jorge III se recusaram a se casar conforme os desejos de seu pai. Em 1817, a princesa Carlota, filha única do príncipe de Gales (que não teve filhos do sexo masculino), morreu de repente. Aos 79 anos de idade, Jorge III se viu sem nenhum neto legítimo vivo; havia um risco real de que sua dinastia se tornasse extinta. Os idosos duques teriam de receber esposas adequadas para impedir que isso acontecesse. O duque de Clarence já tinha dez filhos com a atriz sra. Jordan; quando, por fim, se casou com a princesa Adelaide de Saxe-Coburg-Meiningen, em 1818, trouxe seus filhos ilegítimos para morar com ele. O duque de Kent, que vivera com sua amante francesa por 27 anos e que tinha vários filhos com ela, também teve de se casar, pelo bem da sucessão; sua filha mais velha iria se tornar a rainha Vitória.

Foi nessa época que a família real pareceu ganhar uma nova recruta: a princesa Olívia, duquesa de Lancaster, que alegava ser filha de um casamento secreto do irmão bandalho de Jorge III, o já mencionado duque de Cumberland. Tanto Jorge III quanto o duque prometeram ampará-la, mas nenhum deles cumpriu a promessa, e a princesa estava quase na penúria. Ela afirmava ter provas de sua descendência real, além de vários outros documentos, de natureza sensacionalista, a respeito dos esqueletos existentes nos armários reais.[7]

A PRINCESA OLÍVIA

NOMINALMENTE, PELO MENOS, a princesa Olívia era filha de Robert Wilmot, que ela dizia ser um artista, mas que outros descreviam como um simples pintor de paredes. Nascido na cidade de Warwick, ele sucedera seu pai como tesoureiro do condado, mas caíra em desgraça por malversação de fundos. Decidiu então tentar a sorte como pintor e decorador em Londres, e deixou a filha de 10 anos, Olívia, morando com seu irmão James, que se tornara pároco no vilarejo de Barton-on-the-Heath, no condado de Warwickshire. Olívia morou na paróquia por alguns anos. Uma fonte mais hostil afirma que James Wilmot estava caduco e que a frívola Olívia controlava a paróquia, dominando o tio enfermo e intimidando os criados. Ela passava muito tempo na biblioteca, lendo "livros que o dever paterno deveria ter mantido fora de suas mãos e a modéstia feminina recomendava

Olívia Serres. Ilustração extraída de *The Fair Quaker*, de M. L. Pendered (A bela quacre – Londres, 1910).

fechar com desgosto".[8] Em 1789, Olívia foi se juntar ao pai, em Londres. Quando jovem, era bastante bonita e vivaz, com luxuriantes madeixas castanhas e expressivos olhos escuros, embora tivesse tendência a engordar. Demonstrou algum talento como pintora e se tornou aluna do festejado artista John Thomas Serres. Em 1791, Serres se casou com ela. Consta que James Wilmot, que conduziu a cerimônia, disse a Serres: "Ela agora é sua esposa, mas a mantenha ocupada, senão ela vai aprontar!" Apesar dessa sombria previsão, tudo parecia bem durante os primeiros anos de casamento. Serres amava muito sua esposa, e eles tiveram duas filhas, às quais ele era dedicado. Por diversas vezes, Olívia expôs pinturas na Real Academia de Artes e na Instituição Britânica para a Promoção das Artes, e foi elogiada por ninguém menos que o príncipe de Gales. Mas seus hábitos extravagantes não combinavam com a vida de um artista pobre. Todas as fontes concordam que ela tinha pretensões muito acima de seu nível social e era extremamente descuidada com as finanças. Olívia comprava coisas a crédito sem o conhecimento do marido e chegava a forjar o nome dele em notas promissórias e títulos quando ele estava fora. Certa vez, segundo uma fonte, quando um credor foi até a sua casa para exigir dinheiro, ela arrancou as delicadas cortinas de sua sala e lhe disse para colocá-las no prego. As coisas foram tão longe que os Serres acabaram sendo presos por dívidas.

Segundo o anônimo biógrafo de John Thomas Serres, Olívia era uma megera que intimidava e atormentava seu marido sem piedade. Quando Serres descobriu que ela tivera vários casos amorosos quando ele estava em excursões de pintura, achou que já era o bastante. O divórcio deles, em 1804, foi litigioso; aborrecida com o fato de que só receberia duzentas libras por ano de seu ex-marido, Olívia se apoderou de várias pinturas dele que estavam à venda em diversas galerias de arte e foi embora com suas duas filhas. Forçado pela penúria, o artista George Fields, amigo de John, vivera na casa da família Serres por algum tempo, até pouco antes do divórcio do casal. Quando Serres soube que Olívia tivera um filho ilegítimo poucos meses após a separação, percebeu que Fields partilhara mais do que a sua casa.[9]

Sozinha em Londres, Olívia conseguiu manter a pobreza afastada de sua porta vendendo suas pinturas e escrevendo diversos livros de peças, poemas e ensaios.[10] Num livro publicado em 1813, ela fez a audaciosa afirmativa de que seu tio, o reverendo dr. James Wilmot, era o autor de *Letters of Junius* (Cartas de Junius), famosos comentários políticos escritos nas décadas de 1760 e 1770, caracterizados pela hostilidade contra o governo da época.[11] Quatro anos depois, ela escreveu uma carta ao príncipe de Gales afirmando ser filha natural do duque de Cumberland com a irmã do dr. Wilmot, a srta. Olívia Payne, e pedindo ajuda financeira. Em 1820, após a morte de James e de Robert Wilmot, Olívia ampliou suas pretensões declarando ser, na verdade, filha legítima do duque. Longe de ter sido um solteirão, seu tio clérigo James Wilmot se casara secretamente com a princesa Poniatowski, irmã do rei Estanislau da Polônia, que conhecera durante seus estudos em Oxford. A única filha desse casamento se casara com o duque de Cumberland e dera à luz a princesa Olívia, em abril de 1772, antes de morrer de desgosto devido ao segundo, e bígamo, casamento do duque com Anne Horton. James Wilmot fizera seu irmão Robert jurar segredo e lhe entregou a bebê Olívia, para que ele a criasse como sua própria filha. Mas, apesar de todo o sigilo, segundo Olívia, Jorge III soube das atividades imorais de seu irmão. Então deu cinco mil libras em dinheiro à princesa Olívia, concedeu-lhe uma pensão anual e vitalícia de quinhentas libras e a contemplou com mais quinze mil libras em seu testamento; o rei da Polônia, parente de Olívia, deu a ela cinco mil libras. A princesa Olívia alegou que tinha sólidas provas documentais dessas reivindicações financeiras. Um documento em seu poder, assinado por Jorge III em maio de 1773, fazia dela duquesa de Lancaster. O ducado de Lancaster, domínio da coroa e fonte de recursos para a realeza, deveria portanto ser transferido para ela.

A primeira iniciativa oficial da princesa Olívia foi ser rebatizada, na igreja de Islington, em 1821, como filha do duque de Cumberland. Ela escreveu diversas cartas aos jornais anunciando sua ascendência, assim como um pequeno panfleto.[12] O duque de Kent fora um de seus defensores, afirmou ela, e até a tornou guardiã de sua filha Vitória. A princesa Olívia parece ter sido uma personagem bem conhecida em

O príncipe Jorge quando criança. Ilustração extraída de The Fair Quaker, de M. L. Pendered (A bela quacre – Londres, 1910).

Londres no início da década de 1820. Era uma dama de meia-idade, corpulenta, bem-vestida, com ar digno e altivo; estava sempre acompanhada por um homem muito mais jovem. No banquete promovido pelo Lord Mayor de Londres* em 1820, ela insistiu em sentar-se à direita do

---

* Prefeito cuja atuação se limita ao centro histórico de Londres, a chamada City. Esse prefeito não tem poderes administrativos. Seu papel, puramente cerimonial, é apoiar e promover as atividades realizadas na City. (N. T.)

Lord Mayor, como convinha a uma princesa de sangue azul; isso atrasou em dez minutos a entrada dos convivas no salão de banquetes. Depois de muitas altercações, ela foi obrigada a ocupar uma mesa diferente. Em outra oportunidade, ela quis passar pelo Constitution Gate, um caminho reservado à realeza, ao voltar de uma festa. Espantosamente, os guardas reais abriram caminho, e a princesa Olívia desfilou sua majestade em frente a eles; sua carruagem ostentava o brasão real nas portas e seus criados usavam elegantes librés verdes e douradas. Outra história divertida conta que Olívia se tornou amante do conde de Warwick.[13] Certa vez, quando ele a apresentou ao duque de Sussex, um dos filhos de Jorge III, Olívia o chamou de "primo" e o tratou com muita familiaridade. Ela queria impressionar o duque com sua notável semelhança com a família real, mas ele não se mostrou impressionado. Olívia, que devia estar embriagada, arrancou então sua grande peruca e disse: "E então, você já viu alguém se parecer tanto com você?"

Mas faltavam à princesa Olívia os recursos financeiros para manter suas pretensões monárquicas. Em 1821, ela foi presa por dívidas. Com sua característica presença de espírito, ela afirmou que, como integrante da família real, não poderia ir para a prisão. Apesar disso, teve de permanecer na prisão de King's Bench por algum tempo. Não foi a primeira nem a última de suas detenções nessa prisão para devedores. Ela conseguiu levantar algum dinheiro espalhando em Londres um cartaz intitulado "A Princesa de Cumberland Encarcerada!". O texto afirmava que o falecido rei a agraciara com quinze mil libras em seu testamento, mas que o governo ficara com o dinheiro; assim, ela estava sendo obrigada a recorrer à generosidade do grande povo britânico. Em 1822, Olívia publicou um panfleto descrevendo suas reivindicações em detalhes.[14] Disse que ignorava sua ascendência nobre até 1815, quando o conde de Warwick e o duque de Kent a visitaram para lhe contar a verdade. Ainda segundo o panfleto, todos os três choraram copiosamente. Olívia então exclamou: "Eu gostaria de ser digna dessa alta posição que a Divina Providência me ofereceu!" Ao que o duque respondeu: "Eu protegerei você, Olívia, com toda a força do meu coração, e ainda verei você recuperar seus direitos monárquicos!" Apesar dos toques dramáticos e da linguagem altamente melodramática, o panfleto não impressionou o público. Olívia teve um caso amoroso com o xerife J. W. Parkins, um conhecido excêntrico de Londres, e tentou envolvê-lo em suas pretensões. Mas eles brigaram depois que ela não devolveu uma soma que lhe devia, e ele acabou se voltando energicamente contra ela. O que aborreceu ainda mais o xerife foi que seu sucessor, nas afeições de Olívia, foi um jovem garboso que chamava a si mesmo de William Henry FitzClarence, e se dizia filho ilegítimo do duque de Clarence. O descartado xerife entrou em contato com John Thomas Serres, de quem obteve informações sobre a sórdida história de seu casamento com Olívia. Em uma carta, o xerife deplorou "as maquinações de sua esposa perversa e imprestável". Serres concordou com ele, dizendo que "já está mais do que na hora de acabar com essa fraude".[15]

Em seguida, Olívia conseguiu persuadir Sir Gerard Noel, um parlamentar idoso, a requerer uma investigação sobre a reivindicação dela. Os vários documentos que ela apresentou foram examinados pelo parlamento, onde Sir Gerard pronunciou um impressionante discurso a seu favor. Mas documentos existentes no Cartório de Registros Públicos deixam claro que, a essa altura, a família real estava resistindo. O duque de York contratou o xerife Parkins e o clérigo Joseph Brett para refutar as pretensões de Olívia.[16] Eles encontraram sua certidão de nascimento e um documento assinado por Robert Wilmot declarando que ele era seu pai natural e legítimo. Parkins foi esperto o bastante para escrever à princesa Poniatowski, que lhe assegurou que nenhuma das irmãs do rei Estanislau jamais estivera na Inglaterra. Um homem chamado John

Deuley, em quem Olívia dera um calote de dezenove libras, na compra de alguns livros a crédito, testemunhou que ele fornecera a ela autógrafos de Lord Chatham e do duque de Cumberland — seriam para forjar documentos? É bem provável que as descobertas de Parkins e Brett tenham sido apresentadas ao primeiro-ministro, Sir Robert Peel. Em um veemente discurso em resposta a Sir Gerard Noel, Peel declarou que os documentos eram falsificações e que a história de Olívia estava repleta de invenções. Tornando a situação de Olívia ainda pior, ele leu em voz alta um documento que declarava: "A princesa Olívia, única filha de Henrique Frederico, duque de Cumberland, e criada pelo meu irmão Robert, pode ser reconhecida por um grande sinal marrom." Houve risos generalizados e a pergunta: "Onde? Onde?" A conclusão da investigação foi que ou a sra. Serres era uma impostora descarada ou uma mulher ingênua, manipulada por outras pessoas. Parkins e Brett esperavam que ela fosse processada por fraude, mas o nobre patrão deles ficou satisfeito em deixar as coisas como estavam.[17]

A pobre princesa Olívia se afundou em seus últimos anos, e mais de uma vez teve de escrever panfletos suplicantes para sair das prisões de devedores onde mofava. Suas filhas tiveram de se arranjar sozinhas e seu filho ilegítimo se tornou um vagabundo.[18] Em 1830, ela publicou o último panfleto com sua alegação de realeza.[19] Por essa época, ao que parece, ela estava se fiando em sugestões de pessoas ricas que vinham vê-la por curiosidade. A princesa Olívia morreu em 1834 e sua filha mais velha herdou seus títulos. Essa senhora levava uma tranquila vida de classe média, mas, depois que se tornou princesa Lavínia, divorciou-se do marido e dedicou o resto da vida a perseguir o reconhecimento.[20] Em 1844, ela tentou levar o duque de Wellington a julgamento por ter ignorado, quando era o inventariante do espólio de Jorge III, o testamento que concedia a Olívia a soma de quinze mil libras. Mas não teve sucesso.

Em 1850, ela publicou um panfleto direcionado à rainha Vitória.[21] Caso a rainha não prestasse a devida atenção à sua reivindicação, ameaçou, ela divulgaria o grande segredo de Estado que ela e sua mãe haviam guardado com tanto cuidado. E, como fora perseguida de forma cruel durante 38 anos, vivendo entregue à pobreza e ao desespero, ela também pedia a ajuda financeira do Tesouro real; tinha seis filhos que dependiam dela, sendo que um deles estava "quase reduzido a um esqueleto". Mas, apesar desses toques patéticos, o secretário da rainha laconicamente lhe negou qualquer assistência pecuniária. Apenas em 1866, quando estava com 69 anos, a princesa Lavínia por fim conseguiu levar seus oponentes a julgamento: requereu ao Tribunal de Sucessões e Divórcios que a reconhecesse como neta legítima do duque de Cumberland e lhe concedesse as quinze mil libras a que tinha direito, conforme o testamento de Jorge III. Seu advogado era o dr. Walter Smith, que foi confrontado pelo procurador-geral Roundell Palmer. A audiência foi conduzida pelo presidente do Supremo Tribunal, Sir Alexander Cockburn.[22]

O principal sustentáculo da argumentação do dr. Smith foi uma pilha de 108 documentos contendo extraordinárias informações, que Olívia deixara para sua filha. Nessa pilha — assinados por Jorge III, pelo conde de Chatham e pelo conde de Warwick —, estavam os certificados do nascimento nobre de Olívia e das várias doações pecuniárias a ela concedidas. Surpreendentemente, um perito em caligrafia testemunhou que tanto a assinatura do rei Jorge quanto a de James Wilmot eram autênticas. Embora ele tenha se declarado em dúvida quanto aos outros, essa foi uma vitória importante para a princesa. Além disso, foi revelado que a história contada por Olívia, de que o duque de Kent a sustentara, era a pura verdade. Um dos mensageiros do duque testemunhou que a vira visitar o duque diversas vezes, e também levara cartas e presentes do duque até a casa dela. O fato mais notável é que, em 1819, ele levara para ela um pedaço do bolo do batismo de Vitória e um frasco com vinho. O duque costumava se referir a Olívia como "minha prima Serres" e dava todas as indicações de acreditar na história dela. O dr. Smith terminou sua apresentação do caso com um floreio. Atrevidamente, afirmou que, antes de desposar a princesa Carlota, Jorge III se casara em segredo com a quacre Hannah Lightfoot. Perplexo, o presidente do Supremo Tribunal perguntou a ele o que essa ousada declaração tinha a ver com o caso. Quando o dr. Smith começou a explicar que nem Jorge IV nem a atual rainha Vitória tinham qualquer direito ao trono, foi interrompido de forma brusca. Tais assuntos não deveriam ser discutidos ali, avisaram os juízes, e era uma grande indecência fazer declarações tão absurdas, e além disso não comprovadas, sobre a família real.

Após esse início vitorioso, o dr. Smith logo se viu em dificuldades, ao tentar explicar por que Jorge III assinara um certificado como George Guelph, uma assinatura muito estranha. Ele também não conseguiu explicar por que William Pitt assinara muitos certificados como Chatham, e Lord Brooke vários outros como Warwick, antes que assumissem seus respectivos títulos de conde. A despeito do testemunho do grafologista, o procurador-geral declarou sem ressalvas que os documentos apresentados eram falsificações, feitas pela própria Olívia ou por algum artista amigo dela. Também lembrou que ninguém jamais vira a princesa polonesa do dr. Wilmot, nem havia qualquer prova de que ela tivesse existido. O mesmo se aplicava à filha dela, que supostamente se casara com o duque de Cumberland. Apesar de tantas dificuldades, a princesa Lavínia se portou bem no banco das testemunhas. Era uma senhora de 70 anos, distintamente vestida de preto, que parecia a própria antítese de sua espalhafatosa mãe. Interrogada durante um longo tempo, evitou contradições com muita habilidade e perspicácia; a impressão que passou foi a de alguém que acreditava em cada palavra do que estava dizendo. Após uma exaustiva reinquirição sobre os certificados de Olívia, na qual se saiu bem, o procurador-geral comentou com aspereza: "Eu terminei com esses documentos, madame, mas não com a senhora!" "Fico muito feliz em ouvir isso!", replicou a princesa calmamente. Quando questionada sobre as atividades do genealogista contratado pela princesa Olívia para traçar sua árvore genealógica, sua também tranquila resposta foi "que o sr. Bell era irlandês e os irlandeses são muito bons para inventar coisas". O procurador-geral a questionou a fundo sobre o reverendo dr. Wilmot e sua estranha parcialidade em relação a casamentos secretos, mas não conseguiu perturbar o impressionante sangue-frio da idosa reclamante. Ele apresentou então a carta escrita pela princesa Olívia ao príncipe de Gales em 1817, na qual ela lhe pede que "considere a situação, em Londres, da filha natural de seu falecido tio, que em todos os julgamentos manteve sua dignidade sexual". A princesa Lavínia respondeu que, diante do Decreto de Matrimônios Reais, sua mãe achou que poderia ser considerada ilegítima, embora tenha nascido dentro do casamento. À brusca pergunta: "E você imagina que o júri vai acreditar nisso?", ela respondeu: "Sim, acredito!"

O desfecho do caso, entretanto, poderia ser um só. Embora a corte entendesse que Lavínia era filha legítima de John e Olívia Serres, não poderia considerá-la como neta do duque de Cumberland. A corte não tinha poderes para processá-la, pois ela alegara que acreditava sinceramente na autenticidade dos documentos de sua mãe e não pretendia fraudar ninguém. Mas a princesa Lavínia jamais desistiu de sua reivindicação. E escreveu outro panfleto desancando os juízes que a haviam defraudado de seu direito hereditário. Antes de sua morte, em 1871, ela ainda tentou levar seu caso à Câmara dos Lordes.[23] O antiquário W. T. Thoms apontou muitas inconsistências em sua história.[24] Aquela sobre a princesa polonesa é quase com certeza uma falsidade, pois não há evidências de que essa tão celebrada pessoa tenha alguma vez visitado Oxford, ou qualquer outra parte das Ilhas Britânicas na época em que o dr. Wilmot supostamente a desposou. É verdade que Estanislau Poniatowski, eleito rei da Polônia em 1764, visitou a Inglaterra em 1754, mas passou apenas um dia em Oxford. Ele de fato tinha duas irmãs, mas ambas estavam casadas na década de 1740 e jamais visitaram a Inglaterra. Eu examinei os documentos de Olívia no Cartório de Registros Públicos em Kew, que me pareceram falsificações claras.[25] Quase todos parecem pedaços de papel de embrulho, que nada lembram importantes documentos de Estado, como pretendem ser. Documentos que deveriam ter idades muito diferentes, como o certificado de casamento de Hannah Ligthfoot e as declarações juramentadas do duque de Kent, estão em papéis suspeitamente semelhantes. De fato, um perito moderno descobriu, pelo estilo dos papéis, que eles foram fabricados entre 1795 e 1810, o que combina muito bem com a ideia de que os documentos foram forjados.[26] A análise grafológica não é uma ciência exata, mas tem sido enfatizado que as assinaturas de Jorge III e do duque de Chatham nos documentos de Olívia parecem muito diferentes das assinaturas autênticas.[27] Na época correram boatos de que a princesa Olívia se aliara a um advogado de má reputação, chamado Knight, para chantagear a família real, e que o sr. FitzClarence, o jovem namorado de Olívia e um competente calígrafo, forjara as cartas apresentadas.[28]

Portanto, não há nenhuma evidência confiável de que a princesa Olívia era filha legítima do duque de Cumberland. Seus biógrafos lhe dão o benefício da dúvida, no entanto, e não acham improvável que ela fosse filha ilegítima do duque, como ela mesma afirmou em 1817.[29] O caráter volúvel do duque era bem conhecido, e Olívia não seria sua única filha bastarda. A incontestável ajuda oferecida a Olívia pelo duque de Kent indica que sua reivindicação de pertencer à família real pode ter tido algum fundamento. Mas deve ser ressaltado que o duque era um indivíduo tolo e bem-intencionado, fácil de ser enganado por uma aventureira intrigante. A história, contada por Olívia, de que o duque lhe prestou apoio financeiro deve ser olhada com muito ceticismo, considerando as dificuldades financeiras que ele mesmo enfrentava na época. Outro ponto fraco da alegação dela é a data de seu nascimento — 1772 —, um ano depois que Cumberland se casara (incorrendo em bigamia?) com Anne Horton. Os registros demonstram que o duque era muito apaixonado por sua esposa, situação que perdurou pelo menos alguns anos após o casamento, e que nesse período deixou de ser mulherengo. De fato, o casamento durou até a morte dele, em 1790; em seu verdadeiro e indiscutível testamento, ele deixou para ela todas as suas propriedades.

O maior obstáculo à reivindicação da princesa Olívia é seu caráter. Ela adorava inventar histórias românticas a respeito de si mesma.[30] Uma de suas favoritas falava sobre ladrões, que irromperam na casa de seu tio James quando ela estava morando lá. Em uma das versões, os ladrões ficaram tão impressionados com a beleza e a coragem dela que não levaram suas joias. Em outra versão, contada em detalhes na biografia de James Wilmot que ela escreveu, os ladrões irromperam na casa dispostos a ferir e matar. Armados com "vários instrumentos de destruição", eles cercaram a cama de Olívia. Mas ela corajosamente se recusou a dizer onde o doutor escondia seu ouro. Então, os ladrões trancaram os criados nos quartos e começaram a saquear a casa. Olívia salvou o dia pulando por uma janela, vestida apenas com sua anágua, e correu descalça pela neve para pedir socorro aos moradores do vilarejo. Os ladrões foram capturados e os nobres que moravam na área vieram congratular a heroína; até imprimiram um folheto para celebrar sua valentia. Desde tenra idade, ela era obcecada com a família real. Escreveu cartas para o príncipe de Gales e o duque de Kent, pedindo-lhes dinheiro e lhes oferecendo conselhos não solicitados. Certa vez, ela se ofereceu para emprestar vinte mil libras ao príncipe, muito mais dinheiro do que ela, ou qualquer pessoa de sua família, jamais tinham possuído, mas felizmente ele não aceitou a oferta. Em outra oportunidade, ela disse ao marido que estava tendo um caso com o duque de Cambridge. Mas, segundo o desditoso Serres, era uma mentira tão grande quanto suas outras fantasias com a família real. O gosto de Olívia pelos dramas patéticos é ilustrado com nitidez quando ela descreve a cena ridícula em que o duque de Kent e o conde de Warwick lhe falam sobre seu passado ilustre. Mais tarde ela melhorou essa obra-prima declarando que fora o fantasma de Lord Warwick quem lhe contara a história pela primeira vez — e acrescentando que não fora a única vez que o nobre espectro viera visitá-la. O xerife Parkins conhecia muito bem o lado sinistro de Olívia e sua mania de contar fofocas fictícias e maliciosas sobre a realeza. Jorge IV, contara-lhe ela, matara um cavalariço com um forcado; o duque de Kent cometera adultério com sua própria irmã; o duque de Clarence assassinara dois homens; e os duques de Cumberland e de Sussex eram homossexuais. Quanto ao patriarca da família, Jorge III, este havia roubado um colar da rainha para presentear a princesa de Gales e tinha o hábito de manter "contatos criminosos, em um sofá, com sua sobrinha e sua cunhada".[31]

HANNAH LIGHTFOOT

A CARACTERÍSTICA MAIS notável do julgamento de 1866 foi a obscura e enigmática alusão ao casamento anterior do rei Jorge III com Hannah Lightfoot, que tanta agitação provocou nos luminares de direito presentes. Trata-se de uma história contada nas fofocas de Londres desde o final do século XVIII.[32] Certo dia, quando o príncipe Jorge, futuro Jorge III, estava se

Retrato pintado por Sir Joshua Reynolds da "Srta. Axford, a bela Quacre", supostamente de Hannah Lightfoot. Ilustração extraída de *The Fair Quaker*, de M. L. Pendered (A bela quacre – Londres, 1910).

deslocando por Londres em sua liteira, para assistir a uma ópera, viu uma jovem sentada à janela de uma loja de tecidos, na esquina do Mercado de Saint James. Era muito bonita e, ao contrário de muitas pessoas daquele período, seu rosto não tinha marcas de varíola. O príncipe Jorge se apaixonou por essa moça à primeira vista. Descobriu então que o nome dela era Hannah Lightfoot, e que ela pertencia a uma família quacre — pobre, mas respeitável. Embora tivesse apenas 13 anos de idade na época, Jorge começou imediatamente a tecer planos para seduzi-la, planos dignos de um casanova experiente. Ele providenciou para que Elizabeth Chudleigh, uma das damas de companhia de sua mãe, marcasse um encontro. Ela o fez com o auxílio de um certo Jack Emm, que parece ter sido um cafetão de alta classe, que controlava uma casa de má reputação em Pall Mall. Após se encontrar com o jovem príncipe apaixonado, Hannah concordou em se tornar sua amante. Mas, em 1751, o pai de Jorge morreu e ele era o herdeiro do trono. Temendo um escândalo, ele queria que Hannah se casasse, assim como a mãe dele, que descobrira tudo e queria que o caso terminasse. No dia 11 de dezembro de 1753, Hannah Lightfoot se casou com um jovem merceeiro chamado Isaac Axford, que fora atraído pela promessa de um dote generoso. Mas, segundo a lenda, o príncipe Jorge mudou de ideia: irrompeu capela adentro em sua carruagem e raptou Hannah na frente dos perplexos convivas. Axford pulou sobre um cavalo e perseguiu desesperadamente a carruagem real, mas em vão. Nos numerosos postos de pedágio que havia na estrada, o príncipe gritava "Família Real!" e era autorizado a passar sem parar. Axford teve de parar e efetuar o pagamento em todos eles. Axford resolveu esperar pelo príncipe em Kew Gardens, mantendo-se ajoelhado, numa súplica silenciosa. Mas o arrogante príncipe passou por ele sem parar. Mais tarde, alojou sua amante em uma casa nos arredores de Londres. Uma das versões menciona Kew, outra, Hackney, e uma terceira, Tottenham.* Essa última versão acrescenta que o dr. John Fothergill, um habilidoso obstetra, foi certa vez levado ao palácio, de olhos vendados, para fazer um parto. Hannah e o príncipe eram muito apaixonados e, de acordo com um dos certificados fornecidos pela princesa Olívia, o príncipe desposou Hannah em 27 de maio de 1759. Eles foram unidos no sagrado matrimônio pelo especialista em casamentos secretos — suposto avô de Olívia —, o reverendo

---

* Áreas arborizadas que, na época, abrigavam palácios pertencentes à família real. (N.T.)

James Wilmot. As testemunhas foram o primeiro-ministro William Pitt e Anne Taylor, a sineira do Palácio de Saint James. Em outro documento apresentado por Olívia, James Wilmot e Lord Chatham certificam solenemente que Jorge e Hannah tinham dois filhos e uma filha. A lenda tem diversas versões do destino final de Hannah Lightfoot. Na coleção da princesa Olívia há outro documento em papel ordinário que contém o testamento da rainha Hannah, escrito em 1762, depois que Jorge se tornara rei. Uma das versões diz que Hannah morreu pouco após escrever esse testamento; outra, que ela foi mandada para o exterior, de modo a facilitar o segundo casamento de Jorge, com a rainha Carlota. Há um completo desentendimento em relação ao lugar para onde ela foi. Alguns falam em Alemanha; outros, em Estados Unidos ou África do Sul. Um fim particularmente romântico a situa na França, numa casa encimada por um domo, próxima a um lago cheio de cisnes. A amargurada rainha podia ser vista caminhando no jardim ao entardecer. Segundo uma versão mais prosaica, ela voltou para a Inglaterra e viveu até os 100 anos.

Após o julgamento da reivindicação da princesa Lavínia, em 1866, o bibliotecário da Câmara dos Lordes, W. T. Thoms, publicou um panfleto sobre o caso. Ele enfatizou que toda a história era uma fábula e que a pessoa chamada Hannah Lightfoot sequer existira. Mas o antiquário J. Heneage Jesse conseguiu provar que ela de fato existira, e hoje sabemos bastante a seu respeito.[33] Hannah Lightfoot nasceu em 1730, no East End de Londres.* Seu pai era o sapateiro Matthew Lightfoot, que desposara Mary Wheeler em 1728; a loja que possuía ficava às margens do Tâmisa, no distrito de Wapping. Após a morte de Matthew, em 1733, o tio de Hannah, Henry Wheeler, cuidara de sua irmã e de sua sobrinha, que foram viver com sua grande família, ajudando nas tarefas de seu

---

* Área situada a Leste da City de Londres e ao Norte do rio Tâmisa. (N.T.)

bem-sucedido negócio de tecidos no Mercado de Saint James. Tanto os Lightfoot quanto os Wheeler eram membros respeitáveis da Sociedade dos Amigos, também conhecida como "os quacres". Durante sua permanência com os Wheeler, Hannah assinou, como testemunha, a certidão de nascimento de uma de suas primas. A próxima data conhecida de sua vida é seu casamento com Isaac Axford em 1753. Os pais do marido de Hannah eram batistas, mas os outros membros da família eram quacres. Há evidências de que Isaac trabalhou como balconista na mercearia de um certo John Barton. Mas alguma coisa não ia bem com seu casamento.[34] Sabemos pela ata dos Quacres de Westminster que Hannah foi expulsa da Sociedade dos Amigos em 1756. O motivo foi que ela entrara "em um Estado de Matrimônio, Sacramentado por um Sacerdote, com alguém que não pertence à nossa Sociedade" e se fora, não se podendo entrar em contato com ela. A mãe dela testemunhou que não estava muito satisfeita com o fato de Hannah ter se separado do marido. O nome de seu marido não foi mencionado.[35] Pode ter sido uma referência a Isaac Axford, pois não há nenhuma prova de que ele fosse um quacre. Na verdade, Hannah e Axford se casaram na capela do dr. Keith, em Mayfair, e não em uma capela da Sociedade dos Amigos. Portanto, há bons indícios de que Hannah deixou sua família e a congregação dos quacres. Pode também ter deixado o marido para viver com outra pessoa. O próximo fato corroborado é que, em 1757, um certo Robert Pearne concedeu à "sra. Hannah Axford, ex-srta. Hannah Lightfoot", em seu testamento, uma pensão anual de quarenta libras. Esse testamento foi redigido com extremo cuidado, de forma que Isaac Axford não pudesse ter acesso ao dinheiro, que obviamente se destinava apenas a Hannah — outra indicação de que nem tudo estava bem entre Hannah e o marido. Nenhum filho de Hannah Lightfoot é mencionado. Não se sabe muito a respeito de Robert Pearne, exceto que era um cavalheiro rico e solteiro, que possuía propriedades na Inglaterra e em Antígua.[36] É improvável que ele fosse parente ou amigo da família Lightfoot, e é natural que muitos se perguntem se Hannah poderia ter sido sua amante. Um dos biógrafos de Hannah Lightfoot afirmou ter visto algumas de suas cartas. Nessas cartas sem data, Hannah assegura à sua mãe que tudo vai bem e que seu protetor, a quem se refere apenas como "a Pessoa", logo irá remediar os problemas financeiros dos Lightfoot.[37] Também há a questão de um retrato da "Srta. Axford, a bela Quacre", pintado por Sir Joshua Reynolds em 1758, que mostra uma linda mulher, com cerca de 30 anos de idade e um ar pensativo. Ela não está usando as vestimentas simples dos quacres, mas um elegante vestido de renda e cetim. As origens desse retrato remontam à década de 1790. Muitos pesquisadores presumem que seja um retrato de Hannah Lightfoot, o que é possível, mas não está provado.[38] Isaac Axford voltou a se casar em dezembro de 1759. Ele se declara viúvo, indicando que Hannah já estava morta a essa altura. A última coisa certa que sabemos sobre ela é que sua mãe, Mary, morreu em maio de 1760, deixando-lhe em testamento a casa que possuía. Nesse testamento, redigido em janeiro de 1760, ela declara que não sabia se sua filha estava viva ou morta, pois não tinha notícias dela há cerca de dois anos.[39]

Os fatos conhecidos a respeito de Hannah Lightfoot combinam de forma surpreendente com algumas das lendas sobre ela, com uma exceção: ela não poderia ter dado à luz três filhos legítimos se morreu em 1759, o mesmo ano em que se casou, segundo o certificado fornecido pela princesa Olívia. Além disso, não há nenhuma prova de que Hannah Lightfoot tenha se encontrado com o príncipe Jorge. Longe de ser um jovem precoce, capaz de seduzir uma mulher de 21 anos quando tinha apenas 13, o jovem príncipe, confirmam as fontes, era um rapaz tímido, desajeitado e dedicado aos estudos, embora fosse mais esforçado que intelectual. Em sua adolescência, Jorge já era sinceramente religioso. Sua correspondência com seu tutor particular, o conde de Bute, oferece amplas evidências de sua imaturidade, de suas enfadonhas e verborrágicas efusões religiosas e de seu tacanho senso de moralidade. Em uma das cartas, o príncipe confessa a Bute que a primeira vez em que uma mulher mexeu com seu coração foi no final de 1759, quando Lady Sarah Lennox apareceu na corte.[40] É de presumir que os mexeriqueiros da sociedade e da corte ficariam deliciados em fofocar sobre um romance ilícito do príncipe Jorge, mas com uma exceção nada dizem a esse respeito. A exceção é uma carta de Lady Sophia Egerton a seu tio, mencionando que o príncipe "teve uma linda quacre como concubina durante alguns anos, que ela está morta e que um filho foi o produto desse caso amoroso".[41] Essa carta foi escrita em dezembro de 1759 e combina com os fatos conhecidos sobre Hannah Lightfoot. Em 1770, o jornal *Public Advertiser* publicou um artigo sobre a sedução de Lady Grosvenor pelo duque de Cumberland; o texto continha uma referência a uma espúria "nova publicação intitulada *As Cartas de um Irmão Mais Velho a uma Bela Quacre*". A primeira menção ao nome de Hannah em conexão com a realeza ocorreu seis anos depois, em uma nota igualmente enigmática do jornal *Citizen*, sobre uma futura publicação chamada "A História da srta. L...thf...t (A bela Quacre) e os adiantamentos feitos a ela. Onde serão fielmente relatados alguns impressionantes exemplos da constância feminina e da gratidão principesca que terminou com a morte prematura de uma jovem...". Em 1779, outra publicação fez alusão à amante quacre de Jorge.[42] E é interessante notar: já se disse que o *affaire* foi divulgado nas atas dos quacres — uma coisa que, novamente, combina bem com o que sabemos sobre Hannah Lightfoot.

De 1779 a 1820, houve um completo silêncio a respeito da rainha Hannah. Em uma época que não se notabilizava propriamente pela reticência diante dos defeitos da família real, e agraciada com uma imprensa vigorosa e panfleteiros abjetos, um escândalo dessa magnitude deveria ter atraído mais atenção. Mas somente no início da década de 1820 surgiram novas notícias sobre Hannah Lightfoot — na *Monthly Magazine* e outros periódicos de Londres.[43] Algumas delas podem ter se originado na ocupada pena da princesa Olívia, mas nem todas, pois algumas pessoas escreveram reminiscências pessoais das famílias Lightfoot e Axford. Foi nessa época que a lenda de Hannah Lightfoot aos poucos tomou corpo: o audacioso príncipe adolescente, a séria, porém adorável, garota quacre, o rapto diante do marido e, não menos importante, as várias crianças de origem real. Existem muitas variações sobre o tema principal. Um escritor disse que Hannah ainda estava viva, mas a maioria deles concordava que ela estava morta; e o número de crianças variava de um a cinco. No entanto, ninguém foi audacioso o bastante para afirmar que Jorge de fato se casara com Hannah. Esse toque final à lenda foi adicionado em uma publicação vulgar denominada *Registros autênticos dos tribunais da Inglaterra*, que foi rapidamente retirada de circulação devido a uma calúnia feita contra o duque de Cumberland, que foi erroneamente acusado de matar seu próprio criado. Essa matéria foi atribuída a Lady Anne Hamilton, uma panfleteira insolente que guardava rancor da família real; mas há indícios de que a princesa Olívia tenha também colaborado.[44] O prefácio declara que na história da Inglaterra não existem reinados tão bárbaros quanto o da rainha Carlota e Jorge IV, seu infame filho: "*Baixarias* de todo o tipo eram praticadas, e *assassinatos se tornaram ocorrências cotidianas. A falsidade* e a *vilania* eram *virtudes* apreciadas, enquanto o *incesto* e o *adultério* eram passaportes para *favores* e *promoções na Corte*." A seção sobre a rainha Hannah é também melodramática. Primeiro se diz que o príncipe Jorge e Hannah se casaram legalmente em 1759, na capela da rua Curzon, em Mayfair. Essa afirmativa ignora o fato de que a capela fora fechada em 1754. Mas o governo soube do casamento secreto do príncipe e o irresoluto Jorge foi engambelado por políticos astutos, que lhe garantiram que seu casamento com Hannah poderia ser anulado em segredo. E ele logo se casou com a perversa princesa Carlota, a mais vil e dissoluta das mulheres, e "assim aquele desafortunado príncipe foi condenado à imbecilidade, ao desespero e à loucura!". A rainha soube do casamento secreto de Jorge III e pediu que Hannah fosse descartada. Os malvados políticos conseguiram isso oferecendo uma grande soma em dinheiro ao jovem Axford, que seria paga após a consumação de seu casamento com Hannah. O pobre rei, muito desolado com o desaparecimento de Hannah, despachou Lord Chatham para investigar, disfarçado, o paradeiro dela, mas o ilustre primeiro-ministro fracassou nessa missão secreta. Em 1765, a rainha insistiu que uma nova cerimônia de seu casamento com Jorge III fosse realizada (após a morte de Hannah?), o que foi feito em segredo pelo onipresente James Wilmot.

Muitos historiadores têm refletido sobre a lenda da rainha Hannah. Os biógrafos de Jorge III no século XX, e na verdade a maioria dos historiadores, tendem a descartá-la como uma fábula.[45] Os historiadores amadores têm demonstrado mais credulidade. Muitos deles estão dispostos a acreditar que havia algo na lenda, afinal; alguns aceitam a ideia de que Hannah era amante do príncipe Jorge.[46] Uns poucos aceitam a história como um todo, inclusive o casamento e a reivindicação ao trono dos descendentes de Hannah.[47] Mas já vimos que a história do casamento foi acrescentada à lenda pela princesa Olívia na década de 1820, e pode ser completamente desacreditada pelos mesmos argumentos que usamos anteriormente para demolir a própria reivindicação de Olívia. A única evidência palpável, o suposto certificado de casamento no Cartório de Registros Públicos, é com certeza uma falsificação. Mas também existem fortes argumentos contra a afirmação de alguns historiadores de que Olívia inventou toda a história de Hannah Lightfoot. Sabemos que Hannah era uma personagem histórica, que os fatos conhecidos sobre a sua vida apresentam uma notável semelhança com alguns fatos da lenda e que havia algo misterioso em seu casamento com Axford e sua exclusão da Sociedade dos Amigos. Além disso, temos evidências de que, já nas décadas de 1760 e 1770, havia algum falatório a respeito da amante do rei, que foi chamada de srta. Lightfoot em 1776. Os artigos da *Monthly Magazine* de 1821 revelam a existência de uma forte tradição oral, em Londres, de que o príncipe Jorge mantivera uma amante quacre chamada Hannah Lightfoot. A princesa Olívia, portanto, usou uma tradição preexistente sobre o rei e a bela quacre e não há hipótese de tê-la inventado. A esses argumentos, um cético pode redarguir que não há provas indiscutíveis, provenientes de fontes da época, de que o príncipe Jorge e Hannah tivessem se encontrado algum dia. Os rumores que circulavam podem ter sido apenas uma invenção de algum indivíduo que desejava troçar do puritano príncipe dizendo que ele estava tendo um caso com uma quacre igualmente virtuosa. Os escritores contemporâneos de fofocas e memórias da corte, como Horace Walpole e Fanny Burney, nunca mencionaram nenhum caso amoroso do príncipe. E o mais importante: o que se sabe do caráter do jovem príncipe depõe fortemente contra a possibilidade de ele ter tido um *affaire* quando adolescente.

Para que essa rainha fantasma finalmente descanse em paz, seria importante descobrir o que de fato aconteceu com ela e, se possível, encontrar seu túmulo. Uma tradição antiga dá conta de que Hannah Lightfoot foi enterrada no cemitério da igreja de Islington em 1759, em uma sepultura com o nome de Rebecca Powell. Mas, em 1949, um genealogista descobriu que existiu realmente uma Rebecca Powell, filha do reverendo Zachary Powell, nascida 23 anos antes, como a lápide indica.[48] Apesar de haver diversas outras hipóteses a respeito do que ocorreu com ela, o destino final de Hannah Lightfoot permanece um mistério.[49]

GEORGE REX E OUTROS FILHOS DA RAINHA HANNAH

SE ACEITARMOS a vaga possibilidade de que o príncipe Jorge e Hannah Lightfoot eram amantes, o que aconteceu com seus supostos filhos? As fontes da época têm pouca coisa a dizer, exceto que a carta de Lady Sophia Egerton, escrita em 1759, diz: "Um filho foi o produto dessa intriga." Mas, na década de 1820, o número de filhos aumentou. Os correspondentes da *Monthly Magazine* de 1821 concordam que Jorge e Hannah tiveram um filho; um escritor adiciona outro filho e afirma que Hannah se mudou para a Alemanha com eles; outro afirma que o casal teve vários filhos; um ou dois deles se tornaram generais do Exército. Um terceiro escritor conheceu um cavalheiro chamado Dalton que se casou com uma filha de Hannah Lightfoot com o rei. Em meados do século XIX, havia alguma concordância de que Jorge e Hannah tiveram três ou quatro filhos: o mais velho, George Rex; uma filha, Catherine Augusta, que se casou com o dr. James Dalton; um filho, chamado Sir Samuel Parks; e possivelmente um filho que se tornou general no Exército.

De longe, o mais conhecido dos presumíveis filhos da rainha Hannah é George Rex, apontado como seu filho, pela primeira vez, em 1861. George foi para a África do Sul, onde se tornou juiz do Tribunal do Vice-Almirantado no Cabo da Boa Esperança em 1797. Segundo todas as fontes, George Rex era um homem inteligente e perspicaz. Ele comprou propriedades a custo muito baixo e formou uma vasta propriedade em Knysna, onde por muitos anos desenvolveu atividades agrícolas. Os lucros dessa fazenda e de diversos outros negócios bem-sucedidos o tornaram muito rico; ele vivia com luxo e dava festas magníficas. Não resta nenhum retrato de George Rex, mas dizem que ele se parecia extremamente com Jorge III. A família de George Rex era um tanto peculiar.

A partir de 1800, ele coabitou com uma escrava negra chamada Johanna Rosina, com quem teve quatro filhos. Em 1808, George Rex se separou de Johanna Rosina e passou a viver com Carolina Margaretha, a filha dela, sua própria enteada, que tinha apenas 15 anos e que passou a compartilhar sua cama e seu palácio em Knysna. Embora também nunca tenham se casado, os registros dão conta de que viveram felizes por 31 anos e tiveram nove filhos, o mais jovem gerado quando ele estava com 69 anos. Rex morreu em 1839. Seu testamento especificava que todos os seus filhos eram ilegítimos, mas que apesar disso ele os deixaria bem-amparados, assim como a mulher com quem vivera. O motivo dessa declaração, segundo boatos, era que seu pai, Jorge III, havia proibido que ele se casasse; qualquer filho legítimo de George Rex seria o legítimo herdeiro do trono britânico. Alguns historiadores sul-africanos aceitam a história de Hannah Lightfoot e George Rex, apoiados pelos descendentes de Rex, que ainda vivem na África do Sul.[50] Mas, em 1975, o professor Ian R. Christie, da University College London, afirmou que, longe de ter algum parentesco com Jorge III ou Hannah Lightfoot, George Rex era filho do cervejeiro londrino John Rex.[51] Nascido em 1765, George Rex tinha uma irmã chamada Sarah, com quem se correspondeu por muitos anos, e um irmão, John Rex. Seu nome não era, portanto, um trocadilho em latim,* mas um nome de família utilizado há muitas gerações. Os documentos apresentados pelo professor Christie e outros provam com certeza que George Rex, de Knysna, não era filho de Jorge III. Seu espantoso sucesso na África do Sul, atribuído por alguns ao apoio financeiro do rei, deveu-se exclusivamente à inteligência do próprio Rex e seu tino para os negócios. De origem humilde, ele fez fortuna na África

---

* Rex, em latim, significa "rei". (N.T.)

do Sul numa época em que a administração britânica vendia terras a baixo custo para investidores, que podiam assim obter bons lucros.

O curioso é que houve outro George Rex, cujos descendentes também alegam que Jorge III e Hannah Lightfoot eram seus progenitores.[52] Esse segundo George Rex nasceu em 1750, mas não se sabe onde. Emigrou para os Estados Unidos em 1771, estabeleceu-se em Bucks County, no Norte da Filadélfia, e foi durante muitos anos um bem-sucedido fazendeiro. Teve doze filhos. Homem discreto e religioso, era conhecido por suas opiniões pró-britânicas, o que o tornou um tanto impopular entre seus vizinhos. George Rex deixou uma grande fortuna quando morreu, em 1821. No final do século XIX, um de seus descendentes, a escritora americana Aline Shane-Devin, afirmou ser neta da filha de Rex, Hannah Lightfoot Rex, neta de Jorge III. Essa afirmativa ainda é amplamente sustentada pelos descendentes de Rex, cujo número cresceu com assombrosa velocidade.[53] Em 1933, Leda Farrell Rex publicou um livro de duzentas e cinquenta páginas listando todos, e reafirmando a alegação de descendência real, mas ignorando que isso faria do príncipe Jorge um jovem extremamente viril, capaz de gerar um filho com a idade de 12 anos. Além disso, arquivos americanos indicam que George Rex fora na verdade um soldado que lutara ao lado dos americanos na Guerra de Independência dos Estados Unidos. Antes disso, trabalhara na fazenda de seu pai, e seu avô, George Rex, era proprietário de uma fazenda em Bucks County em 1742.[54]

Outro suposto filho do príncipe Jorge e Hannah Lightfoot foi Catherine Augusta Ritso, que se casou com o dr. James Dalton em 1801, e morreu em Madras, em 1813.[55] *General Armoury*, o livro de Burke, menciona essa mesma dama como filha de Henrique Frederico, duque de Cumberland, e portanto uma irmã da princesa Olívia! No ano 2000, arqueólogos que trabalhavam na igreja de São Pedro, em Camarthen, País de Gales, encontraram o túmulo de Charlotte Dalton, filha de James Dalton e de sua esposa, Catherine Augusta.[56] Logo foi anunciado que a sepultura da neta secreta de Jorge III fora encontrada. Muito se falou no fato de que o órgão do século XVIII existente na igreja fora originalmente destinado à Capela Real em Windsor. Os correligionários galeses aventaram que Jorge III, de algum modo estranho, previra que os restos mortais de sua neta iriam descansar naquela obscura igreja rural, e decidiu que ela deveria, pelo menos, ter um órgão de qualidade. Esses entusiastas, porém, ignoraram que Catherine Augusta Ritso nasceu em 1781; isso significaria que Hannah Lightfoot fora mãe aos 51 anos de idade, ocorrência muito incomum na época. Existem também boas evidências de que Catherine Ritso era de fato filha dos alemães George Frederick e Sophia Ritzau, que eram secretários particulares de Frederico, príncipe de Gales, o pai de Jorge III. Seu irmão se tornou capitão do Real Corpo de Engenharia e muita coisa se sabe sobre ele. Não há nenhum indício que corrobore a hipótese de que ela descende da família real, exceto uma velha e inverificável tradição oral.

Como vimos, uma velha assertiva da lenda é a de que um dos filhos da rainha Hannah se tornou um general bem conhecido. Esse indivíduo foi mais tarde identificado como o general John Mackelcan, que fez uma rápida carreira no Exército, embora nunca tenha participado de nenhuma ação militar.[57] Ele nasceu em 1759, e assim pelo menos se encaixa nos fatos conhecidos a respeito da curta vida de Hannah Lightfoot. Já se asseverou que o nome Mackelcan era desconhecido antes dessa época, mas um genealogista descobriu antigos papéis de naturalização de um certo Harman Mackelcan. Além disso, quando solicitou um seguro de vida, em 1817, o próprio general declarou que seu pai viveu até quase 80 anos de idade, sua mãe viveu cerca de 60 e sua avó alcançou a venerável idade de 92 anos. Ele também tinha uma irmã de 56 anos, casada com um oficial do Exército. Estes fatos tornam menos provável a tradição familiar que lhe atribui descendência real. Outro dos supostos filhos de Hannah era Samuel Lightfoot, nascido em 1760, que se tornou comerciante em Londres.[58] Seus descendentes disseram que ele mudou seu nome para Samuel Parks, embora eles mesmos ainda fossem chamados de Lightfoot. Acréscimos mais fantasiosos são os de que Samuel foi agraciado como Sir Samuel Parks e que ele e sua família receberam grandes somas de dinheiro do rei para entregar certos documentos que possuíam. Uma senhora americana adicionou um toque ainda mais ridículo. O primogênito de Hannah foi batizado como Parks devido aos belos parques que havia nas redondezas. A família de Parks foi para os Estados Unidos, onde se multiplicou. Genealogistas descobriram entretanto que, embora Samuel Lightfoot fosse um personagem histórico, ele era na verdade neto do tio de Hannah. Não há registro de que nenhum Samuel Parks (ou Lightfoot) tenha sido agraciado com o título de cavaleiro.[59]

A lenda de Hannah Lightfoot e seus filhos com Jorge III viajou bastante: onde quer que houvesse imigrantes britânicos, a lenda com certeza existiria. Existem famílias reais suplementares na Tasmânia, Austrália, África do Sul e Estados Unidos. No século XX, o número de supostos filhos do príncipe Jorge e de Hannah Lightfoot cresceu de forma exponencial; atualmente, há mais de cinquenta "filhos" conhecidos do casal. As reivindicações de muitas dessas famílias são ainda menos plausíveis que as relatadas acima, baseando-se apenas em tradições familiares. Alguns dos pleiteantes mais conhecidos foram testados em 2002, quando um documentário da TV comparou o DNA de quatorze pessoas pertencentes às famílias Rex, da África do Sul e da Austrália, e Mackelcan, dos Estados Unidos, com o DNA do conde de Munster. O primeiro conde de Munster fora filho ilegítimo de Guilherme IV, filho de Jorge III; portanto, o padrão do cromossomo Y seria herdado pela descendência do sexo masculino. Os resultados indicaram que nem os Rex nem os Mackelcan poderiam ser descendentes de Jorge III.[60] Mas a história do príncipe e da bela quacre se eternizará. Afinal, reis e rainhas são meros mortais, mas é difícil eliminar uma boa história.

5

O Pleiteante a Tichborne

Sir Roger era um jovem cavaleiro,
Um jovem cavaleiro de ar galante,
Que trocou seus augustos salões ancestrais
Pelo amor de uma bela dama distante.
Ele cruzou o oceano inteiro,
Navegou para longe da terra natal,
Após três semanas desembarcou
E no porto do Rio quedou afinal.

— Sir Roger: *Uma Balada para Tichborne*.*[1]

OS TICHBORNE SÃO uma das famílias anglo-católicas mais antigas e respeitáveis da Inglaterra,[2] cuja linhagem remonta a uma época anterior à Conquista Normanda e inclui diversos casamentos com outras abastadas famílias católicas. No século XIII, Lady Mabella Tichborne, em seu leito

---

* *Sir Roger was a youthful knight, / A youthful knight with a gallant air, / Who left his stately ancestral halls, / And all for love of a lady fair. / He sailed away o'er the ocean wide, / He sailed away from his native land, / Until in three weeks he stepped ashore, / And in the port of Rio did stand.* (N.T.)

de morte, pediu ao marido que ajudasse os pobres necessitados. O marido, insensível, respondeu que lhes doaria a quantidade de terras que ela conseguisse percorrer, rastejando, enquanto durasse a chama de uma tocha. Para o assombro de todos, ela se ergueu da cama e se arrastou por uma área de nove hectares. Os rendimentos dessas terras, a partir de então, foram sempre doados aos pobres. Lady Mabella fez também uma ameaça: se os donativos não fossem distribuídos de acordo com sua vontade, tempos desventurados sobreviriam; sete filhos seriam sucedidos por sete filhas e a família Tichborne se tornaria extinta. Na década de 1790, no entanto, os Tichborne encerraram o antigo costume, pois atraía vagabundos e indesejáveis de todo o país. Em 1829, seis dos filhos de Sir Henry Tichborne não tinham nenhum herdeiro do sexo masculino. O mais velho tinha sete filhas. Os Tichborne acharam então aconselhável retomar o antigo costume, de modo a evitar a maldição de Lady Mabella.

A essa altura, a única esperança de sobrevivência dinástica era James Tichborne, o quarto filho de Sir Henry. Com a madura idade de 43 anos, ele desposara uma dama chamada Henriette Felicité Seymour. Filha ilegítima de um rico magnata, passara a vida inteira na França e tinha uma opinião depreciativa sobre os costumes ingleses.[3] E logo desenvolveu uma opinião depreciativa a respeito de seu apático e corpulento marido, a quem dominava e infernizava cruelmente. Após muitos desentendimentos entre o heterogêneo casal, Henriette se estabeleceu em Paris com seus filhos pequenos, Roger e Alfred; seu marido permaneceu em Tichborne Park, lamentando o temperamento irracional e irascível de sua esposa. Henriette Felicité Tichborne, cujas ideias excêntricas incluíam vestimentas e criação de filhos, fez seu filho Roger usar vestidos, como uma menina, até os 12 anos, além de superprotegê-lo e mimá-lo demais. Em 1845, quando estava com 16 anos, Roger Tichborne pouco saía de casa, menos ainda de Paris e jamais se aventurara fora da França. Sua mãe

Sir Roger Tichborne em 1854. Ilustração extraída do livro
Introduction to the Tichborne Trial, de E. V. Kenealy (Introdução
ao julgamento Tichborne — Londres, 1875).

achava que ele era fraco e doente, e muitas vezes lhe ministrava remédios homeopáticos. Também acreditava que a cabeça do filho não deveria ser sobrecarregada com muitos estudos; por conseguinte, os conhecimentos gerais de Roger eram rudimentares. Sua língua nativa era o francês, que ele não conseguia escrever corretamente.

Em meados da década de 1840, estava claro que James Tichborne logo herdaria o título e a riqueza da família, e que a falta de herdeiros do sexo masculino significava que toda a fortuna dos Tichborne seria algum dia herdada por Roger. Mas os relatórios sobre os progressos de Roger não eram elogiosos. Seu pai temia que a prolongada permanência do garoto em Paris o tivesse transformado em um maricas inseguro, que preferia sentar-se em seu *boudoir* tomando *café au lait* e comendo petiscos a saborear uma substanciosa refeição de rosbife e cerveja, e que não caçava raposas nem pescava no rio, nem praticava nenhuma das outras atividades ao ar livre típicas de um fidalgo inglês. Seus temores não foram aliviados quando ele viu que Roger era um jovem baixo, magro e de aparência pouco masculina, que mal conseguia se expressar em inglês fluente. James Tichborne não viu outro modo de recuperar o controle de seu filho, a não ser sequestrá-lo durante uma visita de Roger à Inglaterra, para os funerais de seu tio Henry. Então enviou o jovem Roger para Stonyhurst, uma respeitável escola católica. Furiosa, Henriette despachou um criado francês para trazer Roger de volta a Paris; mas, quando confrontado com ele, Roger declarou que preferia permanecer em Stonyhurst. Os jesuítas daquela venerável instituição foram incapazes de incutir muitas ambições intelectuais na mente adormecida de Roger, mas pelo menos o garoto se tornou aos poucos fluente em inglês, ainda que com um forte sotaque francês.

Após três anos em Stonyhurst, Roger Tichborne passou por pouco no exame para se tornar oficial do Exército. Ingressou então no Sexto Regimento de Cavalaria de Guardas (os Carabineiros), estacionado na Irlanda. Ele tinha uma aparência estranha para um oficial de cavalaria, magro e com "pernas de tesoura"; seus quadris eram tão estreitos que ele tinha de segurar com suspensórios o cinturão de sua espada, para que este não caísse. Quando foi apresentado ao coronel do quadro de corneteiros, foi confundido com um auxiliar de cozinheiro e enviado para a cozinha. Roger era sempre atormentado por seus colegas oficiais, que ridicularizavam seu sotaque francês e sua falta de capacidade atlética. Mas Roger aos poucos se fortaleceu e se tornou um bom atirador, um cavaleiro competente e um oficial razoavelmente eficiente, embora alguns de seus colegas argumentassem que sua mente fraca não conseguia abarcar as complexidades do adestramento equestre. Para imitar seus pares no regimento, Roger começou a beber e a fumar em excesso. Tinha vontade de servir no exterior, mas uma planejada estadia na Índia acabou dando em nada. Então, em 1852, ele requereu seu desligamento.

Após deixar o Exército, Roger começou a planejar a realização de seus sonhos de viajar extensivamente para conhecer o mundo. Havia outro motivo para sua decisão: seu interesse amoroso em sua prima em primeiro grau, Katherine Doughty, fora rechaçado pela família dela. Lady Doughty, mãe da moça, achava que Roger era um jovem imaturo e imprestável, que bebia demais e que carecia da influência estabilizadora de uma sincera fé católica. Embora Katherine dissesse que gostava de seu primo, e embora Roger fosse, afinal, herdeiro de um título e de uma grande fortuna, Lady Doughty os proibiu de se casarem. A esnobe senhora, no entanto, não rejeitou Roger por completo; foi esperta o bastante para manter o rico candidato em compasso de espera, para o caso de não surgirem candidatos melhores para sua filha. Em março de 1853, desgostoso com tais atitudes, Roger foi para a América do Sul, partindo do porto do Havre, na França, para Valparaíso, no Chile. Levou com ele um dos criados da família Tichborne, John Moore. Desse momento em diante, não se sabe muito sobre suas atividades. Ele escrevia cartas esporádicas para casa, reclamando da rabugice de sua mãe e da intolerância de Lady Doughty em relação a seu hábito de beber. Em uma das cartas ele fala sobre seus planos de se estabelecer de modo permanente em Tichborne Park, após a morte do pai, e de pagar uma anuidade permanente a sua mãe, caso ela permanecesse longe. Uma lembrança mais palpável de Roger era uma coleção de aves tropicais que ele abateu e enviou para Tichborne Park, juntamente com algumas velhas pinturas que ele adquirira de um mosteiro. Em Santiago, ele mandou fazer dois daguerreótipos de si mesmo e os remeteu para seus pais e uma tia, alardeando sua aparência saudável e pele bronzeada. Alguns indícios sugerem, porém, que seus hábitos continuavam dissolutos como sempre e seu criado Moore o desertara por esse motivo. Roger logo esbanjou seus fundos de viagem e, quando quis viajar do Rio de Janeiro até Kingston, na Jamaica, a bordo do navio *Bella*, teve de pegar dinheiro emprestado para pagar a passagem. O *Bella* zarpou no dia 20 de abril de 1854, e nunca mais foi visto. Algumas semanas depois, o escaler do navio foi visto ao largo da costa do Brasil, juntamente com alguns destroços. Nenhum sobrevivente foi encontrado na época.

SIR ROGER RESSUSCITADO

> Para Wagga Wagga Sir Roger partiu
> A caminho de Woolomoloo,
> Com um amigo de confiança,
> Para caçar Canguru.
>
> No Hotel Bush uma noite parou
> E bifes de Canguru começou a fritar,
> Mas da Gorda Cozinheira do hotel
> Sir Roger não tirava o olhar.*
>
> — "Namoro e Casamento de Sir Roger".

---

* *Then to Wagga Wagga Sir Roger went, / On his way to Woolomoloo / For he had set out with a trusty friend, / To hunt the Kangaroo. / At the Bush Hotel one night they stopped / Some Kangaroo Steak to fry / And on the Buxom Cook-maid there, / Sir Roger cast his eye.* (N. T.)

QUANDO NOTÍCIAS DE que Roger desaparecera no mar chegaram a Tichborne Park, onde o enfermo Sir James Tichborne estava na companhia de sua irascível esposa, com quem se reconciliara, ambos ficaram arrasados. Embora Sir James parecesse ter se recuperado da tragédia e estivesse concentrando suas esperanças dinásticas em Alfred, o filho mais novo, Henriette Felicité ficara obcecada com a ideia de que Roger ainda estava vivo. Vincent Gosford, o administrador de Tichborne Park, escreveu que os últimos anos de Sir James foram amargurados pela obstinada recusa de sua esposa a aceitar a morte de Roger. Além disso, as ações do jovem Alfred Tichborne em nada contribuíam para levantar o ânimo do baronete; havia sinais preocupantes de que aquele rapaz tolo e negligente não era melhor do que Roger. Após a morte do velho Sir James, em 1862, Sir Alfred esbanjou milhares de libras em diversos empreendimentos apatetados, antes de beber até a morte com a idade de 26 anos. A família teria se extinguido, se a viúva de Alfred não estivesse grávida; para o regozijo de toda a família, ela deu à luz um filho, e a sucessão foi salva. Após a morte de Alfred, Lady Tichborne redobrou seus esforços para encontrar seu querido Roger. Ela achava que botes salva-vidas do *Bella* poderiam ter alcançado a Austrália e que Roger estaria vivendo lá. Entretanto, até o final de 1865, mais de onze anos após o naufrágio do *Bella*, nenhuma pista de Roger fora encontrada, apesar de todas as investigações realizadas pelos diversos detetives australianos que ela contratou.

Mas no pequeno vilarejo de Wagga Wagga, situado em uma parte remota de Nova Gales do Sul, coisas estavam começando a acontecer. William Gibbes, um advogado local, e sua esposa, que tinham visto os anúncios a respeito de Roger Tichborne publicados nos jornais australianos, começaram a suspeitar de um açougueiro local chamado Thomas Castro. Sujeito forte e corpulento, Castro passara muitos anos na Austrália, perambulando pelo interior e fazendo bicos quando tinha vontade, até

O Pleiteante a Tichborne

A cabana do pleiteante em Wagga Wagga. Ilustração
extraída de uma foto estereoscópica da época.

se estabelecer em Wagga Wagga. Lá montou um açougue e se casou com uma mulher analfabeta e promíscua, que já tinha um filho ilegítimo de outro homem; o casal teve uma filha. Castro não foi particularmente bem-sucedido, e Gibbes o ajudou a declarar a falência do açougue, devido a um número considerável de dívidas. Certo dia, Castro lhe perguntou se determinada propriedade na Inglaterra, a que ele tinha direito, deveria ser incluída em sua lista de patrimônios. Também mencionou que sobrevivera a um naufrágio, após passar dias em um bote aberto. Seu cachimbo tinha gravadas as iniciais R. C. T!

Quando Gibbes confrontou Castro, dizendo que ele era Roger Tichborne, o açougueiro relutantemente admitiu que era de fato o baronete desaparecido. Mas implorou a Gibbes que mantivesse sua descoberta em segredo, pois não queria se identificar depois de tantos anos na Austrália. Gibbes e um dos detetives contratados por Lady Tichborne conseguiram fazê-lo mudar de ideia. Esses dois indivíduos escreveram então à nobre senhora, comunicando-lhe o auspicioso fato de que Roger fora encontrado numa remota região da Austrália. Lady Tichborne ficou encantada, principalmente porque a notícia chegara a ela não muito depois da morte de seu filho mais novo, Alfred; a localização de Roger, após uma ausência de quase doze anos, parecia uma intervenção divina. O advogado da família, o sr. Bowker, foi muito mais difícil de ser convencido. Ele logo desconfiou de uma impostura e impediu Lady Tichborne de enviar dinheiro à Austrália, para financiar as despesas de viagem de Castro. Embora Castro (que passaremos a chamar de Pleiteante) tivesse escrito a ela uma carta comovente, mas bastante iletrada, pedindo dinheiro, nenhuma quantia lhe foi enviada até meados de 1866. A essa altura, o Pleiteante estava em Sydney, tentando levantar dinheiro de outras fontes para as despesas de viagem. Lá ele encontrou um antigo criado dos Tichborne, o antilhano Andrew Bogle, que recebia uma pequena pensão da família. De boa vontade, Bogle reconheceu o Pleiteante como Roger Tichborne e eles se tornaram grandes amigos, e passavam muito tempo juntos conversando sobre os velhos tempos em Tichborne Park. Duas outras pessoas em Sydney, que tinham conhecido Roger Tichborne, também reconheceram o Pleiteante como o baronete desaparecido. Esses sucessos permitiram que ele conseguisse dinheiro emprestado para custear as despesas de sua viagem a Londres, onde chegou em 1866, juntamente com sua esposa, filha e o criado Bogle. Contratando os serviços de John Holmes, um jovem advogado londrino, ele logo se dedicou à tarefa de recuperar sua fortuna.

O advogado Bowker já começara a orquestrar a oposição da família Tichborne; antes mesmo da chegada do Pleiteante a Londres, surgiram artigos hostis relacionados a ele nos jornais. Holmes percebeu que deveria organizar, o mais rápido possível, um encontro do Pleiteante com sua mãe. Assim, ambos logo viajaram a Paris. No dia em que deveria visitar Lady Tichborne, o Pleiteante ficou doente. Recebeu sua suposta mãe deitado em uma cama, totalmente vestido, com um lenço branco sobre a cabeça. Quando Lady Tichborne viu aquele sujeito grandalhão, levantou o lenço e exclamou: "Ah, querido Roger, é você?" O Pleiteante chorou de alívio e ambos se abraçaram ternamente. O advogado Holmes, de imediato, preparou declarações juramentadas de que Lady Tichborne reconhecera o Pleiteante como seu filho. Foi um duro golpe para o restante da família Tichborne. Exceto para o advogado Bowker, que fez uma viagem-relâmpago a Paris, para tentar incutir um pouco de juízo na excêntrica senhora. Mas chegou tarde demais, pois ninguém da família esperava que as coisas chegassem àquele ponto. Percebendo que havia um risco real de que a reivindicação fosse levada a juízo e o filho póstumo de Sir Alfred fosse desalojado de Tichborne Park, ele colocou a fortuna da família sob custódia para este. Os temores da família Tichborne não foram atenuados pelo fluxo constante de notícias sinistras que vinha de Hampshire, onde o Pleiteante se estabelecera. Em um passeio triunfal pelos antigos domínios dos Tichborne, ele foi reconhecido pelo coronel Lushington, arrendatário de terras em Tichborne Park, pelo antiquário Francis Baigent, um velho amigo da família, por J. P. Lipscomb, o médico da família Tichborne, e por Edward Hopkins, o antigo advogado da família. Fidalgos rurais, antigos arrendatários de Tichborne, oficiais e soldados dos carabineiros os acompanharam. Todos ficaram impressionados com as detalhadas lembranças que o Pleiteante tinha de Tichborne Park, de seus jardins e terrenos, e de episódios da infância e da vida militar de Roger Tichborne. Guildford Onslow, membro local do parlamento, ficou assombrado com os conhecimentos do Pleiteante sobre o folclore local e antigos incidentes de caçadas, e logo se tornou um novo convertido, além de amigo íntimo. O Pleiteante era especialista em pesca com iscas artificiais, e um vendedor local de equipamentos de pesca ficou espantado quando ele pediu exatamente as mesmas moscas secas compradas por Roger Tichborne quinze anos antes. Uma das poucas vozes discordantes veio de um ferreiro chamado Etheridge. O Pleiteante se aproximara dele e lhe pagara uma caneca de cerveja; mais tarde, lhe perguntara se achava que ele era Roger Tichborne. "Não, que um raio caia na minha cabeça se você for. Se for, você se transformou, de um cavalo puro-sangue, em um pangaré!" foi a resposta fulminante.

Foto estereoscópica do
Pleiteante, tirada na época.

Enquanto esperava as ações legais que se seguiriam, o Pleiteante se instalou numa casa em Croydon. Henry Seymour, tio de Roger Tichborne, que tinha pouca confiança na identificação que sua irmã fizera ao reconhecer o Pleiteante como seu filho, foi visitá-lo. O Pleiteante fez um papel deplorável durante a entrevista, pois não reconheceu um velho mordomo dos Tichborne, que Seymour levara com ele, não reconheceu a caligrafia de Sir James Tichborne e disse que não entendia nada de francês. Após o desaparecimento de Roger Tichborne, Katherine Doughty, sua antiga namorada, casara-se com Sir Percival Radcliffe e tivera vários filhos. Ela e sua mãe, Lady Doughty, eram aliadas na defesa dos interesses da família Tichborne. O marido dela decidiu enganar o Pleiteante, propondo que ele se encontrasse com sua tia Lady Doughty e sua prima Katherine, para saber se ele reconheceria o amor de sua juventude. Mas, durante o encontro, o Pleiteante se confrontou com outra tia, a sra. Nangle, e uma das primas de Katherine. O confuso e irritado Pleiteante disse que não conhecia nenhuma das mulheres, contorcendo o rosto espasmodicamente ao perceber que fora logrado; Radcliffe bateu em retirada ao ver seu corpulento oponente andar em sua direção de punhos cerrados. Katherine Radcliffe deu uma olhada no Pleiteante durante o confronto; no início, achou que se parecia com Roger, mas depois se voltou contra ele, ao perceber sua completa ignorância a respeito do que alegava ser sua família e amigos. O revés atingiu o Pleiteante em março de 1868, quando Lady Tichborne morreu de repente. De um só golpe ele perdeu sua mais notável defensora e a pensão de mil libras por ano que ela estabelecera para ele. Além disso, todos os papéis dela foram confiscados, incluindo todas as cartas que ele escrevera para ela, cartas que o prejudicariam de modo considerável em uma etapa subsequente.

EVIDÊNCIAS DA AUSTRÁLIA E DO CHILE

>O esnobe que mediu Orton era doutor em biometria
>E o distinguiu pelo pé, que mais de um metro media;
>A cabeça era uma abóbora, a luxúria, seu recheio,
>E a boca, que beleza, tinha dois palmos e meio.
>
>Um homem testemunhou que Orton ele conhecia,
>E que juntos costumavam nadar nus lá na baía.
>Quando ia descrever o que vira à beira-mar,
>O juiz, horrorizado, o proibiu de falar.*
>
>— Do panfleto "Você viu o Pleiteante? O Gordo Grandalhão!".

QUANDO LHE PERGUNTARAM o que ele fizera após o naufrágio do *Bella*, o Pleiteante disse que estava em um dos botes salva-vidas que não emborcara, juntamente com alguns marinheiros. Após alguns dias no bote, eles foram resgatados por um navio chamado *Osprey*. Ao aportarem em Melbourne, nenhum dos marinheiros quis se identificar. Preferiram se juntar à corrida do ouro australiana e logo se dispersaram pelo interior do país. O Pleiteante decidiu experimentar por algum tempo o modo de vida australiano. Mudou seu nome para Thomas Castro e trabalhou como caubói por vários anos, antes de montar o açougue em Wagga Wagga.

---

* The snob that measured Orton, he was a knowing card,/ He knew him by his wopping feet, that measured just a yard,/ His head was like a pumpkin, for pretty girls to ponder,/ And his mouth it was a beauty, and reached from here to yonder./ One witness swore young Orton, he well remembered him,/ And naked in the water they together used to swim,/ He said that he would know by, and was just a-going to shout,/ When the Judge he was disgusted, and turned the blackguard out. (N.T.)

Depois que se tornou aparente que o Pleiteante era uma ameaça séria, a família Tichborne enviou à Austrália um advogado chamado John Mackenzie, com a missão de descobrir a verdade, ou a falta dela, na história do Pleiteante.[4] Ele logo teve sorte no curral central de Melbourne, onde o Pleiteante disse que trabalhara: o proprietário era cuidadoso e guardava seus registros de pessoal, nos quais não constava nenhum caubói chamado Castro ou Tichborne. Mas o homem reconheceu uma foto do Pleiteante como sendo de um caubói chamado Arthur Orton, que trabalhara no curral durante algum tempo. Mackenzie seguiu então para Wagga Wagga, onde diversas testemunhas lhe asseguraram que Orton e Castro eram a mesma pessoa. Um deles elogiara a habilidade de Castro como açougueiro, e Castro lhe respondera que aprendera seu ofício no Newgate Market, em Londres. Mackenzie acabou descobrindo que a família de Orton residia em Wapping, no East End de Londres; Arthur era o mais novo de doze filhos e chegara a Hobart Town, na Tasmânia, em 1852, antes de se deslocar para o continente australiano. No início de 1868, Mackenzie deu essas informações ao astuto detetive particular John Whicher, a quem incumbiu de descobrir os Orton de Londres. Ele o fez sem nenhuma dificuldade, e logo trouxe algumas novidades que devem ter alegrado a acuada família Tichborne. Não muito tempo depois, na noite de Natal, um corpulento desconhecido apareceu no Globe, um pub na Wapping High Street, perto da casa dos Orton. E demonstrou tantos conhecimentos sobre a família Orton que a proprietária do estabelecimento comentou que ele se parecia muito com o velho George Orton, e que devia ser Arthur Orton, que se lançara ao mar muitos anos antes. O estranho, evasivamente, explicou que era um grande amigo da família Orton e estava ansioso para saber o que acontecera com seus integrantes nos últimos anos. Em seguida, o Pleiteante (pois era ele) entregou a ela algumas cartas, dirigidas às irmãs Orton, e lhe mostrou fotos de sua esposa e filha, dizendo que eram a esposa e a filha de Arthur Orton. Whicher também encontrou uma carta enviada por Thomas Castro, pedindo informações sobre a família Orton. Ele visitou as irmãs Orton, mas elas garantiram que o Pleiteante não era irmão delas; o detetive, é claro, suspeitou de que elas haviam se juntado à conspiração. Entretanto, Mary Ann Loder, a antiga namorada de Orton, prontamente o reconheceu como Arthur.

A sugestão de que Castro e Orton eram a mesma pessoa deixou pouco à vontade muitos dos amigos do Pleiteante. Mas faltava-lhes dinheiro para incumbir alguém de fazer investigações semelhantes na Austrália. Apenas em 1869, quando uma comissão foi formalmente enviada àquele país, eles puderam reexaminar o assunto. A comissão iniciou seus trabalhos na Tasmânia, onde diversas pessoas falaram sobre a chegada de Arthur e seu subsequente trabalho como açougueiro. O Pleiteante negou categoricamente que tivesse alguma vez pisado na Tasmânia, mas as testemunhas forneceram uma descrição de Arthur que combinava bem com sua aparência, e reconheceram fotos dele. Em Sydney, os testemunhos se dividiram, com os partidários do Pleiteante achando que uma das testemunhas-chave fora subornada por Mackenzie para modificar sua declaração. Em Wagga Wagga, diversas testemunhas haviam conhecido Arthur Orton sob o nome de Thomas Castro. Ele estava sempre se vangloriando de sua descendência nobre e de ser herdeiro de grandes propriedades. Outras testemunhas juraram que Orton e Castro eram pessoas diferentes. No interior da Austrália, naquela época, as leis não eram muito observadas; naquela sociedade sem regras, os homens trocavam de nome e de ocupação à vontade. Foram sugeridas muitas razões para que Arthur Orton tivesse trocado de nome; uma delas era a de que ele o fizera para escapar de uma punição por ter roubado cavalos. Orton também costumava se apresentar como Smith. E havia um personagem nebuloso chamado

William Cresswell, que às vezes adotava o nome de Orton. Houve ainda extraordinários relatos de um homem magro e cavalheiresco, alcunhado de "Estrangeiro", que fora visto com Orton nos garimpos de ouro.

Quando lhe perguntaram por que ele mudara o nome para Thomas Castro, o Pleiteante respondeu que, durante sua estada na América do Sul, conhecera um homem chamado Tomas Castro, em Melipilla, Chile, e decidira usar o nome dele. O advogado Holmes sugeriu então a ele que escrevesse a Castro, de modo a comprovar que Roger Tichborne estivera em Melipilla, e para qualquer testemunha que pudesse identificá-lo como Tichborne. O Pleiteante concordou, e elaborou uma lista com quatorze pessoas das quais se lembrava, mas a resposta não foi a que ele esperava. Ninguém em Melipilla conseguiu se lembrar de um indivíduo chamado Tichborne, que tivesse estado lá. Mas se lembraram de um jovem marinheiro chamado Arturo, que fugira de um navio cujo capitão o maltratara. Algum tempo antes de 1851, Arturo chegara à cidade e lá permanecera por bem mais de um ano. Ele se tornou muito popular, pois muitos chilenos se apiedaram daquele jovem de aparência desamparada. Arturo contara que seu pai era açougueiro em Londres e que tinha várias irmãs. Quando uma comissão foi enviada também ao Chile, os advogados da família Tichborne aumentaram seus trunfos.[5] Tomas Castro e quatro outras testemunhas depuseram que haviam conhecido Arturo muito bem, mas nenhum Roger Tichborne. Presumiu-se então que Arthur Orton tentara encaixar sua estada em Melipilla com sua impostura como Roger Tichborne, mas os chilenos não entenderam o propósito de sua carta e relataram a verdade. Os amigos do Pleiteante disseram que os advogados da família tinham despendido milhares de libras para convencer as testemunhas chilenas a cometer perjúrio.

O PRIMEIRO JULGAMENTO

P é de Pleiteante, um homem que sabe o que quer
E malgrado juiz e júri, vencer para ele é mister.

H é de Hampshire, onde os Tichborne têm seu lar
E o gordo é Sir Roger, as pessoas podem jurar.

R é de Radcliffe, sua prima foi muito mesquinha
Pois não iria dizer que o namorou no interior do moinho.

S é dos tais Segredos, de que hoje tanto se fala
Sua prima o recusou, Roger se pôs a difamá-la.*

— Extraído de "Um Novo Alfabeto do Julgamento Tichborne".

PARA CUSTEAR o julgamento que se aproximava, os amigos do Pleiteante conceberam um esquema ao mesmo tempo novo e brilhante. O Pleiteante se declarara falido em 1869, e nenhum de seus patrocinadores estava disposto a financiar sua aventura no tribunal com recursos próprios. A solução foi imprimir bônus Tichborne, nos quais o Pleiteante se comprometia a pagar cem libras ao portador um mês após tomar posse das propriedades dos Tichborne. Os bônus, que eram vendidos por cerca de vinte libras, espicaçou o gosto da população britânica por apostas;

---

* C stands for Claimant, he knows what he's about / And in spite of judge and jury, he'll see the trial out. / H stands for Hampshire, and the Tichborne tenants there The fat man is Sir Roger, the people they can swear. / R stands for Radcliffe, his cousin says she never will Confess she danced the can-can with Roger in the mill. / S stands for Secret packet, they made such a fuss about Roger's cousin she disowned him so he let the secret out. (N.T.)

no total, o esquema arrecadou não menos que quarenta mil libras. O governo e a classe dominante ficaram horrorizados com esse novo sistema de arrecadação de fundos. Qualquer aventureiro sem eira nem beira podia agora desafiar impunemente a aristocracia, e todos os segredos inconfessáveis dos aristocratas estariam se transformando em um empreendimento comercial?

Com sua riqueza recém-adquirida, o Pleiteante e o advogado Homes não perderam tempo: contrataram uma equipe jurídica de primeira classe, encabeçada pelo experiente William Ballantine.[6] Quando o julgamento foi iniciado, em maio de 1870, Ballantine convocou 85 testemunhas a favor de seu cliente. Ele não ficara muito impressionado com a inteligência e o comportamento do Pleiteante; esperava impressionar o júri com uma grande quantidade de depoimentos antes que seu cliente fosse contrainterrogado. Para começar, diversos colegas de Roger Tichborne no Exército reconheceram o Pleiteante como seu camarada de armas. Um deles, o major Heywood, disse que se lembrara de uma brincadeira de gosto duvidoso que fora feita com Roger: todos os seus pertences haviam sido atirados pela janela. Perguntara então ao Pleiteante se algum dos pertences ficara no quarto, e este imediatamente respondera que sim, o penico! Isso convencera o major de que, apesar de ter dobrado de peso desde a última vez em que tinham se encontrado, o Pleiteante era o homem certo. John Moore, o velho criado de Roger Tichborne, contou uma história semelhante, falando sobre as lembranças detalhadas do Pleiteante a respeito de alguns incidentes ocorridos durante a viagem de ambos à América do Sul. Anthony Biddulph, o único membro da família Tichborne que estava apoiando o Pleiteante, ficara muito impressionado com os conhecimentos dele sobre topografia de Tichborne Park e dos contatos anteriores de Biddulph com Roger Tichborne. Outras testemunhas também declararam que o Pleiteante havia se lembrado de diversos pequenos incidentes da vida passada de Roger, detalhes que um impostor dificilmente saberia.

Quando o Pleiteante finalmente foi submetido ao contrainterrogatório, em 5 de junho, as coisas pareciam relativamente favoráveis para ele; nenhuma de suas testemunhas fora seriamente desacreditada, e Ballantine parecia ter tudo sob controle. Mas a equipe jurídica da família, liderada por Sir John Coleridge e Henry Hawkins, tivera bastante tempo para preparar seu ataque. A comoção foi imediata quando Coleridge levantou o assunto da partida de Roger Tichborne para a América do Sul. Vincent Gosford, o procurador dos Tichborne, jurara que Roger lhe entregara um embrulho selado pouco antes de partir e dissera que o conteúdo se referia a Katherine Doughty. O Pleiteante murmurou alguma coisa sobre um acontecimento que preferiria que não tivesse acontecido. Pressionado, admitiu que o acontecimento fora a "gravidez de minha prima".

"Você pode jurar, diante do juiz e do júri, que seduziu essa senhora?"

"Solenemente, eu juro por Deus que fiz isso."

Uma enorme tensão tomou conta do ambiente quando Coleridge apontou para a sra. Radcliffe, que estava no tribunal naquela hora, e perguntou: "Esta senhora?" "Sim, essa senhora", respondeu o Pleiteante, adiantando que o ato sexual ocorrera nas proximidades de um moinho. Em tom vulgar, acrescentou que ela o pressionara muito para que ele se casasse com ela, mas ele resistira, suspeitando de que ela estava mentindo sobre a gravidez. O contrainterrogatório se deslocou para a vida de Roger Tichborne em Paris. Nesse ponto, o Pleiteante se viu em grandes dificuldades, e tentou se desculpar falando sobre uma doença e perda de memória. Encorajado por essa demonstração de ignorância, Coleridge decidiu passar dois dias interrogando o Pleiteante sobre seu período na escola de Stonyhurst. O julgamento entrou então em um clima de bufonaria, com o exultante Coleridge atormentando o Pleiteante sem parar. O corpulento e desajeitado indivíduo não conseguiu se lembrar de nenhuma palavra de hebraico ou grego, achava que César era um escritor grego e negou que Euclides tivesse alguma coisa a ver com a matemática. Jamais ouvira falar da "ponte dos burros"* nem, muito menos, tentara atravessá-la; ouviram-se muitas risadas no tribunal quando Coleridge lhe perguntou: "Você sabe onde fica essa ponte? Fica a que distância de Stonyhurst?" O Pleiteante nada sabia sobre as peças em que Roger Tichborne atuara, em Stonyhurst, e sua ignorância a respeito das mais simples liturgias católicas deixaram perplexas as pessoas presentes. Quando questionado sobre seus movimentos na Austrália e no Chile, o Pleiteante se saiu melhor. Como Ballantine provavelmente o instruíra, ele admitiu que conhecera Arthur Orton na Austrália, e que ambos haviam sido acusados de roubar cavalos. Orton também respondera por assaltos em estradas. O Pleiteante, segundo disse, escrevera à família de Orton para informá-la de que Arthur estava vivo e bem. Diante de perguntas difíceis, o Pleiteante alegava falta de memória ou dizia que os depoimentos incriminadores que lhe eram apresentados eram forjados. Após um longo recesso, o julgamento foi retomado em 7 de novembro, com Ballantine convocando cerca de cem testemunhas. Inquebrantável, como sempre, Bogle teve bom desempenho no banco das testemunhas. Mas a segunda testemunha-chave, o antiquário Francis Baigent, foi severamente desacreditado no contrainterrogatório de Coleridge, e ficou parecendo um bisbilhoteiro tolo e atarantado.

Em sua argumentação inicial, Coleridge parecia bastante confiante. Ele tripudiou sobre a ignorância do Pleiteante, a quem acusou de ser

---

* Trata-se da quinta proposição do Livro I dos "Elementos", de Euclides, mais conhecida por seu nome latino *pons asinorum*, que significa literalmente "ponte dos asnos (ou dos burros)". (N.T.)

um impostor descarado, auxiliado por velhacos como Bogle e tolos como Baigent. Retratou o verdadeiro Roger Tichborne como um jovem culto e virtuoso — modesto, gentil e letrado. Poderia esse educado aristocrata ter se degenerado a ponto de se transformar num hipopótamo humano, abrutalhado, iletrado, de comportamento tão finório e cafajeste? E mesmo aceitando que Roger Tichborne pudesse ter triplicado de peso e perdido a memória, poderia também ter se esquecido de que era um *gentleman*? Coleridge achava absurdo que um baronete fosse procurar trabalho como açougueiro, atividade típica da classe proletária, e desposasse uma mulher promíscua como a esposa do Pleiteante. Apesar de tudo, como confessou em seu diário, Coleridge estava bastante inseguro quanto ao desfecho do caso. Nem um pouco convencido de que o Pleiteante fosse Arthur Orton, ele achava que o sujeito poderia ser um membro ilegítimo da família Tichborne.[7] A maior parte das evidências contra o Pleiteante era de que ele era Orton, no entanto, e era essencial para o caso usar o material que ligava os dois, proveniente da Austrália, do Chile e de Wapping. Como testemunha surpresa, Coleridge apresentou Lord Bellew, contemporâneo de Roger Tichborne em Stonyhurst, o qual declarou que Roger tinha uma tatuagem no braço esquerdo. O Pleiteante não tinha essa tatuagem. Diversos membros da família Tichborne juraram que haviam visto a tatuagem no braço de Roger diversas vezes. Coleridge prometeu convocar mais de duzentas testemunhas, o que faria o caso se arrastar por quase um ano. Todos no tribunal, do juiz para baixo, estavam cansados daqueles procedimentos longos e repetitivos. O que incluía a própria equipe jurídica do Pleiteante, pois, apesar da grande soma gerada pelos bônus Tichborne, o dinheiro do Pleiteante acabara e nenhum de seus integrantes estava recebendo seus honorários. No dia 4 de março, o júri revelou que já ouvira o suficiente para emitir um veredicto. Era má notícia para o lado do Pleiteante. Ballantine preferiu então deixar o caso correr à revelia, ou seja, que seu cliente abandonasse o caso. Isso resultaria em uma decisão automática a favor do réu, mas evitaria um veredicto formal. Mas o juiz Bovill disse ao júri que concordava inteiramente com sua decisão e ordenou a prisão do Pleiteante, por perjúrio corrupto e premeditado. Não era o desfecho que Ballantine esperava, mas já era tarde demais para que ele pudesse fazer alguma coisa para ajudar seu cliente.

O Pleiteante foi libertado sob fiança, mas suas perspectivas pareciam sombrias. Longe de estar em posição de requerer um novo julgamento, ele agora enfrentava um processo criminal que poderia lhe acarretar uma longa temporada na prisão. Os jornais londrinos exultaram, ridicularizando o Pleiteante e seus amigos. Baigent era um tolo, Bogle, um mentiroso, e Onslow e Biddulph, pilantras, que esperavam ganhar dinheiro com o caso. O instinto maternal da pobre Lady Tichborne foi equiparado ao de uma galinha induzida a chocar um ovo de pata. A maior parte da abominação foi dirigida ao próprio Pleiteante, aquele açougueiro sórdido e vulgar, oriundo das colônias de degredados. Seu fraco desempenho no banco das testemunhas foi ridicularizado, sobretudo sua ignorância dos clássicos.

Mas as classes proletárias — cuja simpatia pelo Pleiteante crescia mesmo antes de sua prisão — tiveram uma reação diferente. A corpulência do Pleiteante o tornava uma figura facilmente reconhecível nas ruas de Londres, onde seu jeito folgazão e sua paixão por jogos lhe granjearam muitos amigos. Não seria ele um rebelde que combatia a riqueza e a autoridade, e não estaria ele desafiando a ordem social? Não teria sido ele esmagado pela aristocracia e pela sociedade estabelecida, e não teria a Igreja católica exercido uma influência maléfica? As zombarias a ele dirigidas pelos jornais do *establishment* por seus modos rudes e sua falta de escolaridade aborreciam muitas pessoas, segundo as quais Sir Roger estava sendo perseguido por ser como elas. E, quando o Pleiteante começou a perambular pelo país, recebendo uma entusiástica recepção por parte da população, políticos conservadores e juízes perceberam, constrangidos, que ele estava se tornando um foco de radicalismo político.

O SEGUNDO JULGAMENTO

> De virtude, ciências, cartas e verdade
> Eles falaram como nunca se ouviu,
> De Paul de Kock, perdição da mocidade,
> E de um certo Bamfylde Moore Carew.
>
> Se os tolos são sempre tão gordos assim,
> E em silêncio acanhado se veem amiúde,
> Eis por que o tabaco mesclado com gim
> É um veneno terrível para a juventude.*
>
> — Lord Bowen, poema sobre o Caso Tichborne.

APÓS O PRIMEIRO julgamento, não foi fácil, para o Pleiteante a Tichborne e seus amigos, encontrar outra equipe de advogados para defender sua causa. A notoriedade do Pleiteante e a escandalosa calúnia a respeito de Lady Radcliffe depunham contra ele. Além disso, o fato de que nem Holmes nem Ballantine haviam recebido os honorários a que faziam jus tornava pouco provável que algum outro membro da profissão jurídica se dispusesse a defender o Pleiteante. Porém, em março de 1873, Lord

---

* Of virtue, science, letters, truth/ They talked till all was blue,/ Of Paul de Kock, the bane of youth,/ Of Bamfylde Moore Carew./ If fools are oftner fat than thin,/ Which first forgot their tongue,/ Why all tobacco, mixed with gin, Is poison to the young. (N.T.)

Rivers, um dos respeitáveis partidários do Pleiteante, conseguiu contratar os serviços do dr. Edward Vaughan Kenealy para defendê-lo no julgamento criminal que se aproximava. Kenealy, um irlandês de 53 anos, era um indivíduo talentoso e excêntrico.[8] Ao longo de sua vida, envolvera-se com política, religião, direito e literatura, mas sem muito sucesso. Em 1850, sua vida foi prejudicada de modo permanente, quando um tribunal de Londres o condenou a um mês de prisão por ter espancado severamente seu filho ilegítimo. Kenealy já tinha uma personalidade rebelde e obstinada mesmo antes dessa triste experiência; mas, depois que saiu da prisão, transformou-se em um completo paranoico, alimentando rancores da Igreja católica, o *establishment* jurídico e de muitos políticos, tanto na Inglaterra quanto na Irlanda. Ele também tinha tendências maníaco-depressivas. Em suas fases de empolgação, alimentava ambições políticas e escrevia livros volumosos, nos quais se retratava como um messias enviado às Ilhas Britânicas para limpá-las da imoralidade, da corrupção, da idolatria e da tirania. Em suas fases de desânimo, escrevia cartas venenosas a críticos de seus livros, imaginando grandes conspirações contra si mesmo. A carreira legal de Kenealy era uma espécie de apêndice de suas múltiplas atividades; apesar de sua erudição e eloquência, ele era acima de tudo um defensor de causas perdidas e processos judiciais desesperados, frequentemente com pouco sucesso. Afirmava ter se doutorado em leis no Trinity College, em Dublin, mas seus biógrafos não conseguiram localizar essa distinção nos registros dessa venerável faculdade.[9] Com suas implicações políticas e religiosas, o caso Tichborne era tudo o que o dr. Kenealy desejava. Ansioso para libertar o pobre Pleiteante dos tiranos hipócritas que a ele se opunham, o doutor aceitou a causa com exultação. Uma montanha de documentos legais foi depositada à sua porta, e ele começou a digeri-la com sua costumeira energia monomaníaca. Ao contrário de Ballantine, Kenealy tinha uma crença inabalável na veracidade da

O dr. Kenealy. Ilustração extraída do livro *Introduction to the Tichborne Trial*, de E. V. Kenealy (Introdução ao julgamento Tichborne — Londres, 1875).

demanda, e dedicava todo o seu tempo a dominar cada detalhe daquele grande caso. Ele se impressionou muito com os amigos tolos e exageradamente entusiasmados do Pleiteante, vários dos quais agiam como detetives amadores com o propósito de encontrar testemunhas, e muitas vezes prejudicavam mais que ajudavam. E apesar da reverência que tinha pelo grande homem, Kenealy não podia deixar de refletir que o Pleiteante se comportava de um modo muito estranho. Embora estivesse sujeito a uma pesada sentença de prisão, se fosse considerado culpado, o Pleiteante parecia pouquíssimo preocupado com seu destino, e dava respostas obtusas e inúteis quando Kenealy lhe fazia perguntas sobre sua vida agitada. O corpulento indivíduo se tornara uma figura familiar na cidade, e as pessoas o cumprimentavam gritando "Wagga Wagga!" quando o viam em sua elegante carruagem, tirando baforadas de um enorme charuto. Ele era um exímio atirador e venceu diversos torneios de tiro ao pombo, sendo muito aclamado pelo público. O Pleiteante estava bebendo e comendo em excesso, e engordando sem parar. Apesar de sua corpulência, estava sempre procurando companhia feminina nos cabarés ordinários que frequentava. Alguns dos patrocinadores da causa de Tichborne teriam ficado consternados se soubessem como o Pleiteante gastava seu dinheiro.

Quando o segundo julgamento foi iniciado no tribunal de Westminster Hall, em 23 de abril de 1873, presidido pelo juiz da Suprema Corte Sir Alexander Cockburn, Kenealy tinha grandes esperanças de sucesso. Determinado a provar que o Pleiteante era mesmo Sir Roger Tichborne, ele ignorou a sugestão de que seria suficiente provar que seu cliente não era Arthur Orton para que este fosse absolvido. As táticas de Kenealy eram extravagantes, para se dizer o mínimo. Em uma peroração interminável e desvairada, ele tentou reescrever a história recente da família Tichborne. O pai de Roger fora um homem brutal que espancava a esposa, asseverou ele; e a esposa fora uma santa mulher que adorava seu filho mais velho. O jovem Roger Tichborne fora pouco mais que um imbecil degenerado, sempre sujo e desmazelado, viciado em álcool e tabaco. Os padres de Stonyhurst haviam arruinado as poucas coisas boas que haviam restado em seu caráter; toleravam seu exagerado tabagismo, incitavam-no a ler livros imorais, como os romances de Paul de Kock, e encorajavam o homossexualismo através de suas sórdidas peças teatrais, onde os meninos desempenhavam papéis de mulheres. "Que coisas horríveis, dr. Kenealy", disse o perplexo juiz da Suprema Corte, ao ouvir essa última acusação. Depois que as mulheres foram solicitadas a deixar o recinto do tribunal, Kenealy leu alguns capítulos de romances de Paul de Kock, para convencer o júri de sua influência corruptora. No Exército, Roger

Uma caricatura do Pleiteante em seu apogeu.
Publicada na revista *Vanity Fair* de 10 de junho de 1871.

Tichborne era ridicularizado tanto pelos oficiais quanto pelos soldados. Após viajar pela América do Sul em um torpor alcoólico, ele embarcou no *Bella*, que partiria do Rio de Janeiro. O pobre Roger não tinha uma vida para a qual valesse a pena retornar; o jovem cismarento e deprimido desprezava a própria família e o vadio em que se transformara. Após ser resgatado do naufrágio, ele preferiu viver na gloriosa liberdade do interior australiano, que por fim o transformou em um homem. Decidiu ser açougueiro porque os perversos jesuítas de Stonyhurst lhe permitiam dissecar pássaros e gatos mortos; era o único conhecimento útil que ele possuía. O motivo pelo qual o Pleiteante se lembrava tão pouco de sua infância e juventude, segundo Kenealy, era porque, na Austrália, tentara deliberadamente expurgar de sua mente a infância infeliz e as experiências degradantes de Stonyhurst.

O dr. Kenealy passou os dois meses seguintes convocando mais de trezentas testemunhas a favor do Pleiteante. Das antigas testemunhas, Baigent e o dr. Lipscomb se recusaram a testemunhar, pois haviam sido seriamente desmoralizados no primeiro julgamento, durante o contrainterrogatório; mas inúmeras novas testemunhas foram recrutadas, atraídas pela notoriedade do caso. O Pleiteante foi apoiado por dois membros do parlamento, Guildford Onslow e G. H. Whalley, partidários fanáticos de Tichborne, dispostos a acreditar em qualquer história fajuta que fosse a favor de seu amigo. Um grande número de testemunhas procedentes de Wapping fez relatos delirantes e às vezes contraditórios da aparência e dos sinais particulares de Arthur Orton. Muitas novas testemunhas australianas declararam que Orton e Tichborne eram pessoas diferentes. Um certo capitão James Brown foi apresentado como testemunha-surpresa. Afirmou que se encontrara com Tichborne no Rio de Janeiro e o ajudara a embarcar no *Bella* em estado de grande intoxicação, e terminou identificando o Pleiteante, confiantemente, como Roger Tichborne. Durante o contrainterrogatório, entretanto, verificou-se que o prontuário do capitão na Marinha indicava que, em 1854, ele não estivera nem perto do Rio de Janeiro. O testemunho do capitão foi totalmente desacreditado, e ele foi condenado a três anos de prisão por perjúrio. Whalley, um entusiástico detetive amador, encontrou outra testemunha de última hora, um homem misterioso chamado Jean Luie. Esse obscuro indivíduo declarou que estivera a bordo do *Osprey*, e se lembrava de ter resgatado Roger Tichborne de um bote salva-vidas. Mas Luie foi denunciado como sendo um sueco chamado Lundgren, também chamado de Sorensen, condenado por trapaça e bigamia, que estivera nas prisões de Hull e Cardiff na época em que afirmara ter efetuado o heroico resgate. Lundgren foi sentenciado a sete anos de prisão por perjúrio.

O duplo golpe resultante das trapalhadas dessas duas testemunhas poderia ter derrubado um homem menos resoluto, mas o dr. Kenealy contra-atacou com outro discurso infindável sobre seus assuntos favoritos. O promotor Sir Henry Hawkins, por sua vez, encerrou suas alegações de maneira sucinta e elegante, destacando que quase todas as provas essenciais apresentadas contra o Pleiteante, durante o primeiro julgamento, permaneciam incontestes.[10] O juiz terminou os procedimentos, ele também, com mais um discurso interminável. Cockburn repreendeu Kenealy por sua "incessante torrente de invectivas e pérfidas calúnias": ele intimidara as testemunhas da acusação, fizera sórdidas acusações contra pessoas respeitáveis, como os padres de Stonyhurst, e comparara o juiz do Supremo Tribunal ao notório juiz Jeffreys.* Cockburn apresentou um primoroso resumo do caso, tópico por tópico. Seus argumentos — isso ficou claro para Kenealy — foram sempre dirigidos contra o Pleiteante, que foi sentenciado a quatorze anos de prisão, "por crimes dos mais tenebrosos e sórdidos que a Justiça já ergueu sua espada

---

* George Jeffreys (1645-1689) — juiz cuja absurda severidade lhe valeu a alcunha de "Enforcador" e o tornou lendário na Grã-Bretanha. (N.T.)

para combater", segundo ele disse. Antes que o Pleiteante fosse conduzido para fora do tribunal, Kenealy apertou sua mão, dizendo: "Adeus, Sir Roger, sinto muito pelo senhor!"

O FINAL DA HISTÓRIA

A Westminster e Wapping agora
Dou meu comovido adeus.
Pensarei em você, Kenealy,
No lugar para onde vou.

Quando o júri disse que eu não era Roger,
Oh, comecei a cambalear.
As lindas garotas pensarão para sempre
No pobre Roger Wagga Wagga.*

— "O Lamento do Pobre Roger Tichborne".

O PLEITEANTE FOI enviado para a prisão de Millbank, onde foi registrado como o detento Castro, pois obstinadamente se recusou a ser chamado de Arthur Orton. Mandaram que ele limpasse sua cela com uma vassoura, mas ele alegou que sua enorme barriga o impedia de usar esse implemento. As insensíveis autoridades da prisão lhe forneceram então uma vassoura com um cabo extralongo, e o puseram para trabalhar. Ele

---

* To Westminster and Wapping now/ I must bid a long adieu,/ I'll think of you Kenealy,/ In the land I'm going to./ When the Jury said I was not Roger/ Oh! How they made me stagger./ The pretty girls they'll always think,/ Of poor Roger's Wagga Wagga. (N.T.)

também não conseguia dormir nas redes que eram utilizadas na prisão, como um poema popular expressou de forma eloquente:[11]

> Wagga Wagga é seu apelido, o que coisa boa não é,
> E dizem que lá em Newgate ele só comia filé;
> A rede que lhe forneceram não comportava suas banhas,
> Então lhe entregaram uma cama, não são coisas muito estranhas?*

A comida da prisão era pouca e a disciplina, dura. O pobre Pleiteante chorava amargamente, pois estava sempre faminto; e sentia falta de suas bebidas e charutos. Ele perdeu tanto peso que seu uniforme era sempre levado até a alfaiataria da prisão para que fosse ajustado a seu arcabouço minguante. Essa proximidade com agulhas e linhas o levou a assumir o posto de alfaiate da prisão. O dr. Kenealy pintou um quadro sombrio dos primeiros tempos do Pleiteante no cárcere: ele passava fome, era intimidado e estava cercado pela escória da humanidade. Para induzi-lo a confessar — afirmou Kenealy, em um de seus voos de imaginação —, o pobre prisioneiro foi torturado da maneira mais brutal. Depois de ser desnudado e ter sua genitália inspecionada atentamente, baterias galvânicas foram aplicadas em suas partes mais sensíveis. Seis meses após o encarceramento, quando o intrépido advogado e alguns outros simpatizantes do Pleiteante receberam permissão para vê-lo, ficaram horrorizados ao constatar que o sofredor detento perdera quase 57 quilos, um terço de seu peso anterior. Eles não tinham palavras para descrever a cena terrível; o antes alegre e rotundo Pleiteante havia se transformado em

---

* They call him Wagga Wagga, which isn't quite a treat, / They say he's fed in Newgate, upon Australian meat; / The hammock they provided him, it could not hold his fat, / So they bought him a special bedstead, now what do you think of that? (N.T.)

um inválido cadavérico, com rosto cor de cera, olhos encovados e uma expressão de desalento. Kenealy escreveu que, se Lady Radcliffe estivesse presente para ver seu antigo amor naquela situação desesperadora, teria dado um grito e confessado tudo.[12]

Enquanto o Pleiteante mofava na prisão, o dr. Kenealy continuou a lutar. Embora os jornais do *establishment* tivessem recebido o veredicto com grande alívio e satisfação, a imprensa radical manifestava sua irritação contra o governo corrupto e a aristocracia hipócrita, que havia despojado o pobre e honesto pleiteante de seu direito hereditário. O destempero de Kenealy no tribunal e sua flagrante falta de respeito pelo juiz resultaram na revogação de sua licença para advogar, mas o doutor tinha outros recursos para prosseguir na luta. Ele fundou um jornal chamado *Englishman*, que logo alcançou uma enorme circulação. Em suas longas viagens pela Inglaterra, Escócia e País de Gales, Kenealy começou a atrair grandes multidões. Em uma eleição suplementar realizada na cidade de Stoke-on-Trent, no início de 1875, ele se candidatou ao parlamento e foi eleito com uma impressionante maioria. O audacioso doutor esperava formar um partido para defender Tichborne, que lutaria por uma reforma parlamentar e pela pronta libertação do Pleiteante. Ele se vangloriou de que na próxima eleição haveria cinquenta candidatos disputando eleições pelo seu partido, se cada um dos partidários de Tichborne, calculados em um milhão, contribuísse com uma moeda de seis pence. Suas atividades demagógicas eram incessantes; cem mil tichbornitas participaram de uma marcha de protesto que ele organizou entre o Hyde Park e a Trafalgar Square. No final da década de 1870, entretanto, apesar de seu ainda considerável apoio popular, a carreira política do dr. Kenealy começou a enfrentar dificuldades. Ele não tinha dinheiro e a ajuda que recebia dos amigos do Pleiteante era pouca. Em abril de 1880, ele não conseguiu retornar ao parlamento e, quinze dias depois, morreu subitamente.

O Pleiteante, que nunca compartilhou a crença, comum entre os advogados do *establishment*, de que a excêntrica defesa de Kenealy lhe custara a chance de um segundo julgamento, lamentou que seu maior defensor tivesse morrido. Mas Guildford Onslow e outros obstinados simpatizantes seus deram seguimento à luta. O *Englishman* continuou a ser publicado até 1886, sempre trazendo notícias a favor do Pleiteante, geralmente sobre obscuros australianos que se ofereciam para testemunhar que Tichborne e Orton eram pessoas diferentes, e que de fato existira um navio chamado *Osprey*, que salvara alguns marinheiros naufragados em 1854. O indício mais promissor foi a descoberta de William Cresswell, um interno do asilo Paramatta, na província australiana de Nova Gales do Sul. Esse homem estava incuravelmente louco e nada tinha a contribuir para o debate, mas diversas pessoas testemunharam que ele fora amigo de Arthur Orton. Segundo outras, ele falara que tinha família em Wapping e trabalhara como açougueiro; fora também assaltante e bandoleiro, e ficara louco pelo excesso de bebida. A esposa de Cresswell acreditava que ele era realmente Arthur Orton, e que Castro deveria ser Tichborne, fato que alegrou muito Guildford Onslow e outros exuberantes amigos do Pleiteante. Eles então enviaram a irmã de Orton e o irmão de Cresswell à Austrália para que eles tentassem identificar o lunático. Mas a viagem não surtiu os efeitos desejados. No final da década de 1890, ainda havia debates na Austrália a respeito da identidade de Cresswell.[13]

Após seus primeiros e infelizes dias em Pentonville e Dartmoor, o Pleiteante acabou sendo removido para a prisão de Portsea, onde recuperou a saúde. Comida saudável, trabalho ao ar livre e abstinência forçada de álcool e tabaco o transformaram em um homem mais forte e sadio; quando foi libertado, em 1884, ele estava pronto para assumir a liderança de sua luta por justiça.[14] Viajou então por todo o país, fazendo palestras para multidões ainda razoavelmente grandes, mas o movimento

Tichborne perdera muito de seu impulso após a morte de Kenealy. Os radicais haviam encontrado outras causas para defender, e o trabalhador comum via o caso Tichborne como notícia velha. O Pleiteante ainda batalhou por vários anos, chegando a se apresentar em circos e cafés-concertos, onde era exibido como curiosidade. Em 1886, ano em que o *Englishman* deixou de ser publicado, ele foi para Nova York, onde tinha esperanças de levantar fundos para reiniciar sua campanha. Mas os americanos não estavam interessados em suas queixas. Uma vez mais ele foi obrigado a se apresentar em bares, teatros de variedades e até em um parque de diversões. Certa vez se encontrou com outro Pleiteante a Tichborne, que acabara de chegar da Austrália; demonstrando muito menos bonomia que Naundorff, quando este foi apresentado ao Pleiteante inglês Meves, ele gritou: "Impostor!" Após sua desventurada estadia nos Estados Unidos, o Pleiteante retornou a Londres, onde se afundou cada vez mais, vendendo seu autógrafo em pubs a dois pence cada e vivendo em abjeta pobreza. Em 1895, o jornal *People* lhe ofereceu quatro mil libras pela verdadeira história de sua vida e por uma confissão completa de suas imposturas — o que ele prontamente aceitou. A confissão foi publicada em capítulos no jornal, mas o Pleiteante acabou voltando atrás, talvez porque o editor lhe dera um calote; como não tivera astúcia suficiente para pedir um substancial pagamento adiantado, ele recebeu apenas algumas centenas de libras.[15] Em 1898, o Pleiteante a Tichborne foi encontrado morto em seu minúsculo apartamento próximo à Edgware Road. Não tinha nenhum patrimônio, mas o agente funerário local o enterrou de graça no cemitério de Paddington, situado não muito longe de Edgware Road. Seu caixão recebeu uma placa com a inscrição "Sir Roger Charles Doughty Tichborne", mas seu túmulo não tem nenhum monumento, ou mesmo uma lápide.

ANÁLISE DAS EVIDÊNCIAS HISTÓRICAS

> Não perca a alegria, Roger, você é um guapo rapaz,
> Pois, se você não for Roger, só pode ser Satanás.
> Mostre seu maior valor e você vai se dar bem,
> Se juiz e júri o virem, vão querer brincar também.*
>
> — Coro de "O Grande Julgamento Tichborne".

A MAIOR EVIDÊNCIA em favor do Pleiteante foi o fato de que sua mãe e várias outras pessoas o reconheceram como Roger Tichborne. E não há dúvida de que muitas dessas testemunhas eram pessoas honestas e honradas, que de fato acreditavam que ele era o verdadeiro Roger. Além disso, os vastos conhecimentos que o Pleiteante tinha a respeito das propriedades dos Tichborne, das caçadas que se realizavam em Hampshire e de diversos incidentes da carreira militar de Roger Tichborne foram notados por muita gente. Poderia um impostor ter dominado o assunto de forma tão detalhada? A suposição de que existiu um navio chamado *Osprey* e de que esse navio salvou os marinheiros naufragados do *Bella* não foi absolutamente confirmada. Alguns indícios sugerem que Roger Tichborne de fato chegou à Austrália. Diversas testemunhas declararam que um inglês magro, melancólico e muito bem-educado esteve em Melbourne na época certa; outras se lembravam de Tichborne e Orton como duas pessoas diferentes. No melhor livro sobre o mistério do Pleiteante a Tichborne, o jornalista e historiador Douglas Woodruff destacou que o comportamento do Pleiteante não era o de um típico impostor;[16] ele não parecia interessado

---

* *So cheer up, Roger, you are a jolly brick,/ For if you are not Roger, then you are Old Nick./ Keep up your blooming pecker, you're sure to win the day/ If the judge and jury see it out, and let you have fair play!* (N.T.)

no próprio destino e cometeu muitos erros evitáveis. Por exemplo, ele poderia facilmente ter ido a Stonyhurst, observado a arquitetura da escola e se informado sobre as matérias que eram ensinadas no currículo. O Pleiteante não fez uma coisa nem outra. A carta a Melipilla, que lhe causou tanta consternação, foi uma iniciativa dele mesmo; um impostor teria exposto seus precedentes dessa maneira? O Pleiteante também não foi muito bem-servido por seus representantes legais. No primeiro julgamento, Ballantine foi várias vezes engambelado por seus astutos oponentes; no segundo, o monomaníaco dr. Kenealy arruinou seu caso ao utilizá-lo para promover suas teorias favoritas. E foi uma medida particularmente imprudente tentar provar que o Pleiteante era Roger Tichborne, como ele o fez, em vez de se concentrar nos argumentos que os promotores usaram, alguns deles nada impressionantes, para provar que ele era Arthur Orton. Sir Henry Hawkins, que representou a família no primeiro julgamento, disse que poderia ter vencido nessa ocasião, derrubando a hipótese de que ele era Arthur Orton, defendida pela promotoria. Ele pode ter tido razão. A questão financeira também foi importante. Enquanto a família Tichborne dispunha de um bom suprimento de fundo para enfrentar a briga, o Pleiteante estava à beira da falência, apesar dos bônus Tichborne. E é evidente que a família soube usar bem essa vantagem: reuniu as melhores equipes de advogados, usou detetives particulares para coligir informações e contratou agentes no exterior para examinar evidências na Austrália e no Chile. Há também indícios de que o dr. Kenealy não estava totalmente errado quando acusou os advogados e detetives a serviço da família de subornar testemunhas; diversas testemunhas de Wapping, inclusive os próprios irmãos de Arthur Orton, parecem ter sido "persuadidos" através desse método. Os irmãos Seymour, o advogado Bowker e o detetive Whicher eram homens sem escrúpulos e tinham um enorme interesse em desacreditar o Pleiteante. Charles Orton, irmão de Arthur, confessou mais tarde que Whicher o subornara para que ele reconhecesse o Pleiteante como Arthur. Mina Jury, uma das testemunhas tasmanianas, que tivera um papel fundamental na identificação do Pleiteante como Arthur Orton, também alegou depois que fora subornada, mas os advogados da família Tichborne nunca lhe pagaram o dinheiro que haviam prometido a ela.

O primeiro argumento de peso contra o Pleiteante é sua abissal ignorância sobre a infância e o período escolar de Roger Tichborne. Não é natural que mesmo o aluno mais atrasado esqueça toda a sua educação, e o Pleiteante parece ter tido uma memória considerável, como demonstrou com seus conhecimentos sobre minúcias da família Tichborne. Um segundo argumento poderoso é que o Pleiteante não falava francês, a primeira língua de Roger Tichborne, que ele usou quase exclusivamente até a idade de 16 anos. Como no caso de Naundorff, essa incapacidade não parece razoável, pois a primeira língua de uma pessoa é a que fica gravada com mais força na memória. Assim, se o verdadeiro Roger Tichborne tivesse sofrido de alguma doença cerebral degenerativa, teria sido mais provável que ele se esquecesse do inglês do que do francês. A história de perda de memória devido a uma insolação, contada pelo Pleiteante, não é de modo algum convincente, ainda mais porque outros aspectos de sua memória não foram afetados de forma alguma. É também estranho que ele falasse um pouco de espanhol, língua que Roger Tichborne nunca aprendeu, mas que Arthur Orton teve oportunidade de assimilar quando viveu em Melipilla. Alguns pormenores desastrosos se destacam nas primeiras cartas do Pleiteante, escritas quando ele ainda se encontrava na Austrália. Ele se referiu a sua "mãe" como Harriet Frances, quando o nome verdadeiro era Henriette Felicité; e a descreveu como uma mulher alta e corpulenta, quando na verdade ela era baixa e magra. Ele escreveu errado o nome de sua antiga escola, assim como o de seu regimento. Em um testamento que escreveu em junho de 1866, ele legou propriedades que não existiam e indicou inventariantes totalmente desconhecidos da família Tichborne.[17] Uma vez mais, a explicação do Pleiteante — que ele inventara o testamento quando estava de porre — não parece verdadeira. Os fatos colhidos em Melipilla e a fatídica visita que o Pleiteante fez a Wapping constituem também poderosas evidências de que ele era Arthur Orton. As provas caligráficas devem ser interpretadas com cuidado, mas há uma forte semelhança entre as cartas que Orton escreveu à sua família, quando estava na Tasmânia, e os escritos posteriores do Pleiteante. A caligrafia de um e de outro utilizam um i minúsculo como pronome pessoal* e cometem erros idênticos, como "Elizaberth". Arthur Orton utilizava um hieróglifo incomum após sua assinatura, nas cartas que escrevia à família; o Pleiteante fez o mesmo em suas cartas às irmãs de Orton. Esse símbolo — comum nos países de fala espanhola como símbolo identificador — é chamado de *rubrica* e escrito frequentemente com tinta vermelha.[18] Muitos dos erros ortográficos do Pleiteante têm sua origem na gíria do East End** durante o século XVIII; os de Roger Tichborne traíam sua educação francesa.

Quanto às evidências australianas, se existiram mesmo outros sobreviventes do naufrágio do *Bella*, um deles com certeza apareceria para dar seu depoimento, pois havia fortes incentivos financeiros para que o fizesse. O caso foi tão amplamente divulgado que até o mais obscuro jornal do *outback*** australiano publicou reportagens sobre as peripécias do Pleiteante. Valiosas pesquisas posteriores efetuadas pelo professor Michael Roe, da Universidade da Tasmânia, adicionaram mais evidências contra o

---

* O pronome I — "eu" em inglês — deve ser sempre escrito com letra maiúscula. (N.T.)

** Uma das áreas mais pobres de Londres. (N.T.)

*** Nome que se dá ao desértico interior australiano. (N.T.)

Pleiteante, sobretudo a respeito de sua habilidade para inserir incidentes da vida de Arthur Orton em sua própria história.[19] Por exemplo, o Pleiteante declarou que, em sua primeira visita a Melbourne, ficou hospedado em um pub chamado Roxburgh Castle, na Elizabeth Street. Esse pub nunca existiu em Melbourne, mas havia um com esse nome na rua Elizabeth, em Hobart, na Tasmânia. O Pleiteante informou a data de sua (de Sir Roger) partida para a América do Sul como sendo a de Arthur Orton para a Tasmânia. O nome que ele deu ao capitão do *Osprey* foi Owen Lewis; esse era o nome de um dos colegas de Orton no navio, quando ele foi para a Tasmânia. Outro de seus colegas de bordo era um certo John Peebles. O Pleiteante se referiu a esse homem como um dos marinheiros do naufragado *Bella*. Há também a questão de um caderno supostamente usado pelo Pleiteante em Wagga Wagga com várias referências incriminadoras, entre as quais um registro de que Sir Roger chegara a Hobart no dia 4 de julho de 1854. Isso implicaria que, no início, ele estava planejando incorporar sua vida na Tasmânia na vida de Roger Tichborne, mas depois mudou de ideia. O mesmo caderno continha uma memorável citação: "Alguns homens têm muito dinheiro e nenhum cérebro, e outros têm muito cérebro e nenhum dinheiro. Os homens com muito dinheiro e nenhum cérebro, com certeza, foram feitos para homens com muito cérebro e nenhum dinheiro. R. C. Tichborne, Bart."*[20] O professor Roe também verificou a confissão do Pleiteante, feita em 1895, e descobriu diversas referências a nomes e lugares obscuros de Hobart, que se revelaram corretos. O que sugere enfaticamente que o homem que escreveu a confissão era o Arthur Orton que estivera na Tasmânia na década de 1850.

---

* Bart. — abreviatura usual, na Grã-Bretanha, para o título de baronete. (N.T.)

ANÁLISE DAS EVIDÊNCIAS MÉDICAS

Uns garantem que no braço ele tinha tatuagens,
Outros afirmam que isso é apenas um boato,
E sua cabeça dura estava sempre vazia,
Como se na realidade fosse um caldeirão barato.

Dizem que o corpo de Roger sangrava e empolava
Desde o alto da cabeça até a ponta dos pés,
Ele tinha sanguessugas grudadas nos tornozelos
E no nariz um anzol, enfiado de través.*

— "A Defesa do Pleiteante".

PARALELAMENTE AO FEROZ debate sobre quase todos os eventos da curta vida de Roger Tichborne e às semelhanças das experiências do Pleiteante com as de Arthur Orton, havia uma discussão mais discreta a respeito de marcas físicas que pudessem identificar o Pleiteante com Tichborne ou Orton. Todas as publicações médicas da Grã-Bretanha se alinharam ao lado do *establishment*; assim como os jornais *Times* e *Observer*, os periódicos *Lancet* e *British Medical Journal* trataram com desdém o vulgar açougueiro que tentava armar um embuste tão audacioso.[21] De fato, nenhuma publicação médica respeitável publicou qualquer opinião discordante proveniente de profissionais da área. Os partidários do Pleiteante, alguns dos quais eram médicos ou charlatães, cansaram-se de publicar artigos e panfletos

---

* Some say that he was tattooed,/ Some say that he was not,/ And his head was thick and empty/ As a forty shilling pot./ They said Roger was bled and blistered/ From his head down to his toes,/ He had leeches on his ankles,/ And a fish-hook in his nose. (N.T.)

nos quais sugeriam novos sinais físicos que poderiam solucionar o mistério de uma vez por todas.

Excetuando-se a falível memória humana, as únicas indicações da aparência de Roger Tichborne eram os dois daguerreótipos de 1853, que muitas pessoas atestaram possuir uma grande semelhança com Roger; nem mesmo o dr. Kenealy se atreveu a questionar sua autenticidade. Mas deve ter tido vontade de fazê-lo, pois os traços retratados nas imagens eram completamente diferentes dos de seu cliente. O criativo advogado rebateu esse argumento alegando que a vida dura na Austrália havia embrutecido o rosto de Roger, assim como suas maneiras; o acúmulo de gordura fizera o restante. Um jornalista aplicou uma grade especialmente desenhada sobre um dos daguerreótipos de 1853 e sobre uma foto do Pleiteante e, para sua satisfação, provou que as proporções faciais eram as mesmas. Mas eu não compartilho de sua convicção.[22] É de importância fundamental que, nos daguerreótipos, as orelhas de Roger não têm lóbulos, enquanto as do Pleiteante, como se pode ver com clareza, possuem lóbulos grandes e carnudos. O dr. Kenealy citou os dois médicos, os quais afirmavam que os lóbulos podem de fato crescer em casos de perturbação mental, mas duvidou, com razão, de que esse argumento (totalmente equivocado, é claro) fosse acatado pelo tribunal. Assim, insinuou que os daguerreótipos, pertencentes a membros da família Tichborne, haviam sido adulterados por algum perito, de modo a apagar lóbulos das orelhas.[23]

Segundo os registros do regimento de corneteiros, Roger Tichborne media 1,78 m de altura com a idade de 20 anos; Arthur Orton media 1,81 m aos 18 anos e meio, segundo sua ficha de marinheiro. Ao ser medido em 1873, o Pleiteante estava com 1,80 m. Como a estatura dos seres humanos diminui gradualmente com a idade, esse fato poderia sugerir que ele era Orton, mas a diferença original de estatura não é grande, e as rotinas para a medição de pessoas naqueles dias tinham certamente uma margem de erro

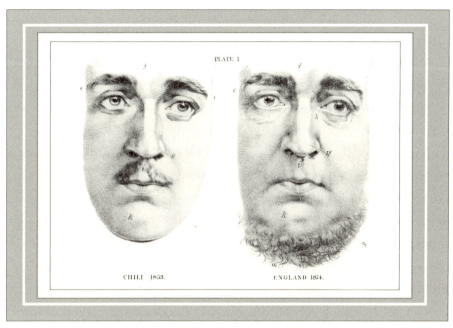

Uma análise antropométrica dos retratos de Roger Tichborne e do Pleiteante. Ilustração extraída do livro *Introduction to the Tichborne Trial*, de E. V. Kenealy (Introdução ao julgamento Tichborne — Londres, 1875).

maior que as atuais. E não se poderia descartar com segurança que Roger Tichborne tenha de fato crescido depois dos 20 anos, como foi destacado pelos partidários do Pleiteante. Um argumento óbvio contra o Pleiteante foi, é claro, seu enorme aumento de peso entre 1865 e 1870. Apesar do acesso que tinha a alimentos nutritivos e calóricos, Roger Tichborne permanecera muito magro e com aspecto doentio; ele bebia demais e pode muito bem ter sofrido de *delirium tremens*. O Pleiteante pesava 85 quilos em Sydney, em agosto de 1866, e seu peso aumentara para 175 quilos, quando foi pesado no distrito de Crystal Palace, em setembro de 1870. Portanto, após abandonar o saudável estilo de vida que tinha em Wagga Wagga, o Pleiteante, em quatro anos, mais que dobrou de peso. Ele bebia em excesso, consumindo quantidades assombrosas de cerveja, vinho e bebidas destiladas, mas, ao contrário de Roger Tichborne, raramente era visto bêbado, e não há nenhum indício de que seu apego ao álcool tenha lhe prejudicado seriamente o organismo.

Muitos esforços foram gastos na busca por possíveis sinais físicos nos corpos de Roger Tichborne e Arthur Orton.[24] A ideia era de que uma equipe de quatro médicos fizesse um exame no Pleiteante para encontrar marcas que pudessem ser observadas. Como foi comicamente expressado no poema em epígrafe, todos os incidentes da vida do pobre Roger que pudessem ter deixado alguma marca permanente em seu corpo foram analisados e confirmados com depoimentos de testemunhas. Quando ainda era um garoto doentio, Roger Tichborne sangrava frequentemente, nos braços, nos tornozelos e nas têmporas. Há boas evidências de que sua veia temporal foi aberta em Canterbury. Além disso, segundo um dogma médico já obsoleto na época, uma cânula foi enfiada no braço do pobre garoto para servir de "saída" para o sangue, pois se acreditava que a inflamação resultante teria efeitos benéficos para sua constituição frágil. Quando menino, na França, Roger levou um tombo, o que ocasionou uma cicatriz em sua cabeça; mais tarde ele foi ferido por um anzol, que se prendeu em sua pálpebra. Cicatrizes de sangria são muito tênues, entretanto, e a visibilidade dessas cicatrizes era um assunto controverso. Se as outras calamidades deixaram alguma marca permanente também foi um assunto debatido.

As evidências de marcas físicas em Arthur Orton eram ainda mais confusas. Algumas testemunhas diziam que ele tinha marcas de varíola, orelhas furadas, uma cicatriz na bochecha — resultante de uma ostra, que um menino arremessou sobre ele —, um sinal marrom de nascença na lateral do tronco e uma marca de mordida de um pônei; outras testemunhas negavam de modo enfático que ele tivesse tais marcas. Ao ser examinado, o Pleiteante provou ter uma cicatriz atrás da cabeça, mas nenhuma cicatriz de sangria, nenhuma marca de cânula e nenhuma marca de anzol na pálpebra. Teria sido razoável supor que pelo menos a cânula tivesse deixado uma cicatriz visível. Os médicos envolvidos no exame, inclusive o renomado Sir William Fergusson, foram criticados nos jornais e nas publicações médicas por serem claramente cautelosos em seu atestado.[25] Um deles, o dr. Wilson, atraiu ainda mais ódio ao declarar que, embora seus três colegas não pudessem ver as cicatrizes da sangria, ele conseguira senti-las utilizando um método especial, cujos detalhes se recusou a revelar. Foram ouvidos muitos risos no tribunal quando outro médico cometeu a gafe de dizer que o corpo do Pleiteante não tinha nenhum sinal de vivissecção, em vez de dizer venisecção.*

Os quatro doutores concordaram que havia um grande sinal de nascença no tronco do Pleiteante, pouco abaixo das costelas, como alguns afirmavam, embora outros negassem. A promotoria destacou que Lady Tichborne nunca mencionara tal marca em seu filho, bem como outras testemunhas que o viram com o tronco despido quando ele era jovem. No entanto, uma antiga criada dos Tichborne chamada Elizabeth Kill jurou mais tarde que o jovem Roger de fato tinha um sinal assim.[26] Os médicos também notaram que o polegar esquerdo do Pleiteante estava um tanto grosso e deformado.[27] O perjuro capitão Brown, que já havia jurado que Roger tinha o sinal marrom, prestou juramento idêntico em relação ao polegar. Outra testemunha fez o mesmo, com bastante hesitação, mas colocou o polegar deformado na mão errada. Os vacilantes peritos médicos mais uma vez se dividiram, mas pareciam inclinados a declarar que o polegar fora engrossado de forma intencional. A descrição do dedo, entretanto, sugere muito mais uma crônica infecção por fungos

---

* Vivissecção — operação para estudos feita em animais vivos. Venisecção — ou flebotomia, sangria realizada em veias. (N.T.)

que uma deformidade congênita, o que destitui a deformidade de qualquer valor probatório. Entre os pertences de Lady Tichborne havia uma mecha de cabelos de Roger, cortada em 1852. O Pleiteante passava muito óleo nos longos cabelos e provavelmente os escurecera de modo artificial; isso significava que a comparação seria difícil. Havia também uma mecha de cabelos do Pleiteante. Segundo o próprio, fora cortada por uma senhora em 1851, quando ele se encontrava na América do Sul. Quando ambas foram comparadas no tribunal, concluiu-se que não poderiam ter se originado da mesma cabeça. Kenealy poderia sugerir, é claro, que qualquer das mechas fora substituída em alguma ocasião; assim, não se deu muita importância a essa prova. Os jornais manifestaram seu desapontamento com a ciência médica, que não conseguira condenar o enorme impostor antípoda. Um articulista, na *Lancet*, concluiu com razão que, embora a antropometria e as marcas físicas fossem recursos válidos em casos de identidade questionada, de modo geral eram quase inúteis naquele caso extraordinário, devido às evidências conflitantes, sobretudo no tocante às marcas encontradas nos dois protagonistas.[28] Muito mais premente e de vital importância para o desfecho do caso era a questão das tatuagens.[29] Lord Bellew, contemporâneo de Roger em Stonyhurst, testemunhou que tatuara Roger com as iniciais R. C. T. no braço esquerdo. Estranhamente, as tatuagens estavam na moda entre os alunos mais incultos daquela distinta escola, e alguns dos garotos se tatuavam. Lord Bellew acrescentou que, na época, Roger já tinha uma cruz, um coração e uma âncora tatuados no mesmo braço. Nove outras testemunhas haviam visto essa tatuagem e suas descrições condiziam com a de Lord Bellew. Quando lhe perguntaram se a tatuagem fora bem-executada, o lorde arregaçou a manga e revelou que uma tatuagem que Roger fizera em seu braço com o mesmo equipamento ainda era perfeitamente visível. Lord Bellew e outros tinham visto a tatuagem no braço de Roger, com clareza, cinco anos depois. O dr. Kenealy não tinha como desacreditar a prova oferecida pelo lorde, então decidiu chamá-lo de canalha e adulterador, cuja palavra não poderia ser aceita em um tribunal de justiça. O advogado também conseguiu reunir algumas testemunhas, que garantiram ter visto o braço de Roger e lá não havia nenhuma tatuagem. Mas em um dos braços do Pleiteante existia uma área cicatrizada, que correspondia sugestivamente bem a uma pequena tatuagem das letras A. O. — e que muitas testemunhas haviam visto no braço de Arthur Orton. Tudo indicava que fora obliterada de algum modo.

Mas a prova médica mais notável era a má-formação Tichborne, como logo se tornou conhecida. Nos primeiros dias de sua empreitada, o Pleiteante se encontrara com o dr. Lipscomb, o médico da família Tichborne, que o reconhecera como Sir Roger. No devido tempo, o mesmo médico idoso realizou um exame físico no Pleiteante. Depois, em uma carta, ele descreveu uma estranha má-formação nas partes privadas do Pleiteante, como jamais vira em um homem daquela idade. O Pleiteante, por sua vez, afirmava que sua mãe conhecia essa má-formação e que se assegurara de que ele era seu filho desaparecido abaixando suas calças e segurando seu órgão genital! Essa alegação escandalosa foi mencionada apenas ligeiramente no primeiro julgamento, por delicadeza, mas o dr. Kenealy carecia desses sentimentos nobres. Durante o exame médico do Pleiteante, o mencionado dr. Wilson descreveu o que hoje conhecemos como pênis retrátil (ou oculto).[30] O órgão em questão ficara fora de vista até quando Pleiteante sentava para urinar, e podia ser empurrado em direção ao colo da bexiga, como uma bainha. O dr. Wilson já vira mais de mil órgãos genitais masculinos, mas nunca nada parecido com aquilo. Esta má-formação não tornava o Pleiteante impotente, e não havia nenhum outro defeito estrutural. Testemunhas convocadas pelo dr. Kenealy afirmaram que as partes privadas de

Arthur Orton nada tinham de anormal. Ele então recapitulou os indícios de que Roger Tichborne tinha essa má-formação. Não fora ele vestido como menina, quando criança, não tomava banho sem tirar as calças quando estudava em Stonyhurst, não era chamado de "piroquinha" quando estava no Exército e seus colegas não implicavam com ele colocando prostitutas em sua cama? Lady Tichborne aludira a "uma Má-Formação da Pessoa, chamada Selo do Senhor ou Marca de Deus" em uma carta perdida, e um médico do Chile dissera que havia algo de extraordinário no órgão genital de Roger. Além disso, o dr. Kenealy conhecia uma mulher casada, em Alresford, que afirmara ter tido um filho ilegítimo de Roger Tichborne e que poderia identificá-lo pela má-formação. Assim que foi posta diante do Pleiteante, o grandalhão disse: "E aí, Topsy, você veio me ver?" A mulher ficou muito satisfeita com o fato de ele ter se lembrado do apelido dela! Mas seu marido a proibiu expressamente de abaixar as calças do Pleiteante.[31] Em seu arrazoado final, Cockburn, em tom grave, lembrou aos jurados que, embora não houvesse dúvidas de que o Pleiteante tivesse a má-formação, ninguém comparecera ao tribunal para dizer que Roger Tichborne a tinha; tudo o que Kenealy pudera coligir nesse sentido não passava de conjeturas e fofocas. Outra testemunha afirmou ter conhecido Arthur Orton na Tasmânia e disse que ele era como um hermafrodita; mas esse mesmo homem também declarou que estivera com Roger Tichborne e que este tinha a mesma má-formação.[32] Quanto ao suposto método usado por Lady Tichborne para identificar seu filho desaparecido, Cockburn exclamou: "Nunca ouvi uma sugestão tão repulsiva e revoltante, e de uma indelicadeza tão grande!"

Outra parte das evidências médicas era a questão da dança de são vito. Essa denominação imprecisa era muito utilizada durante o século XIX para designar uma ampla gama de transtornos de movimento, tanto em crianças quanto em adultos. O mais comum deles é um transtorno neurológico hoje conhecido como coreia de Sydenham, caracterizada por movimentos rápidos e involuntários dos músculos do rosto, pescoço, tronco e extremidades. Ocorre com mais frequência dos 5 aos 15 anos de idade, em seguida a uma febre reumática aguda provocada por uma infecção por estreptococos. A falta de coordenação e movimentos involuntários são sinônimos característicos; como a doença era muito comum em meados do século XIX, é bem provável que a dança de são vito, que interrompeu os estudos de Arthur Orton, fosse de fato a coreia de Sydenham. As mesmas testemunhas de Wapping, que não conseguiam concordar a respeito das marcas físicas de Arthur, foram unânimes em declarar que ele tivera a doença e se recuperara até certo ponto, embora ainda sofresse de agitação e contrações faciais oito anos depois. Depõe contra o Pleiteante o fato de que, quando escreveu da Austrália para convencer Lady Tichborne de que era Roger, ele tenha declarado que sofria da dança de são vito; isso foi verificado pelo advogado Gibbes. Entretanto, todos concordavam que Roger jamais tivera a doença. O debate foi encerrado na década de 1870, mas hoje sabemos mais a respeito do assunto e podemos aventar uma explicação para o fato de que o Pleiteante estivesse tão ansioso para destacar que, de fato, sofria desse transtorno de movimento. Embora os movimentos involuntários desapareçam com o tempo, uma grande proporção dos casos não tratados apresenta outras e mais insidiosas manifestações, como desajeitamento e tiques faciais.[33] Há bons indícios de que o Pleiteante sofria de um tipo de contrações faciais convulsivas, cujas descrições são compatíveis com uma manifestação tardia da coreia de Sydenham. Como isso seria difícil de ocultar, ele estava ansioso para oferecer uma explicação plausível para sua "mãe".[34]

Durante o segundo julgamento, muitos cientistas médicos ficaram desolados ao constatar que representantes de sua profissão tivessem atuado de forma tão pífia. Um deles foi o dr. Henry Faulds, um missionário escocês que se interessou muito pelo caso Tichborne. Seus esforços se concentravam no problema de distinguir traços físicos; após observar que algumas antigas cerâmicas japonesas traziam as impressões dos polegares dos oleiros, ocorreu-lhe que as impressões digitais poderiam ser empregadas nos casos de identidade questionada.[35] Mas, mesmo que a identificação por impressões digitais estivesse em uso na época, não poderia ter sido aplicada no caso Tichborne, pois não existiam impressões anteriores, tanto de Tichborne quanto de Orton. Outro modo de solucionar o mistério de modo definitivo seria o uso da tecnologia de DNA. O Pleiteante tinha quatro filhos, dois meninos e duas meninas. Nenhuma das meninas teve descendentes. Os filhos ingressaram no Exército, possivelmente sob nomes fictícios para escapar à notoriedade do pai; não há indícios de que algum deles tenha tido filhos. Além disso, a esposa do Pleiteante não era das mais fiéis. Não só já tinha um filho ilegítimo com outro homem quando se casou com ele, como também abandonou o marido logo após ele ser preso. Mais tarde, deu entrada em uma *workhouse** acompanhada de mais dois filhos ilegítimos, nascidos durante o encarceramento do marido. Assim, mesmo que um descendente do Pleiteante pudesse ser rastreado, não se poderia descartar sua ilegitimidade. A exumação dos restos mortais do Pleiteante seria possível, mas há um grande risco de que seu túmulo não identificado tenha sido usado para outros enterros. Uma incerteza semelhante circunda outros membros da família Orton.

---

* Asilo que, durante os séculos XVIII e XIX, na Grã-Bretanha, abrigava pessoas pobres e/ou sem teto. As fisicamente capazes trabalhavam no próprio asilo. (N.T.)

ANÁLISE PSICOLÓGICA DO CASO

Dizem que Lady Tichborne, com inquestionável candura,
Jurou que era ele mesmo, apesar de toda a gordura;
Sobre as marcas em seu corpo houve muito zum-zum-zum,
Dizem que as tatuagens cobriam até o bumbum.*

— "Bom e Velho Sir Roger".

SOB O PONTO DE VISTA de um psicólogo cognitivo, o caso Tichborne é um dos mais interessantes exemplos históricos de como a identificação de uma pessoa pode ser falha após uma ausência de muitos anos.[36] Um famoso exemplo do século XVI é o de Martin Guerre. Em 1558, um homem retornou da guerra após uma ausência de oito anos, alegando ser o respeitável aldeão Martin Guerre. Como ele se esquecera do idioma basco, seu tio o repudiou como impostor, mas a esposa de Martin Guerre e muitas outras pessoas acreditaram nele. Por fim, dúvidas sobre sua identidade resultaram em um julgamento em um tribunal, em que mais de duzentas testemunhas forneceram evidências. O homem foi condenado e, mais tarde, confessou a impostura. O caso do pleiteante a Caille, ocorrido na França, no final do século XVII, é ainda mais parecido com o mistério Tichborne. Em 1699, um rapaz apareceu afirmando ser o jovem nobre Philippe de Caille, que se supunha ter expirado três anos antes. Ele era analfabeto e nem mesmo sabia o nome de batismo de sua mãe. A rica família Caille se opôs à sua reivindicação. Mas ele se aliou a um criado da família que fora demitido e acabou ganhando o caso em 1706. Instalou-se então no palácio da família e se casou com uma parente

---

* They say Lady Tichborne swore to him, by this thing and by that,/ She really ought to know him, in spite of all that fat;/ About the marks upon him, they have made a great to do,/ They say that he's tattooed upon his hoop de dooden do! (N.T.)

do juiz do caso. Algum tempo depois, uma jovem se apresentou declarando que ele era seu marido, um presidiário e ex-condenado às galés chamado Pierre Mège. Seguiu-se um segundo julgamento, com cento e dez testemunhas jurando que o pleiteante era Caille e 182 jurando que era Mège; entre esses últimos estava o médico que tratava do inquestionável Caille e o agente funerário que o enterrara. Em 1712, o pleiteante foi finalmente condenado como impostor e bígamo. Outro caso célebre da França é o da marquesa de Douhault, que teria morrido em 1788. Mas, dezoito meses mais tarde, uma paciente de um hospício em Paris alegou ser a marquesa. Seus malvados parentes a haviam drogado e internado no asilo, disse ela. Ela parecia ser uma dama de alta classe. Foi então liberada do asilo e iniciou uma implacável campanha para reaver suas propriedades. Nenhum membro da família a reconheceu, mas centenas de aldeões e antigos arrendatários o fizeram. A família alegou que a dita marquesa era Anne Buiret, uma charlatã local. Uma vez mais, ambos os lados apresentaram enxames de testemunhas. Em 1804, a suposta marquesa perdeu a causa, para alívio da família, que tentou processá-la por fraude; mas o tribunal reconheceu que ela não era Anne Buiret, e o caso foi encerrado. A pobre mulher apelou então ao juiz, perguntando que nome teria direito a usar, já que não era a marquesa de Douhault nem Anne Buiret. Nenhuma resposta foi oferecida pelo magistrado e a "Mulher sem Nome" manteve sua luta até 1817.[37]

Um caso indiano do século XIX, envolvendo o herdeiro desaparecido do rajá de Badwar, foi quase uma cópia do caso Tichborne. O jovem rajá já havia morrido e fora cremado, mas, antes que o velho rajá falecesse, surgiu um pleiteante. Ele apenas fingira que estava doente, disse, pois alguns sacerdotes lhe haviam recomendado que realizasse uma peregrinação de quatorze anos. Ele simulara a própria morte: após a saída do último visitante do velório, ele pulou da pira funerária e mergulhou no Ganges. Um criado descontente do velho rajá aconselhou e ajudou o pleiteante. No tribunal, após os depoimentos de uma multidão de testemunhas a favor e contra, assim como muitas discussões a respeito de marcas físicas, padrões de fala e lapsos de memória, o pleiteante foi por fim condenado. Outro caso indiano, o de Bhowal Sannyasi, também envolvia o herdeiro de uma fortuna, uma cremação interrompida e um corpo desaparecido. Desenrolou-se entre 1930 e 1940, ocupando 608 dias de procedimentos legais e 1.548 testemunhas. O juiz comentou que, enquanto no caso Tichborne todos os membros da família estavam contra o Pleiteante, a situação naquele evento era completamente oposta: a maioria dos parentes apoiava o pleiteante. Como era de esperar, aquele herdeiro desaparecido se juntou aos poucos pleiteantes que de fato conseguiram sustentar e concretizar sua reivindicação.

Existem diversos casos na história em que inúmeras testemunhas de ambos os lados estavam confiantes a respeito da identidade do pleiteante que reaparecera após longa ausência. Tanta confiança é comum em casos de identificação, e nem sempre é bem-fundamentada. A decisão da testemunha não se baseia totalmente na fisionomia do pleiteante, mas também depende das expectativas da própria testemunha e do contexto da confrontação. O formato do rosto humano se modifica desde a infância até a idade adulta, em função do crescimento dos ossos faciais; depois, mudanças na distribuição de gordura, perda da elasticidade da pele e perda de cabelos também alteram as feições.[38] No caso Tichborne, a probabilidade de uma identificação errônea teria sido aumentada pelo enorme ganho de peso do Pleiteante, que provocou grandes mudanças em sua composição facial. Sabemos que o Pleiteante a Tichborne costumava impressionar os velhos soldados e criados com seus conhecimentos sobre os assuntos locais, detalhes que poderia ter obtido com Bogle ou com os soldados que se hospedavam em sua casa. Nessas circunstâncias, o reconhecimento parece ter dependido muito pouco de traços fisionômicos, e muito mais de variáveis sociais e contextuais. É também evidente que o Pleiteante tinha sua maior popularidade entre as classes mais baixas. Assim como os camponeses franceses que apoiavam a suposta marquesa de Douhault contra seus parentes malvados, os criados dos Tichborne e velhos carabineiros estavam predispostos a favor do alegre Sir Roger, que estava retornando para reaver suas propriedades. As pessoas queriam acreditar que o Pleiteante era o legítimo herdeiro, e isso subconscientemente as levava a reconhecê-lo.

Mas o leitor com certeza poderá objetar que essas farsescas identificações errôneas são coisas do passado. Os tribunais que julgaram Klaus Barbie e John Demjanjuk por atrocidades cometidas durante a Segunda Guerra Mundial parecem ter pensado assim, pois as provas coligidas contra ambos incluíam os depoimentos de testemunhas que os identificaram sem hesitar, após um período de mais de quarenta anos. Um caso recente, no entanto, oferece um arrepiante exemplo de que enganos na identificação facial ainda estão bastante presentes entre nós.[39] Um menino americano de 13 anos chamado Nicholas Barclay desapareceu sem deixar pistas em 1993. Três anos e quatro meses depois, um garoto apareceu na Espanha afirmando que era ele. Segundo disse, fora sequestrado por uma rede internacional de pedófilos e, após anos de tortura e abusos, conseguira enfim escapar. Sua mãe, irmã, avó, primos e amigos o reconheceram como Nicholas e ficaram encantados em tê-lo com eles de novo, em casa, depois da terrível provação que enfrentara. Um detetive particular, que investigava o caso para um documentário de TV, entretanto, logo suspeitou de que havia algo errado. Os olhos do garoto tinham a cor errada e ele falava com um nítido sotaque francês. Ao ser questionado, "Nicholas" retrucou que os pedófilos haviam injetado uma substância em seus olhos para fazê-los mudar de cor, e que sua longa permanência na Espanha mudara seu sotaque. Embora o detetive permanecesse incrédulo, a família aceitou a história. "Nicholas" até passou por um teste de polígrafo, mas sua relutância em fornecer uma amostra de sangue deixou o detetive desconfiado, ainda que a mãe do garoto desaparecido o acusasse de tentar roubar seu filho uma segunda vez. Mas, quando o rapaz já estava há quatro meses com a família, impressões digitais enviadas à Interpol revelaram que "Nicholas" era um vigarista de 23 anos chamado Frédéric Bourdin. Esse indivíduo já se metera em complicações com as polícias de toda a Europa por tentar obter dinheiro e favores de diversas instituições de caridade contando histórias fictícias sobre pedófilos e abuso de crianças. Sociopata esperto e convincente, ele vira o nome de Nicholas numa lista de crianças desaparecidas e sua imaginação fez o restante.

RESUMINDO O VEREDICTO

O Fantasma do Pleiteante sempre assombra o tribunal,
Quer saber se seu processo já terminou afinal,
Pois embora há muitos anos o juiz tenha morrido,
E o júri se desfeito, tendo a missão cumprido,
E o Meirinho se livrado da roupagem agoureira,
E no tribunal só reste uma mosca-varejeira,
Ele espera que algum dia o caso chegue à conclusão
E que de seu purgatório possa se livrar então.*

— Do panfleto "O Julgamento Tichborne Contado para Nossos Netos".

---

* This is the Claimant's Ghost who each morn/ Haunts the court to see how his case gets on,/ For though the Judge has for years been dead,/ And the Jury have all from the box long fled,/ And the Usher his sombre robes has laid by,/ And there's nought in the court but a bluebottle fly,/ He hopes some day the case will end,/ And then from his purgatory he may wend. (N.T.)

NÃO HÁ DÚVIDA de que tanto as evidências históricas quanto as médicas, nesse caso extraordinário, sugerem que o Pleiteante era um impostor. Os dados acumulados desde os julgamentos, relativos às atividades de Orton na Tasmânia e a utilização, por parte do Pleiteante, de incidentes do passado de Orton em sua versão dos acontecimentos adicionam muito peso às provas reunidas pela promotoria, assim como os argumentos médicos que descrevi acima. A análise psicológica do caso torna mais fácil aceitar o fato de que muitas pessoas tenham identificado o Pleiteante como Tichborne. Admitindo-se que o Pleiteante era um impostor e que provavelmente era Arthur Orton, resta analisar seus motivos e explicar por que ele foi tão bem-sucedido na personificação de um homem com quem quase nada tinha em comum. Uma das teorias é a de que Arthur Orton era filho ilegítimo de Sir James Tichborne e, assim sendo, meio-irmão de Sir Roger. As evidências dessa ligação, porém, são insatisfatórias; além disso, não explicam como Arthur Orton obteve tantos conhecimentos sobre a vida de Roger Tichborne.[40] Uma teoria mais plausível admite que Roger Tichborne de fato chegou à Austrália e que conheceu Arthur Orton quando ambos trabalharam como caubóis, como sugeriram algumas testemunhas australianas. Orton então o matou e roubou seus papéis. Mais tarde usou as informações que obtivera para personificar Roger, quando viu o anúncio publicado por Lady Tichborne. Mas não há evidências de que Roger Tichborne tivesse papéis que fossem úteis a um impostor. A única coisa que poderia ter era um diário de suas viagens. Entretanto, embora o Pleiteante conhecesse em detalhes antigos incidentes, ocorridos quando Roger Tichborne ainda residia em Tichborne Park, ele nada sabia a respeito das viagens de Roger na América do Sul. Essa teoria também não explica por que Orton deu andamento à sua reivindicação sendo fisicamente tão diferente de Roger. Outra versão insere o lunático Cresswell na história. Orton e Cresswell fizeram amizade com Roger e souberam de suas origens. Mas Roger não era talhado para sobreviver no sertão australiano; não conhecia nenhum ofício e era fraco de corpo e de mente. Após obter todas as informações que podiam daquele aristocrata desajustado, os dois conspiradores o mataram, ou permitiram que bebesse até a morte. O plano era então que Cresswell personificasse Tichborne, mas ele enlouqueceu.[41] Desapontado, Orton se retirou para Wagga Wagga. Quando sua vida lá se encontrava em declínio, ele mesmo decidiu encarnar o Pleiteante, pelo menos para obter uma passagem grátis para fora da Austrália. A bordo do navio, no trajeto entre Sidney e Nova York (e depois para Londres), contratou uma jovem para ser a babá de sua filha.[42] Muito mais tarde, ela depôs que o Pleiteante tentou seduzi-la, sugerindo que descessem do navio no Panamá, deixando a própria família desamparada.

Outra teoria é a de que Bogle, não o Pleiteante, foi o artífice da impostura. Embora Bogle demonstrasse astúcia e compostura no banco das testemunhas, e na verdade se apresentasse muito melhor que testemunhas educadas como Baigent, escritores contemporâneos e historiadores subsequentes o trataram como uma figura cômica. O motivo foi principalmente a cor de sua pele. Durante o primeiro julgamento, Sir Henry Hawkins comparou o alto e magro Bogle, com seus cabelos crespos e brancos, com uma bengala de ébano com castão de marfim. Durante o segundo julgamento, o juiz do Supremo Tribunal destacou a simplicidade de Bogle e sua aparente honestidade, fazendo um paralelo com o leal e resignado escravo retratado em *A cabana do pai Tomás*. No entanto, existem bons indícios de que Bogle pode ter desempenhado um papel vital na trama. Sabemos que, quando o Pleiteante estava em Sidney, seu conhecimento sobre a família Tichborne era muito rudimentar; ele não sabia nem mesmo o nome de batismo de sua "mãe". Quando ele andava angariando correligionários em Hampshire, pelo contrário, seus conhecimentos sobre os assuntos da família eram impressionantes. Bogle era a única pessoa que poderia tê-lo instruído sobre esse tema, além de prepará-lo para o encontro com Lady Tichborne. Pouco se sabe sobre os antecedentes de Andrew Bogle, exceto que se encontrou na Jamaica com Sir Edward Tichborne, que o contratou como criado em 1818. A intenção de Sir Edward era deixá-lo na Jamaica, mas o dinâmico Bogle foi encontrado como passageiro clandestino no navio que conduzia o nobre para casa em 1826. Depois disso, Bogle serviu Sir Edward por muitos anos como criado de confiança.[43] Embora muitas pessoas possam ter menosprezado sua pele escura, ele se tornou localmente popular e respeitado. Casou-se com duas mulheres inglesas — primeiro com a governanta dos Tichborne, depois com a professora primária local — e teve muitos filhos. Há evidências de que Bogle e Roger Tichborne eram bons amigos: durante muitos anos, costumavam se reunir para fumar e conversar. Bogle também conhecia muito bem a história da família, assim como o folclore e a geografia local. As circunstâncias da partida de Bogle, após ter servido a família por 28 anos, permanecem obscuras. Parece ter havido uma discussão depois que um dos filhos de Bogle foi acusado de desonestidade; e a morte de Sir Edward Tichborne, em 1853, serviu como pretexto para que ele fosse demitido, recebendo cinquenta libras por ano a título de indenização. Bogle tinha então mais ou menos 50 anos e ainda poderia servir à família por vários anos. Na época, era costume presentear um criado de confiança com uma pequena casa, após a aposentadoria, o que não ocorreu. Portanto, Bogle tinha um motivo para não gostar da família Tichborne, pois, em vez de um confortável domicílio em Tichborne Park, ele recebera uma pensão tão irrisória que decidira partir para a Austrália. Durante seus muitos anos como criado, Bogle tivera tempo suficiente para ensaiar o papel do negro simples, honesto e submisso, devotado a seu mestre em qualquer circunstância.

No tribunal, ele desempenhou esse papel com considerável sucesso; não recebeu a menor censura e o juiz do Supremo Tribunal ainda o chamou de "admirável espécime da raça negra".

Assim como Naundorff e Kaspar Hauser, o Pleiteante tinha a aura romântica que cerca os herdeiros desaparecidos que reaparecem; como eles, era apoiado por partidários que eram quase fanáticos. É fácil comparar a encarniçada guerra de panfletos entre naundorffistas e antinaundorffistas, na França, e entre hauserianos e anti-hauserianos, na Alemanha, com os contra-ataques desferidos pelo dr. Kenealy e seus amigos no *Englishman*, após o segundo julgamento. O caso era como uma peça de teatro e seu corpulento herói, uma personificação de John Bull* retornando do exterior para combater os aristocratas perversos e usurpadores que lhe haviam roubado as propriedades. Havia toda uma legião de personagens coadjuvantes: Baigent, o confuso professor; Bogle, o fiel tio Tom; Lady Radcliffe, a perversa Jezebel; e o dr. Kenealy, o decidido defensor irlandês do herói. Não é de surpreender que tenham sido encenadas três peças diferentes, em Londres, tendo o caso como tema, assim como diversas pantomimas e espetáculos natalinos.[44] O romancista Charles Reade foi o primeiro escritor a explorar o caso de forma literária, seguido por vários outros escritores. Houve até um filme recente sobre o assunto.[45] O caso Tichborne motivou o renascimento da antiga tradição londrina das baladas burlescas, em que rimas alusivas a assuntos do momento eram feitas sobre melodias populares. Foram confeccionados objetos de porcelana e cachimbos de cerâmica com a imagem do Pleiteante, e até bonequinhos de gesso representando todos os personagens principais

---

* Representação caricatural do cidadão britânico, de modo geral, e do cidadão inglês, em particular. É sempre retratado como um homem corpulento e de meia-idade — tal como o Pleiteante. (N.T.)

do caso. Em 1871, uma enorme figura em cera do Pleiteante, vestindo um de seus próprios ternos, foi inaugurada no museu Madame Tussaud.

Parece haver duas razões para que o caso Tichborne nunca tenha se tornado de fato um enigma nacional, como os de Luís XVII e Kaspar Hauser. A primeira é que existiam argumentações convincentes contra o Pleiteante, na época, que descobertas posteriores só vieram reforçar; e não havia, na realidade, um número suficiente de pessoas educadas que acreditasse na reivindicação. A segunda é que os tichbornitas estavam estreitamente aliados com o radicalismo político, mas a causa foi perdendo interesse ao longo da década de 1880. Nenhum radical contemporâneo se inflamaria ao imaginar Sir Roger perdendo a mansão da família e uma renda anual de duas mil libras.

6

O Duque de Baker Street

O GRANDE MISTÉRIO Druce-Portland é hoje uma peça esquecida da história britânica; injustamente, pois teve tanta notoriedade em sua época quanto o caso Tichborne, e manteve os tribunais ocupados durante treze anos, de 1896 a 1908. Seus principais atores foram um duque que gostava de solidão, um lojista que gostava de usar a barba longa e cheia, uma dama que gostava de bater nas pessoas com sua sombrinha, um médico homeopata que gostava de imitar ursos amestrados e um carpinteiro australiano que gostava de dinheiro. Um astuto detetive particular foi contratado para resolver o problema que estava matando a Inglaterra de curiosidade: seria o lojista, de fato, um duque com uma barba falsa?

UM ESTRANHO DUQUE

O DUCADO DE PORTLAND, uma das mais ilustres casas nobres da Inglaterra, se originou com o cortesão e diplomata William Bentinck, muito estimado por Guilherme de Orange; ele foi proclamado conde de Portland em 1689, e seu filho se tornou o primeiro duque de Portland, em 1716. William Henry Cavendish-Bentinck, o terceiro duque de Portland, era um importante político do século XVIII, que por duas vezes foi primeiro-ministro. William John Cavendish-Bentinck-Scott, entretanto, que viria a ser o quinto duque de Portland, herdou pouco da perseverança e das qualidades intelectuais de seus insignes antepassados. Nascido em 1800, nunca estudou em uma escola particular, mas foi educado em casa, devido à sua saúde delicada. Sua breve carreira militar foi abreviada por "letargia". Após a morte de seu irmão mais velho, em 1824, William John se tornou marquês de Titchfield e herdeiro do título de duque. Também se tornou membro do parlamento para o distrito de King's Lynn, posição tradicionalmente ocupada pelos membros mais jovens de sua família, da qual muitos eleitores locais eram arrendatários ou dependentes. Após dois anos no parlamento, quase que só como espectador, ele renunciou ao posto em favor de seu irmão mais novo, Lord George Bentinck. Figura melancólica, sempre se queixando de alguma doença, embora os médicos pouco encontrassem de errado com sua saúde, o jovem marquês nunca era visto na corte e raríssimas vezes em encontros sociais. Mas era fã de óperas e se apaixonou alucinadamente por Adelaide Kemble, uma jovem e famosa cantora de ópera. Certo dia, de forma inesperada, ele a pediu em casamento, mas ela o repeliu sem rodeios. O marquês ficou arrasado. Muitas pessoas na sociedade se surpreenderam com a recusa da moça em aceitar aquele admirador rico e nobre; a explicação mais provável deve ter sido a aparência e os maneirismos do rapaz. Ele era nervoso, tímido e ensimesmado, nada tinha que atraísse as mulheres. Uma misteriosa doença de pele, que parecia sarna, conferia a suas feições uma aparência pouco saudável. Como tinha um medo louco de pegar resfriados, o marquês costumava usar três pares de meia e três sobrecasacas, uns por cima dos outros, e muitas vezes vestia também dois sobretudos ou um espesso casaco de peles. As pernas de suas calças eram amarradas nos tornozelos com barbantes, para evitar a entrada de correntes de ar. Por mais quente que estivesse o tempo, ele nunca saía de casa sem um sobretudo extra pendurado no braço e um grande e antiquado guarda-chuva. Sua cabeça estava sempre coberta por uma desmesurada peruca castanha, já fora de moda, sobre a qual repousava um chapéu alto, com cerca de sessenta centímetros de altura.[1]

Em março de 1854, sucedendo a seu pai, William John se tornou o quinto duque de Portland. Ele não compareceu ao funeral do pai. Era agora dono de muitas casas em Londres e de vastas propriedades rurais, sendo a principal delas a imponente Welbeck Abbey, onde morava a família. Mas com o passar dos anos o comportamento do duque foi se tornando cada vez mais excêntrico. Ele desenvolveu uma mania de reclusão e dificilmente saía de seus aposentos na Welbeck Abbey durante o dia. Nenhum de seus diversos criados tinha permissão para falar com ele ou mesmo para notar sua presença de qualquer forma, sob pena de demissão imediata; tinham de passar por ele como se ele fosse uma árvore. O duque tinha uma carruagem especial, equipada por pesadas cortinas para impedir que ele fosse visto. Em Harcourt House, sua principal residência londrina, situada na Cavendish Square, ele mandou erguer um muro de vidros coloridos, para impedir que os vizinhos o espiassem. Apesar de suas excentricidades, o duque era um bom senhorio e um administrador competente de suas vastas propriedades, e era caridoso com os pobres e doentes que havia entre seus numerosos arrendatários. Tendo desenvolvido uma paixão por construções, mandou erguer uma nova ala para os criados, além de muitos alojamentos e casas para os trabalhadores. Na própria Welbeck Abbey, um exército de encanadores instalou privadas em todos os banheiros e muitos dos principais cômodos. Muitas vezes o duque mudava de ideia durante o planejamento de seus projetos de construção. Em 1860, ele pensou em derrubar a ala dos criados que construíra havia poucos anos, pois se encontrava no caminho de um elaborado corredor de vidro que deveria conectar seu novo museu e sua nova capela com os prédios principais da Welbeck. Mas preocupado com o bem-estar de seus muitos dependentes, fossem de duas ou quatro pernas, com a imprevisibilidade de uma criança brincando com blocos de montar em um cercado, ele acabou abandonando o projeto e construiu um imponente canil e um não menos esplêndido conjunto de estrebarias. Ainda mais exagerado foi seu imenso picadeiro equestre coberto, com 120 m de comprimento e 33 m de largura, iluminado por quatro mil bicos de gás.

Mas o pior estava por vir. Nas cavernas e catacumbas que havia por baixo da Welbeck Abbey, o duque ordenou a construção de um palácio subterrâneo; para isso, empregou cerca de mil operários, que trabalharam durante 25 anos. Todos os aposentos foram pintados de cor-de-rosa, incluindo o grande salão, que tinha 48 m de comprimento por 19 m de largura. À noite, o duque saía de seu quarto e podia ser visto andando pelos corredores de seu palácio subterrâneo, que se estendiam por quilômetros e eram cercados por salões de baile, galerias e museus.[2] Um túnel com cerca de mil metros de comprimento ligava o palácio subterrâneo com o picadeiro; outro, com acabamento inferior, corria paralelamente a este e era usado pelos empregados, de modo que o duque jamais se arriscava a encontrar alguém. Todos os dias, a carruagem coberta do duque era conduzida através de mais um túnel, este enorme, até a estação ferroviária de Worksop, onde era colocada em um vagão especial, que a levava a Londres. Lá, era atrelada a um novo conjunto de cavalos por um exército de criados do duque, que o conduziam por outro túnel subterrâneo até Harcourt House, sem saber se o duque estava

Welbeck Abbey. Quadro existente na Biblioteca Hallward, da Universidade de Nottingham. Reproduzida com permissão.

ou não na carruagem. Às vezes, uma estranha figura encapuzada saltava do veículo; às vezes, não.

No final da década de 1870, o duque parece ter perdido qualquer contato com a realidade que algum dia tivesse possuído. Seus projetos de construção se tornaram cada vez mais excêntricos. Diversos grandes lagos foram drenados e revestidos de concreto, para torná-los mais fáceis de serem controlados, mas o concreto rachou e o plano acabou dando em nada. Igualmente leviana foi a construção de uma biblioteca subterrânea, com um piso de concreto à prova d'água, e de uma capela subterrânea, com assentos para 162 pessoas. Essa capela foi terminada, mas jamais consagrada. A saúde do duque foi se deteriorando aos poucos e ele morreu em 1879. Como jamais demonstrara interesse no sexo oposto após ter sido rejeitado por Adelaide Kemble, não tinha herdeiros diretos. Suas irmãs, Lady Howard de Walden e Lady Ossington, herdaram algumas propriedades, mas o título foi herdado por seu primo em segundo grau, William John Arthur Cavendish-Bentinck, que se tornou o sexto duque de Portland. O novo duque ficou abismado ao ver o estado em que estava a Welbeck Abbey, em decorrência dos peculiares projetos de construção de seu predecessor.[3] Próximo ao fim de sua vida, o velho duque se encerrara num conjunto de cinco aposentos na ala oeste da Welbeck Abbey e abandonara o restante do palácio, que se encontrava dilapidado devido à falta de manutenção. Todos os aposentos estavam pintados de cor-de-rosa e tinham uma privada em um canto. O único meio de comunicação do duque com seus criados eram caixas de correio em todas as portas, uma para a entrada de mensagens e outra para a saída. Sua cama era cercada por portas dobráveis, para resguardá-lo de correntes de ar e para impossibilitar qualquer pessoa de saber se a cama estava ocupada. Grandes armários se alinhavam no quarto de vestir, cheios de caixas verdes que continham sua coleção de perucas. Outros armários guardavam suas finas camisas de seda, com colarinhos altos e mangas e babados inusitadamente longos, além de dezenas de lenços e meias.

UM ESTRANHO LOJISTA

DURANTE A VIDA do quinto duque de Portland já havia muita tagarelice a respeito de seus hábitos reservados e comportamento estranho. Um artigo na revista *World* de 1878 afirmou que o nobre "só pode agradecer a si mesmo pela enxurrada de lendas que já se cristalizou em torno de seu nome. Estranhas histórias sobre a Harcourt House e a Welbeck são cochichadas à meia-voz". Dizia-se que a elevada parede de vidro de Harcourt House fora erguida para esconder um cadáver, que fora levado para a casa; esse boato se espalhou de forma tão ampla que um agente do departamento de saúde fez uma investigação formal no domicílio, não encontrando nada de errado.[4] Segundo outra história, o duque tinha um medo enorme de ser enterrado vivo por engano, e ordenou que seus restos mortais fossem depositados num caixão de vidro, inserido, por sua vez, em uma redoma de vidro adaptada no telhado de outra casa que ele tinha em Londres, no número 13 da Hyde Park Gardens. Essa história foi aperfeiçoada mais tarde: diziam que o fantasma do duque costumava sair do caixão de vidro para assombrar a casa. Ele podia ser visto descendo as escadas que davam acesso ao domo de vidro. Centenas de pessoas viram o "Fantasma de Paddington", e houve muito alvoroço entre a população, mas a história tinha uma explicação perfeitamente natural: o domo de vidro fora concebido como um observatório, não um mausoléu, e a filha do zelador da casa gostava de subir até lá para apreciar a vista de Londres.[5]

Mas essas narrativas ociosas nada significavam quando comparadas às acusações formuladas pela sra. Anna Maria Druce. Essa senhora era a viúva de um estofador chamado Walter Thomas Druce, que morrera em 1880 com a idade de 28 anos.[6] Walter era filho do rico marceneiro Thomas Charles Druce, proprietário do Baker Street Bazaar, uma das maiores e mais bem-sucedidas lojas de móveis de luxo existentes em Londres. Ele não deixara um testamento completo e, por ocasião de sua morte, em 1864, e no início da década de 1890 ainda havia litígio a respeito de como sua fortuna deveria ser dividida entre seus seis filhos e respectivas famílias. Anna Maria Druce, em particular, que não herdara muita coisa após a morte prematura de seu marido, precisava desesperadamente de dinheiro. E o fato de seu marido ter recebido uma parte tão pequena da considerável fortuna de Thomas Charles Druce a deixava irritada. Ela visitava frequentemente o sr. Alexander Young, advogado que atuava como inventariante do espólio de Thomas Charles Druce, para acusá-lo de escamotear dela a herança que lhe era de direito. O advogado sentia-se embaraçado com as encenações que ela promovia, muitas vezes em frente a outros clientes, e costumava lhe dar pequenas somas de dinheiro para mantê-la afastada. Em junho de 1894, ela foi presa pela polícia por passar cheques sem fundos e foi levada ao tribunal da Bow Street. Diante dos magistrados, ela intempestivamente acusou Young de reter seu dinheiro. Mas ele negou qualquer responsabilidade.[7] Em setembro do mesmo ano, ela apareceu novamente diante dos magistrados da Bow Street, acusada de investir contra a senhoria do prédio onde morava, de quem ameaçou estourar os miolos com uma grande garrafa; depois efetuou uma blitz pelo interior do prédio, quebrando 35 vidros de janelas e uma bacia de porcelana.[8]

A façanha seguinte da sra. Druce, digna de nota, foi apelar para o Ministério do Interior e pedir autorização para abrir a cripta de seu sogro, Thomas Charles Druce, no cemitério de Highgate. Quando lhe perguntaram por que ela queria fazer isso, contou uma história fantástica: o quinto duque de Bedford e Thomas Charles Druce haviam sido a mesma pessoa! Na meia-idade, o duque tomara gosto pela vida familiar comum. Abandonara então seu palácio subterrâneo durante anos para trabalhar como lojista e viver numa casinha aconchegante com a mulher e os filhos. A sra. Druce afirmava que o caixão de Thomas Charles Druce estava vazio e que o duque forjara a morte de Druce, quando se cansara de viver como plebeu, e retornara a Welbeck Abbey, onde vivera ainda por vários anos sob seu próprio nome. O ministro do Interior fez ouvidos moucos para esse pedido extraordinário, assim como os administradores do cemitério e a polícia metropolitana, cuja sede se situava também na Bow Street; afinal, a sra. Druce era muito conhecida pelos policiais devido a seu comportamento instável. Diante disso, ela apelou à Câmara dos Lordes, no sentido de que o sexto duque de Portland fosse destituído em favor de seu filho — mais uma vez sem sucesso. Em março de 1898, a persistente senhora enfim conseguiu um ouvido receptivo para sua reivindicação fora do comum; alegando para o bispo de Londres que houvera um sepultamento falso no cemitério de Highgate, cujo terreno fora assim profanado, ela foi encaminhada para o tribunal eclesiástico de Londres.

Durante sua audiência, realizada de forma solene na Catedral de São Paulo, a sra. Druce enfileirou uma revelação sensacional após a outra.[9] Afirmou que ainda durante a vida de seu pai, o quarto duque, o marquês de Titchfield (título que o quinto duque detinha então) se apaixonou perdidamente por Annie May, filha ilegítima do conde de Berkeley. Seu irmão mais novo, Lord George Bentinck, era seu maior rival. O velho duque favoreceu a pretensão de Lord George, ridicularizando a aparência revoltante de seu filho mais velho. Os dois irmãos se enfrentaram em setembro de 1848; o corpo sem vida de Lord George foi depois encontrado não muito longe da Welbeck Abbey. Circularam boatos de que o marquês dera uma forte pancada em seu irmão, mas foram abafados e a causa da morte foi classificada como "um espasmo do coração". Após esse encontro fatal, o marquês fratricida começou a sentir um amargo remorso e o mais abjeto terror, e, convencido de que a justiça um dia o alcançaria, tomou as devidas providências. Sua primeira ideia foi iniciar as vastas escavações na Welbeck Abbey, para construir um refúgio. O segundo projeto do temível nobre foi mudar de identidade; inventou então o personagem Thomas Charles Druce e transferiu consideráveis somas de dinheiro para esse indivíduo fictício. Depois inaugurou o Baker Street Bazaar, que lhe ofereceria meios de fugir apressadamente para escapar às penas da lei. Sob a identidade de Druce, o nobre levou uma vida bastante imoral: mantinha várias amantes e cedia quartos a prostitutas em troca de "favores".

A fiel Annie May, que aparentemente não viu problemas em se tornar a esposa de um lojista, em vez de uma duquesa, ainda queria se casar com o duque, mas ele havia se cansado dela e muitas vezes a socava e chutava com brutalidade, mesmo quando ela estava grávida. Apenas quando ela ameaçou expor a vida dupla que ele levava, ele por fim consentiu em levá-la ao altar. Esse pouco promissor início de vida em comum não impediu que o casal tivesse vários filhos. Depois de dirigir o bazar por 13 anos, com sucesso considerável, o duque enjoou da vida de lojista. E ao que parece também enjoou de sua mulher e filhos, pois forjou a própria morte em 1864 e regressou à Welbeck Abbey como duque de Portland, deixando a pobre Annie May e seus filhos quase à míngua. Mas, apesar de seus labirínticos túneis subterrâneos, suas 600 perucas e seus inúmeros conjuntos de barbas, costeletas e bigodes falsos que usava para se disfarçar, o duque fratricida não se sentia seguro. Contatou então o importante psiquiatra dr. Forbes Winslow, fingindo ser um insano homeopata chamado dr. Harmer. "Conduzindo-se da forma mais extravagante", o duque convenceu o dr. Winslow de que estava louco. Após passar um ano no asilo particular de Winslow, em Hammersmith, o duque de repente "se recuperou" e voltou para Welbeck. Longe de morrer em 1879, o duque na verdade retornou ao asilo, onde ainda passou muitos anos posando como dr. Harmer, antes de finalmente expirar em algum momento da década de 1890. A sra. Druce apresentou uma declaração do dr. Winslow afirmando que ele e um velho e fiel criado chamado George New haviam visto uma foto de Druce e o identificaram como sendo o indivíduo que conheciam como dr. Harmer — um médico homeopata que tinha a ilusão de ser um urso amestrado, e muitas vezes era visto dançando desajeitadamente no pátio do asilo.[10] Os juízes do tribunal ficaram abismados com aquela fantástica história de um duque que se transformava em lojista, depois em duque de novo e terminava como um médico homeopata que dançava como um urso. Mas a sra. Druce passou incólume por um contrainterrogatório, assim como sua principal testemunha, uma senhora idosa chamada Margaret Hamilton, que jurou ter visto Thomas Charles Druce duas vezes após sua suposta morte, em 1864. Relutantemente, o tribunal decidiu que o melhor modo de resolver aquele caso extraordinário era emitir uma autorização para que a cripta fosse aberta. A sra. Druce obteve uma vitória surpreendente. Suas relações com a imprensa, no início, foram tempestuosas, principalmente depois que ela bateu com sua sombrinha em um atrevido repórter que a provocara; por conseguinte, suas ideias esquisitas foram ridicularizadas em quase todos os jornais. Após sua vitória na corte eclesiástica, entretanto, viu-se em posição de conceder entrevistas para os grupos de cavalheiros da imprensa, exultante com a perspectiva de que a cripta seria encontrada vazia, como ela previra. Ela foi descrita como uma senhora enérgica, na casa dos 40 anos, com tez amarelada, queixo proeminente e olhar feroz. Se algum jornalista se comportasse mal, ela apertava o cabo da sombrinha e o lembrava de que ainda era a duquesa de Portland. Quando os jornalistas se comportavam bem, ela os convidava para o grande banquete que planejava oferecer quando o sexto duque fosse destituído e o filho dela se instalasse na Welbeck.[11] Não demorou para que vários grandes jornais de Londres, sobretudo o *Daily Mail*, se tornassem ativamente pró-Druce.[12] Fortalecida pelo apoio da imprensa, a sra. Druce não perdeu tempo: produziu um panfleto intitulado *O Grande Mistério Druce-Portland*, no qual elaborou suas alegações em cada detalhe ridículo. Terminou-o com um apelo aos homens e mulheres da Inglaterra, no sentido de que comprassem bônus Druce, que concediam ao portador uma parcela da fortuna Portland e com cuja venda ela esperava financiar sua futura demanda judicial.[13]

Em 1898, o sexto duque de Portland e seus advogados já estavam cientes das acusações da sra. Druce. Em suas memórias, escritas muitos anos depois, o duque escreveu que tratou todo o assunto com supremo desdém.[14] Mas existem consideráveis evidências de que o fleumático nobre estava na verdade bastante alarmado com as alegações da sra. Druce e preocupado com a possibilidade de que pudessem, no fim das contas, ter um fundo de verdade. Ele mesmo não conhecera seu reservado predecessor — ninguém conhecera — e se lembrava muito bem das inusitadas "redecorações" na Welbeck Abbey, bem como dos muitos boatos que cercavam as excêntricas atividades do velho duque. O sexto duque tinha de admitir que um homem que esbanjava 60 mil libras em um ano em tresloucados projetos de construção, que usava, uma sobre a outra, três sobrecasacas primorosamente confeccionadas e possuía uma coleção de 600 perucas castanhas poderia ser capaz de praticar pelo menos alguns dos atos relacionados pela sra. Druce. Os advogados do duque foram postos a par do caso e, após muitas deliberações, estabeleceram um plano. A requisição de abertura da cripta de Druce deveria ser firmemente contestada pelo sr. Herbert Druce, o filho mais velho de Thomas Charles, e pelo inventariante, Young; ambos eram dóceis peões da causa ducal. Interpondo uma ação após a outra para atrasar a abertura da cripta, os advogados ganhariam tempo para investigar com cuidado o passado de Thomas Charles Druce e os movimentos do quinto duque de Portland. Eles obtiveram algum apoio por parte da sra. Harmer, esposa do homeopata convertido em urso dançarino, que escreveu aos jornais negando que seu marido, que dispunha de uma grande clientela em Richmond antes de perder o juízo, tivesse algo a ver com Druce e com o duque. A sra. Druce replicou petulantemente que haviam dois homeopatas insanos chamados Harmer no asilo de Forbes Winslow. No entanto, ela estava bastante consternada e frustrada com as obstruções legais de seus voluntariosos oponentes, e disse aos jornais que Herbert Druce era um bastardo, pois Thomas Charles Druce, ou melhor, o duque, ainda não estava casado com Annie May quando Herbert foi concebido. Ela também reclamou que estava sendo seguida por homens misteriosos; isso foi atribuído à sua habitual paranoia e histrionice. Ela temia que o sexto duque mandasse remover o caixão da cripta, de forma clandestina, e iniciou uma peregrinação diária ao cemitério de Highgate, para verificar se alguém tentara abrir um túnel até a cripta. Tais procedimentos atraíram um interesse ainda maior dos jornais e aumentaram a simpatia por aquela pobre mulher injustiçada: se a sra. Druce era apenas uma alucinada, por que Herbert Druce e seus sinistros colaboradores estavam tão determinados a impedi-la de exumar o caixão de Druce?

A INVESTIGAÇÃO DO DETETIVE LITTLECHILD

OS ADVOGADOS DO sexto duque sugeriram que um detetive particular astuto e sem escrúpulos poderia descobrir mais sobre as motivações da sra. Druce e suas testemunhas — e eles conheciam o homem certo para o trabalho. O inspetor-chefe de polícia John George Littlechild fora um dos mais importantes detetives da Scotland Yard nas décadas de 1870 e 1880. Trabalhava no setor que investigava criminosos estrangeiros e terroristas; em 1883, tornou-se chefe da Divisão Especial para a Irlanda. Mais tarde, ajudou a procurar o fugidio Jack, o Estripador.[15] Após se aposentar da Yard em 1895, aos 45 anos, fundou uma grande e bem-sucedida agência de detetives particulares em Londres. Ele tinha vários detetives assistentes e dispunha de uma ampla rede de informantes no submundo do crime. Um dos primeiros casos importantes de Littlechild foi coletar informações sobre os hábitos sexuais de Oscar Wilde para o julgamento que acarretou a derrocada do escritor.

Em meados de 1898, os advogados do sexto duque inteiraram Littlechild sobre a ação movida pela sra. Druce. Eles lhe disseram que o sexto duque sugerira que os antigos criados da Welbeck deveriam ser cuidadosamente interrogados, para que fosse possível afirmar, de forma inequívoca, que o duque se encontrava na Welbeck em um período em que se pudesse provar que Druce estava em Londres. Mas os criados estavam velhos e doentes, e seus testemunhos titubeantes não conseguiram afastar a hipótese de que o duque tinha vivido em Londres durante anos a fio. E apesar de uma demorada busca nos embaralhados aposentos e catacumbas da Welbeck, nenhuma foto do quinto duque foi encontrada. Havia dois bustos, mas nenhum tinha uma semelhança muito acentuada com ele.[16] Littlechild ficou impressionado com o fato de se saber tão pouco a respeito do quinto duque e, através dos jornais, pediu informações sobre ele, mas o resultado foi desanimador, pois as únicas respostas obtidas vieram de lunáticos.[17] Uma mulher escreveu que o duque fora horrendamente desfigurado por doenças venéreas; outra sugeriu que ele frequentara o harém de um sultão quando jovem e, mais tarde, construíra suas passagens subterrâneas por vergonha de mostrar seu rosto desonrado diante de cidadãos ingleses decentes.

Uma das primeiras ideias de Littlechild foi mandar seguir a sra. Druce o tempo todo; portanto, sua "ilusão" de que estava sendo seguida por homens estranhos nada mais era que a realidade![18] Ele logo pôde informar aos advogados do duque que ela estava "se misturando com uma turma estranha do centro de Londres", alguns dos quais eram criminosos conhecidos. Outra iniciativa inteligente de Littlechild foi entrar em contato com alguns velhos criados de Thomas Charles Druce e respectivos filhos, para descobrir mais sobre a família Druce e sobre o passado da sra. Druce. Um homem chamado Stoward, que fora mordomo-assistente na casa de Thomas Charles Druce, achava que a família de seu patrão provinha dos condados do Leste. Stoward, que obviamente tinha pouco apreço pela sra. Druce, acrescentou que, longe de pertencer à nobreza rural, como afirmava em suas entrevistas, ela era filha de um empapelador de paredes londrino. Entrara na casa dos Druce como governanta e depois seduzira e se casara com o jovem e inseguro Walter Thomas Druce, que se viu indefeso ante suas manhas femininas. Tais revelações deixaram Littlechild tão interessado que ele contratou Stoward como espião, com a incumbência de comparecer às sessões do tribunal eclesiástico e relacionar os participantes que conhecia. Após uma das sessões, Stoward sentou-se ao lado de um inventor de bicicletas chamado sr. Marler. Este lhe contou que fora o senhorio da sra. Druce, que morara no prédio que ele administrava durante nove meses sem nunca pagar aluguel. Ele provavelmente faria novas revelações se a sra. Druce não tivesse visto o antigo mordomo-assistente à espreita no tribunal. Investindo contra os dois homens, ela golpeou Marler com sua sombrinha, perguntando como ele ousava conversar com um canalha diabólico como Stoward. O pobre Marler caiu de sua cadeira implorando por piedade. Stoward se retirou às pressas e, mais tarde, achou aconselhável recusar outros trabalhos secretos a serviço do duque.[19]

A revelação, feita por Stoward, de que os Druce eram originários do Leste da Inglaterra levou Littlechild a enviar seus assistentes a diversas igrejas em Essex e Cambridgeshire, mas eles não encontraram nenhum traço deles nos registros das paróquias.[20] Poucos meses depois, um certo sr. Trewinard o contatou, oferecendo-se para fornecer importantes informações sobre a família Druce em troca de uma grande soma em dinheiro; ele não quis dizer exatamente o que era, mas prometeu que Littlechild

Duas fotos que supostamente retratam o quinto duque de Portland (sem barba) e Thomas Charles Druce (com barba). Ambas pertencem à Biblioteca Hallward, da Universidade de Nottingham, reproduzidos com permissão.

não ficaria desapontado. No entanto, mediante um astuto artifício, o detetive conseguiu descobrir a fonte de informações de Trewinard: era o sr. Izard, marido da neta de Thomas Charles Druce, pelo primeiro casamento. Littlechild foi visitar os Izard, que lhe ofereceram muitas informações valiosas sem pedir nem um penny em troca.[21] Em 1816, quando Thomas Charles Druce estava com 21 anos, ele se casara com a srta. Elizabeth Crickmer, na cidade de Bury St. Edmunds. Ambos tiveram cinco filhos, todos os quais provavelmente já deveriam estar mortos; a única filha, Elizabeth Druce, era a mãe da sra. Izard. O filho mais velho, Harry, se tornara marinheiro e morrera jovem; dois outros filhos, chamados Charles e George, haviam partido para a Austrália. Ambos deveriam ter tido filhos; pelo menos um deles ainda estava vivo, era alfaiate em Sydney. Littlechild transmitiu essas informações encorajadoras para os advogados do duque. Se eles conseguissem encontrar o filho mais velho de Thomas Charles Druce, ele ou seus descendentes seriam os herdeiros legítimos de seu espólio, quer fosse apenas o Baker Street Bazaar, quer se estendesse à fortuna dos duques de Portland. E a pretensão da sra. Druce seria anulada. Mas a ideia de encontrar os Druce australianos deixava os advogados do duque um tanto apreensivos. Um homem jovem e ativo não poderia ser um adversário ainda mais perigoso que a sra. Druce? Decidiram então vazar a informação para a imprensa. Em 26 de fevereiro de 1899, o jornal *Weekly Dispatch* estampou todos os detalhes do primeiro casamento de Thomas Charles. Os advogados do duque esperavam que a sra. Druce desistisse de sua busca pela verdade, mas ela não fez nada disso. Em primeiro lugar, negou a existência do casamento; depois, quando Littlechild encontrou a certidão de casamento em Bury St. Edmunds, declarou que todos os filhos oriundos desse casamento eram ilegítimos. Os advogados perceberam que, a menos que conseguissem encontrar um dos Druce australianos, não teriam chances de derrotar a sra. Druce. Ela vencera novamente.

O detetive Littlechild se concentrou então nos antecedentes da sra. Hamilton, a principal testemunha da sra. Druce no tribunal eclesiástico. Ela tinha o aspecto de uma matrona benigna, com seu impecável vestido preto e chapéu rendado, quando depôs sobre seus encontros com o há muito falecido duque. Littlechild a descreveu, porém, como "uma velha muito ardilosa, e não tenho dúvida de que sua motivação é ganhar dinheiro". Através de seus agentes em Liverpool e Leeds, ele descobriu que o nome do pai dela era Atkinson, mas que ele se apresentava como Stuart; a sra. Hamilton se apresentava como srta. Stuart, mesmo após seu suposto casamento com o capitão Hamilton. Sua irmã estava em um asilo e ela mesma, desde tenra idade, era descrita como "peculiar", o que não a impedira de ganhar a vida, durante alguns anos, como governanta de hotel. Littlechild descobriu que a filha da sra. Hamilton vivia em Norwich, e lhe fez uma visita. No momento em que viu seu marido, que se chamava Edward Bower, ele sabia que estava em um bom caminho. Littlechild conhecia o sr. Bower sob seu nome verdadeiro, Giuseppe Mussibini, e provavelmente o encontrara durante os anos em que estivera incumbido de lidar com criminosos estrangeiros na Scotland Yard.[22] Não se sabe que delitos Mussibini cometera em Londres, nem exatamente por que ele trocara de nome e fora para Norwich, mas é certo que era o bastante para que Littlechild, através de chantagem, o transformasse em seu informante. Mussibini foi obrigado a escrever à sra. Hamilton para informá-la de que, caso ela não desistisse de aparecer no tribunal, ele e sua esposa enfrentariam uma "desgraça horrível". A astuta senhora, que obviamente não gostava muito do escroque italiano que se casara com sua filha, respondeu-lhe com hostilidade; mas ao fazer isso informou o endereço de seu hotel em Londres. Littlechild usou a informação para interceptar e roubar sua correspondência, inclusive uma carta, pelo menos, da sra. Druce. Depois enviou Mussibini a Londres e, dessa vez, o italiano conseguiu persuadir a sogra a se retirar do caso. É possível que Littlechild tenha estado presente ao encontro, de modo a intimidar a sra. Hamilton, lembrando que as mentiras que ela contara sobre seu passado seriam expostas durante o julgamento, tornando seu testemunho inútil.[23]

A defecção da sra. Hamilton ocorreu num momento infeliz para a sra. Druce. Em 1901, ela conseguira enfim vencer a oposição e fixar uma data para que seu caso fosse ouvido no Tribunal de Sucessões e Divórcios. Além da sra. Hamilton, cinco testemunhas haviam deposto a favor dela. O mais espantoso eram as declarações de várias testemunhas afirmando que tinham visto Druce perambulando nos túneis sob o Baker Street Bazaar *depois de sua morte*; todas acreditavam que se tratava de um fantasma, e algumas declararam que o gerente Thomas Stewart e o zelador Johnson, entre outras pessoas, haviam perdido o juízo por terem visto a aparição.[24] A contramestra sra. Pledger enlouqueceu completamente ao se deparar com Druce em um dos túneis, e veio a morrer num asilo, gritando: "Estou vendo ele agora! O morto!" Mas por ocasião do julgamento todas as testemunhas da sra. Druce já haviam desertado, algumas por terem sido coagidas por Littlechild, com certeza, outras por sentirem que o caso estava perdido após a defecção da sra. Hamilton. A pobre sra. Druce estava confusa e furiosa. Ao longo do julgamento, comportou-se de forma agressiva, apesar das seguidas advertências do juiz.[25] Ela acusou o inventariante Young de vigarista e sua primeira pergunta a Herbert Druce, filho mais velho de Druce, um homem de barba longa e cheia, e aspecto desengonçado, foi: "Você é filho ilegítimo de Thomas Charles Druce?" Os advogados do duque haviam encontrado os médicos do velho Druce, que declararam que ele de fato morrera em 1864, sofrendo de abscessos anais. As operações haviam sido em vão e o traseiro do pobre Druce acabara apodrecendo lenta e penosamente. Uma enfermeira idosa chamada Catherine Bayly corroborou esse testemunho, mais foi vergonhosamente vituperada pela sra. Druce. Quando a humilde senhora disse que trancara o quarto de Druce após seu falecimento, a sra. Druce berrou: "Por que você trancou o quarto... para o diabo não entrar? O que estava lá dentro... um corpo? Um esqueleto? O que havia naquela maravilhosa câmara do Barba Azul... uma imagem, rá-rá! Uma figura de cera, rá-rá! Um rosto ou o quê?" A sra. Druce prosseguiu seu discurso afirmando que o mesquinho duque mandara confeccionar uma efígie de Druce no museu de cera Madame Tussaud para enganar Catherine Bayly. O desfecho do julgamento só poderia ser um: a sra. Druce perdeu a causa e a cripta de Druce permaneceu intocada. Furiosa com o comportamento de suas testemunhas, ela escreveu uma carta irada à sra. Hamilton, mas a esperta senhora já havia se retirado para a casa de Mussibini, em Norwich, de modo a se manter fora do alcance da sombrinha letal de sua ex-amiga. De qualquer forma, a carta foi roubada pelos agentes de Littlechild e os advogados do duque devem ter se divertido muito ao lerem a injuriosa missiva.[26]

A COMPANHIA DRUCE-PORTLAND

A PAZ FOI RESTAURADA na Welbeck Abbey e as coisas permaneceram assim durante dois anos. O sexto duque de Portland pôde viver tranquilamente sem ter de ouvir novelas implausíveis sobre caixões cheios de chumbo, barbas falsas e homeopatas dançarinos. Embora a sra. Druce permanecesse ativa nos tribunais, sua força se extinguira após o revés que ela sofrera em 1901. Suas aparições no tribunal se tornaram cada vez mais patéticas. Seus preciosos bônus Druce, que jamais haviam angariado muito dinheiro, já não valiam mais nada. Mas o apoquentado duque não aproveitaria essa vida descuidada por muito tempo. Em 1903, os jornais anunciaram que outro pleiteante ao título de duque de Portland chegara a Londres — George Hollamby Druce. Muito pouco se sabe sobre os antecedentes desse obscuro indivíduo, exceto que ele nasceu em 1855, que era filho de George, um dos filhos de Thomas Charles Druce, que fora para a Austrália em busca de ouro e que trabalhava havia muitos anos como marceneiro em Sydney. Ao contrário de sua impetuosa parente Anna Maria Druce, ele era uma pessoa cautelosa, que acreditava em planejamentos cuidadosos. Consultou um astuto advogado australiano chamado Thomas Coburn e ambos passaram vários anos elaborando um plano de ataque aos milhões de Portland. Em primeiro lugar, subornaram um primo de George

Hollamby, Charles Edgar, na verdade o principal pleiteante, para abrir mão de seus direitos e se manter discreto. Eles devem ter lido sobre seu notório compatriota, o Pleiteante a Tichborne, e gostado da engenhosa artimanha utilizada por ele, ao emitir os bônus Tichborne com o propósito de levantar dinheiro para financiar sua causa; uma emissão de bônus Druce-Portland foi feita na Austrália em 1903, para que Druce e Coburn pudessem se instalar em Londres. Eles achavam mais do que duvidoso o êxito de um processo contra Herbert Druce e seus patronos. O *establishment*, liderado pelo poderoso duque de Portland e seus associados, estaria pronto para processá-lo se a demanda fracassasse e ele fosse marcado como impostor, como ocorrera com o Pleiteante a Tichborne, que fora arrasado em 1872. Mas o duque e Coburn conceberam um modo de evitar isso. Fundaram uma série de sociedades de responsabilidade limitada — entre elas a G. H. Druce Ltda., a Druce-Portland Company Ltda. e a New Druce-Portland Ltda. — supostamente de cotistas que acreditavam na reivindicação de Druce, e providenciaram para que todas as ações nos tribunais fossem movidas por essas empresas.

Druce e Coburn tinham também de colocar uma nova roupagem na velha história para que ela se adequasse a seus objetivos. Eles o fizeram em dois panfletos intitulados *O caso Druce-Portland* e *Reivindicação dos milhões de Portland: Druce era o duque?*, publicados em 1905 pela *Idler*, uma revista popular favorável a Druce.[27] Nesses panfletos, eles habilmente reinterpretaram os fatos conhecidos sobre o primeiro casamento de Thomas Charles Druce: fora de fato William John Cavendish-Bentinck, um intrépido rapaz de 16 anos, que saíra correndo da Welbeck e fora até Bury St. Edmunds para conquistar o coração de Elizabeth Crickmer, uma jovem de 21 anos. O nobre adolescente a desposou em 1816, sob a identidade falsa de Thomas Charles Druce; ambos viveram juntos durante cinco anos e tiveram muitos filhos. Então, de maneira ignóbil,

William John abandonou esposa e filhos, decidido a retornar à antiga vida de opulência na Welbeck, pouco se importando com o que acontecesse a sua mulher desamparada e a seus filhos famintos. Essa foi a razão pela qual os jovens filhos de Druce cresceram em meio à miséria e partiram para a Austrália assim que puderam. Em 1835, o duque colocou de novo a barba postiça e reassumiu a identidade de Druce. Com fundos que havia previamente transferido das contas de Portland, abriu o Baker Street Bazaar. O traiçoeiro fidalgo não falou nada a sua pobre esposa sobre essa última iniciativa, mas pelo menos teve a decência de comunicar seu reaparecimento aos dois filhos favoritos — o jovem marinheiro George e sua irmã, Frances —, os quais viviam com duas de suas amantes, a sra. Demaine e a francesa Madame Elise. Seu libidinoso pai de barba cheia também os apresentou a outras elegantes amigas suas e os instruiu a chamá-las de "tia". Em 1846, o duque começou a preparar suas escavações na Welbeck; em 1851, casou-se com Annie May como Thomas Charles Druce; em 1864, abandonou a segunda esposa e a família, e retornou a Welbeck; em 1879, por fim, morreu.

George Hollamby Druce e Thomas Coburn também surrupiaram as evidências apresentadas pela sra. Hamilton, que ela retificara consideravelmente desde os depoimentos que prestara em 1898 e 1901. Ela agora alegava que seu pai, o rico cavalheiro Robert Lennox Stuart, conhecia Thomas Charles Druce há muitos anos, sabia tudo sobre sua vida dupla e certa vez o ouvira confessar que matara o irmão. A sra. Hamilton também conhecera Druce muito bem, de 1849 em diante; e às vezes o visitava na Welbeck, embora seu pai, conhecendo as tendências lascivas de Druce, a tenha proibido terminantemente de andar de carruagem sozinha com seu barbudo admirador. A sra. Hamilton e duas outras pessoas alegavam ter visto Druce após sua suposta morte, em 1864. O detetive Littlechild ficou atônito com o reaparecimento da sra. Hamilton. A explicação para o fato era que Mussibini já tinha morrido; assim a astuta senhora sentiu-se livre para juntar seus indubitáveis talentos ao contingente australiano. A sra. Hamilton estava vivendo em um hotel de Londres sob um nome falso. Mas, após vigiarem a casa de sua filha, os homens de Littlechild acabaram descobrindo seu paradeiro. Littlechild esperou por ela certa noite e lhe assegurou que iria arruiná-la se ela aparecesse no tribunal; mas a resoluta senhora o desafiou.[28]

Druce e Coburn afirmavam que Thomas Charles Druce e o quinto duque de Portland tinham o mesmo tamanho e aparência; corroboravam essa afirmativa comparando uma foto, que segundo eles retratava o duque — de barba feita e aparência cadavérica —, com duas fotos de Druce, um sujeito de aparência estranha, que usava uma barba enorme. Em uma das fotos ele está segurando a (falsa?) barba à sua frente; é como se ele estivesse engolindo um cachorro pequinês. Druce e o duque tinham hábitos semelhantes, asseguravam os panfletos: a mesma postura altiva e inabordável, a mesma abominável doença de pele e a mesma dieta frugal.

George Hollamby Druce avaliou a fortuna do duque por volta de dezesseis milhões de libras. Decidiu colocar 1,6 milhão à disposição de quem quisesse e convidou os cotistas a comprar seus bônus Druce, que pagariam ao portador 64 vezes o investimento, caso George conseguisse despejar o nobre da Welbeck e usurpar seu título e fortuna.[29] Um dos compradores foi John George Littlechild, que fora alertado pelos advogados do sexto duque sobre o aparecimento do pleiteante australiano. Ele enviou então um de seus assistentes ao escritório da Druce-Portland Company, onde lhe ofereceram cotas a quatro libras cada; após barganhar muito, ele conseguiu comprar quatro cotas a dez libras. Os homens de Littlechild já estavam seguindo os principais cotistas da Druce-Portland Company, entre eles um certo Capitão Whitsun e um indivíduo "muito asqueroso e indesejável" chamado John Thomas Wyatt. Temia-se que salafrários desse tipo não teriam escrúpulos em arrombar a cripta de Druce para roubar o corpo; Littlechild tomou providências para que a tumba fosse discretamente vigiada. Os agentes de Druce estavam espalhando boatos de que o duque oferecera uma soma bastante elevada para fazer um acordo; isso aumentou de forma considerável a venda de bônus Druce.[30] Eles também obtiveram o apoio da imprensa popular e, em 1907, o pleiteante australiano e seu esperto consultor jurídico já amealhavam um capital de 30 mil libras, em grande parte provenientes da venda de seus bônus. Assim como no caso Tichborne, 35 anos antes, o caso Druce-Portland cativou o público com sua transposição das barreiras de classe vitorianas: um duque que se tornava lojista era um fato tão assombroso quanto um açougueiro que se tornava baronete. E, uma vez mais, a venda dos bônus foi bastante estimulada pela paixão dos ingleses por jogos e pelo tradicional apoio recebido pelos injustiçados, no caso o honesto australiano que viera desafiar o endinheirado duque.

SEGUNDO JULGAMENTO

EM OUTUBRO DE 1907, Druce e Coburn finalmente estavam prontos para a batalha no tribunal. Astutamente, preferiram atacar Herbert Druce, contra o qual moveram um processo por ter jurado, durante o julgamento do caso da sra. Druce em 1901, que vira seu pai logo após sua morte e, mais tarde, no caixão. Caso Thomas Charles Druce não tivesse morrido, Herbert Druce seria culpado de perjúrio. Druce e Coburn investiram parte de seu capital na contratação de uma equipe jurídica de primeira classe: para atuar no tribunal, por exemplo, teriam o conhecido advogado Atherley Jones.[31] Em sua abertura no tribunal de Marylebone, o eloquente Jones apresentou suas três principais testemunhas. A sra. Hamilton testemunharia que ela e seu pai sabiam tudo a respeito da outra identidade do duque, e sabiam também que ele estava vivo após sua suposta morte em 1864. A srta. Mary Robinson, filha de um rico fazendeiro americano, testemunharia que fora íntima de Thomas Charles Druce, ou melhor, do quinto duque de Portland. Essa testemunha surgira de modo singular. Charles Dickens, aparentemente, atuara como cafetão do duque entre um e outro romance. Fora incumbido de encontrar mulheres jovens e inocentes para entreter o fidalgo. Jones não entrou em detalhes, mas afirmou que, durante sua "intimidade feminina" com Druce, a srta. Robinson tivera amplas oportunidades para observá-lo em sua segunda identidade, como o duque de Portland. Havia também uma testemunha surpresa, que acabara de chegar dos Estados Unidos: o americano de origem irlandesa Robert Caldwell, morador da Staten Island, em Nova York, que foi o primeiro depoente a ocupar o banco das testemunhas. Caldwell declarou que, desde tenra idade, era afligido por uma doença particularmente desagradável conhecida como nariz bulboso; isso significava que seu nariz era cheio de pequenas erupções e abscessos. Após percorrer o mundo em busca de uma cura, ele se encontrou na Índia com um oficial britânico chamado capitão Joyce e adquiriu dele um remédio secreto, que enfim curou seu nariz deformado e dolorido. Não muito tempo depois, Caldwell foi contatado pelo quinto duque de Portland, que também tinha um nariz bulboso. Pelo preço de cinco mil libras, Caldwell curou o duque e dele, mais tarde, recebeu presentes no valor aproximado de dez mil libras. O duque tinha muita confiança em seu médico charlatão, o suficiente para lhe contar tudo sobre sua identidade secreta como Thomas Charles Druce. Ele até o apresentou a sua mulher e filhos. Quando houve necessidade de simular a morte de Druce, em 1864, Caldwell comprou pessoalmente um caixão, que encheu de chumbo, antes de realizar o falso funeral, com uma carruagem fúnebre e cocheiros vestidos de luto.

Mas, quando foi contrainterrogado por Horace Avory, advogado de Herbert Druce, Caldwell desempenhou um triste papel. Ao ser questionado se já se vira descrito como "O Grande Fabricante de Depoimentos Americano", respondeu: "Sim!" Além disso, ele não teve como negar que contara muitas mentiras, mesmo sob juramento, em um julgamento nos Estados Unidos que envolvia o testamento de um certo sr. Stewart. O famoso cirurgião Sir Morell Mackenzie, que Caldwell afirmava ter consultado em relação ao seu problema nasal, estava apenas com 17 anos no ano em que, segundo o americano, ocorrera a consulta. Caldwell replicou que, se soubesse a idade do médico na época, ele teria reclamado do valor de seus honorários! E o capitão Joyce, o oficial que o havia curado, estava em Dublin, não na Índia, na época em questão. No segundo dia de interrogatório, quando questionado sobre os trabalhos de construção na Welbeck, Caldwell foi envolvido em uma série de contradições. Com base em informações que John George Littlechild recebera da Irlanda, Avory fez uma série de perguntas sugestivas sobre as atividades criminais de um certo Robert Caldwell, que defraudara inúmeras pessoas. Caldwell respondeu que era seu irmão William, que muitas vezes se apresentava como Robert. Esse irmão se parecia com ele, escrevia como ele e falava como ele, e se mudara para os Estados Unidos simultaneamente a ele! "Ele era tão sincero quanto o senhor ou ainda mais?", perguntou Avory friamente. Mas a perspicácia natural de Caldwell não o abandonara. Ele disse que o duque, certa vez, perguntara se ele conhecia algum advogado honesto para elaborar o testamento dele. Caldwell respondera que não conhecia nenhum integrante da profissão jurídica que fosse honesto! Quando questionado sobre outro homem que, segundo ele, também tinha tratado de um problema no nariz, Caldwell se recusou a fornecer o nome do paciente. "Ele não é um duque, suponho", sugeriu Avory. "Não, ele é um cavalheiro respeitável!", respondeu Caldwell, provocando risos no tribunal. Quando questionado sobre o que, exatamente, fizera para tratar o nariz bulboso do duque, Caldwell retrucou: "Ah, bem que o senhor gostaria de saber isso! O senhor entraria no negócio, se pudesse!" Quando Avory, com um sorriso sarcástico, perguntou se o duque tivera o bom gosto de pelo menos usar falsas costeletas pretas em seu próprio funeral, Caldwell respondeu: "Não, elas eram grisalhas!" A essa altura, o pobre Atherley Jones, para não falar de George Hollamby Druce e Thomas Coburn, devia estar lamentando de todo o coração ter permitido que aquele bufão transatlântico aparecesse no tribunal.

O depoimento seguinte veio de Mary Robinson, então com 56 anos. Ela provocou uma sensação imediata no tribunal ao reclamar que um valioso diário, que revelava todos os detalhes de seu relacionamento com o duque, fora roubado. Quando ela estava caminhando no Hammersmith Broadway,* um homem misterioso gritou que havia uma aranha no casaco dela. A srta. Robinson deu um berro e agitou os braços, tornando fácil para o estranho se apoderar do diário, que ela segurava.[32] Jones perguntou se uma cópia feita antes do roubo poderia ser aceita como prova, mas Avory se opôs veementemente a isso. A srta. Robinson contou que se encontrara com Thomas Charles Druce pela primeira vez numa festa de crianças, realizada em Londres no ano de 1862, na qual ele atuara como a avó de Chapeuzinho Vermelho; ela não disse se ele removeu seu hirsuto adorno facial antes de representar o papel. Em 1868, quando ela estava com 17 anos, seu amigo Charles Dickens a apresentou a Thomas Charles Druce na Welbeck Abbey. Ela não sabia que ele era o duque, mas

---

* Largo situado no Oeste de Londres, que abriga um importante centro comercial. (N.T.)

prontamente aceitou viver nas proximidades sob o nome de Madame Tussaud e trabalhar como sua secretária quando fosse chamada. Ela costumava dar longos passeios com seu idoso admirador nos jardins da Welbeck, onde raposas domesticadas corriam em liberdade. Embora seu

Uma ilustração da cena dramática na qual Caldwell apresenta as evidências. Ilustração retirada da *Illustrated London News*, de 11 de novembro de 1907.

depoimento fosse extraordinário e seu comportamento no tribunal, um tanto histriônico, a srta. Robinson estava bem-instruída e deu respostas cautelosas quando Avory tentou induzi-la a se contradizer. A única vez em que pareceu desconcertada foi quando relutantemente teve de deixar o juiz examinar um broche que, segundo ela, custara ao duque trezentas libras; o juiz comentou que o ornamento parecia mais uma bijuteria barata.

A sra. Hamilton foi a testemunha seguinte, e repetiu todo o seu depoimento sem nenhuma contradição. Em seguida, um perito em fotografia testemunhou que fotografara Charles Druce em 1855 e tinha certeza de que sua barba e costeletas eram falsas. Suas fotos e uma outra, de um homem sem barba que os advogados de George Hollamby Druce alegaram ser o duque, foram apresentadas no tribunal. Diversas testemunhas menores, sobretudo antigos criados da Welbeck, disseram que o homem da foto se parecia com o duque. Alguns comerciantes de Londres também depuseram. Alguns disseram que a barba de Thomas Charles Druce sempre lhes parecera falsa. Outros afirmaram que haviam visto a carruagem do duque estacionada em frente ao Baker Street Bazaar. Houve também alguns indivíduos que afirmavam ter visto Druce após sua morte, em 1864, mas Avory conseguiu desacreditar consideravelmente seus testemunhos. A convocação de antigos criados foi também contraproducente para George Druce, pois alguns deles declararam de boa vontade, quando instados por Avory, que o duque nunca tivera qualquer deformidade no nariz e que jamais tinham visto a srta. Robinson (ou Madame Tussaud) na Welbeck.

Antes das argumentações iniciais da defesa, Atherley Jones se levantou novamente. Tivera tempo para refletir sobre o desastroso depoimento de Caldwell e decidiu indeferi-lo como testemunha, pois não seria adequado confiar em suas afirmativas. Avory, em seguida, passou bastante tempo tripudiando sobre as diversas falhas de Caldwell e por fim soltou a notícia-bomba de que o americano era agora um fugitivo da justiça, pois estava voltando para seu país a bordo de um rápido transatlântico!

Chegou então a hora de Avory apresentar sua defesa. O pobre Herbert Druce fora alvo de muito ódio devido à abominável acusação de perjúrio feita por seu próprio sobrinho, e Avory prometeu que não iria descansar enquanto seu cliente não fosse vingado. Ele lamentou que Druce e Coburn tivessem esperado, de forma deliberada, que todos os médicos de Thomas Charles Druce estivessem mortos ou incapazes de fornecer provas. A velha enfermeira Catherine Bayly ainda estava viva, no entanto, e decididamente testemunhou que Druce de fato morrera em 1864. Avory atacou com vigor o depoimento da srta. Robinson. Thomas Charles Druce passara por uma séria intervenção cirúrgica em 1862 e não estava em condições de promover brincadeiras em festas de crianças. Era igualmente chocante ouvir o reverenciado nome de Charles Dickens ligado a uma intriga tão desprezível. A sra. Hamilton era a pior das perjuras: "uma velha senhora esperta, ardilosa e fingida", que alterara consideravelmente sua história desde o depoimento que prestara em 1898. Depois que a defesa finalizou suas argumentações, é possível que a maioria das pessoas estivesse esperando que o juiz, Chichele Plowden, decidisse em favor de Herbert Druce. Em vez disso, ele enfatizou que todas as dúvidas deveriam ser erradicadas para que a decisão não fosse questionada no futuro, e ordenou que a cripta de Druce fosse aberta. Na manhã do dia 30 de dezembro de 1907, dez anos após Anna Maria Druce ter iniciado sua campanha, o túmulo foi finalmente aberto. Eletricistas, coveiros, clérigos e especialistas forenses estavam presentes, assim como a imprensa, que compareceu em massa. Um sólido caixão de carvalho com o nome de Thomas Charles Druce foi içado então até a superfície. Quando o caixão interno, feito de chumbo, foi finalmente aberto, os restos mortais de um homem idoso e barbudo puderam ser vistos. O sr. Thackrah, antigo sócio do Baker Street Bazaar, identificou o corpo como sendo de Thomas Charles Druce.

O sexto duque de Portland manifestou seu desejo de esmagar seus oponentes, de lhes ensinar uma dura lição, que serviria para evitar que outros Druce australianos resolvessem tentar a sorte. Mas seus advogados o informaram de que Druce e Coburn haviam sido muito espertos; não seria possível instaurar um caso contra aqueles escorregadios cavalheiros. O nobre, em seguida, pensou em se vingar de Atherley Jones, que fizera alguns comentários que o tinham aborrecido; iria alegar que seu comportamento no caso Druce o tornava indigno de manter sua posição legal honorária de juiz municipal.*[33] Seus advogados responderam que consideravam a iniciativa pouco cavalheiresca, pois Jones apenas fizera seu trabalho. Os três perjuros eram, portanto, as únicas pessoas que podiam arcar com a enorme cólera do duque. John George Littlechild, que havia investigado os antecedentes da srta. Robinson, descobriu que ela jamais pusera os pés nos Estados Unidos e, sim, era filha de um sargento de polícia do bairro londrino de Mortlake. Ela se casara com um pastor pobre chamado Robinson e se mudara com ele para a Nova Zelândia.[34] Foi sentenciada a quatro anos de trabalhos forçados; a sra. Hamilton escapou com uma pena de dezoito meses, mitigada por sua idade (estava com 78 anos). Quanto a Robert Caldwell, foi emitido contra ele um mandado de prisão, por perjúrio. Assim que o navio no qual fugira ancorou em Hoboken, nos Estados Unidos, ele foi preso a pedido das autoridades britânicas. Mas Caldwell ainda não estava derrotado. Alegou que estava desesperadamente doente e foi solto sob fiança

---

* Advogado de reconhecida competência jurídica que, temporariamente, podia atuar como juiz em algumas cidades grandes. (N.T.)

para procurar ajuda médica. Um médico informou que ele não viveria mais que alguns dias, e a extradição foi sendo adiada indefinidamente. Mas as autoridades britânicas, instigadas pelos advogados do duque de Portland, mostraram-se incrédulas. Sabiam que Caldwell era um pilantra, com uma longa carreira de vigarista na Irlanda e nos Estados Unidos. Além disso, não tendo visto nada de errado com sua saúde durante sua permanência em Londres, suspeitavam de que ele havia se preparado de antemão — mancomunando-se com o médico — para o caso de seu comparecimento ao tribunal dar errado. As autoridades britânicas tentaram obrigar Caldwell a se submeter a um exame realizado por um médico independente, mas o astuto perjuro se manteve um passo à frente: deu entrada, a seu próprio pedido, em um asilo de lunáticos. Um dos psiquiatras do asilo declarou à imprensa que Caldwell estava sofrendo do que os especialistas descreviam como "uma torção no cérebro" e, por motivos de ordem médica, não poderia ser extraditado. Caldwell escapou assim da extradição e pôde viver em relativo conforto na ala particular do asilo de loucos de Ward Island. Consta que ele morreu lá em 1911.[35]

O FINAL DA HISTÓRIA

ESTÁ CLARO QUE O caso Druce-Portland se originou na mente de Anna Maria Druce. Instigadora de todo o negócio, ela acreditava plenamente em cada detalhe ridículo de sua história. Está claro também que ela não tinha o juízo perfeito; talvez fosse uma esquizofrênica paranoica com delírios de grandeza, como alguns dos falsos delfins. Sua tenacidade e determinação mereciam uma causa melhor, e sua inteligência ficou demonstrada durante o julgamento de 1898, quando manteve seus oponentes na defensiva. Anna tinha outras óbvias manias de grandeza. Afirmava que era uma certa srta. Butler e que seu pai era membro da nobreza, além de agente de Lord Pembroke. Mas isso não passava de fantasia, igual à sua ideia de que Annie May, esposa de Thomas Charles Druce, era filha do conde de Berkeley e à de que a velha sra. Hamilton era na verdade a duquesa viúva de Abercorn.[36] É interessante notar que um jornal de 1895 menciona que a sra. Druce estava visivelmente agitada quando compareceu ao tribunal em junho de 1895 para declarar, diante de Sir John Bridge, juiz da Bow Street, que o filho dela era o legítimo duque de Somerset.[37] Pouco depois ela alterou sua reivindicação para o ducado de Portland, muito provavelmente porque Thomas Charles Druce era um dos locatários londrinos do duque, cujo nome era mencionado em antigos contratos de aluguel para o Baker Street Bazaar. Caso a sra. Druce tivesse escolhido algum outro nobre ou magnata, sua reivindicação teria poucas chances de sucesso, mas o duque de Portland era único. Apesar de seu título e enorme riqueza, não tinha esposas, nem filhos, nem amigos, nem sócios, e vivia quase totalmente isolado dos outros seres humanos. Tal comportamento deu margem a boatos e especulações de que ele estava ocultando algum segredo terrível. Na verdade, ele parece ter sofrido, desde tenra idade, de uma timidez anormal, principalmente no tocante às mulheres; ao longo dos anos, sua timidez se transformou em amargura, hipocondria e egolatria. Em 1901, a sra. Druce estava em uma posição muito mais forte do que imaginava, e pode muito bem ser verdade que ela recusou uma oferta de acordo proposta pelo sexto duque.[38] Tão pouco se sabia sobre as atividades do quinto duque que até John George Littlechild ficou atarantado, e lançou mão do vergonhoso recurso de chantagear a sra. Hamilton. Consta que a sra. Druce morreu em um asilo de loucos em 1903. Segundo Littlechild, no entanto, ela estava vivendo com luxo num hotel de Londres, em 1907, generosamente financiada pelo contingente australiano. Ela morreu em 1911.[39]

Mas o que foi feito do segundo pleiteante, George Hollamby Druce? Diversos autores que escreveram sobre o caso afirmaram que ele era um homem honesto e sincero, que de fato acreditava na história ridícula. Seu advogado Coburn fez de tudo para projetar esta imagem: quando o sexto duque de Portland se referiu a Druce como um impostor, em um discurso, Coburn teve o descaramento de escrever a ele, reclamando do insulto dirigido a seu cliente.[40] Mas há bons indícios de que Druce e Coburn eram trapaceiros sem escrúpulos. Quando estava na prisão, a srta. Robinson escreveu uma confissão, explicando como Druce a recrutou para sua causa, depois que ela lhe escreveu uma carta sobre o quinto duque; dele fora a ideia de que ela elaborasse um diário falso sobre sua amizade com o duque.[41] John George Littlechild em momento nenhum duvidou de que tanto Druce quanto Coburn fossem escroques consumados.[42] Sendo muito mais inteligentes e sofisticados que a sra. Druce, eles se aproveitaram da cobertura jornalística favorável e dos sentimentos populistas da época. O astucioso estratagema de divulgar boatos de que o duque estava disposto a fazer um acordo mediante o desembolso de uma vultosa quantia atraiu muitos investidores incautos para a rede dos dois vigaristas antípodas. Eles amealharam grandes somas com a venda de seus bônus e é pouco provável que tenham gastado todo o dinheiro em diversão. Após o julgamento, Druce e Coburn declararam que estavam falidos e dissolveram todas as suas empresas. Littlechild, desconfiando de que eles tinham recursos escondidos, ordenou que seus agentes os seguissem dia e noite.[43] Mas os dois australianos e suas respectivas famílias não deram nenhuma indicação de onde haviam guardado seus ganhos e, discretamente, retornaram a seu continente nativo. Em 1913, Druce tentou ressuscitar sua reivindicação, sem nenhum sucesso, porém.

O ducado de Portland se extinguiu após a morte do nono duque, um importante diplomata, e a Welbeck Abbey é hoje uma escola militar.[44]

Os jardins e alguns dos aposentos subterrâneos são por vezes abertos ao público. Dois historiadores de arquitetura que os viram na década de 1990 ficaram admirados com a extensão dos túneis e das escavações.[45] O salão de baile subterrâneo é hoje o ginásio do colégio militar, demonstrando que mesmo as fantasias mais excêntricas e românticas afundarão um dia no lodaçal do utilitarismo comum.

7

Um Mundo de Mistérios

A MAIS CONHECIDA pleiteante à realeza no século XX foi Anna Anderson, que afirmava ser a grã-duquesa Anastásia, da Rússia. Sua carreira como pseudonobre é uma das mais longas da história. Em 1920, dois anos após o assassinato do último tsar e sua família, uma confusa mulher foi tirada de um canal em Berlim. Alegava ser a grã-duquesa Anastásia, filha de Nicolau II (e trineta de Alexandre I, supostamente Fiódor Kuzmich). Ela se fingira de morta quando seus pais e irmãos foram fuzilados, disse, e escapou das patrulhas bolcheviques com a ajuda de um soldado leal. Casou-se com o soldado e com ele teve um filho, mas ele morreu durante uma briga de rua em Bucareste. Anna fugiu então para a Alemanha e, após seu resgate do canal, revelou sua verdadeira identidade. Alguns nobres alemães e emigrados russos tiveram piedade dela e a deixaram ficar em suas casas, onde foi confrontada com várias pessoas que haviam conhecido a verdadeira grã-duquesa. Diversos criados, antigos soldados e até o médico do tsar, dr. Gleb Bodkin, a reconheceram como Anastásia e se tornaram seus principais defensores. A grã-duquesa Olga, irmã de Nicolau II, que não tinha nenhuma dúvida de que Fiódor Kuzmich era de fato Alexandre I, mostrou-se muito mais cética quando se defrontou com a suposta sobrinha: declarou que Anna era uma impostora.

Tal como o Pleiteante a Tichborne, Anna espertamente aprendeu com Bodkin e outros amigos dela detalhes sobre a vida na corte do tsar. Para sua infelicidade, porém, não tinha o temperamento jovial e desembaraçado do Pleiteante. Ao longo de sua longa e agitada vida, Anna sempre demonstrou um temperamento beligerante e difícil, discutia com seus amigos e rompia relações com seus benfeitores. Mas assim como Naundorff alegava ser o Delfim Desaparecido, ela teimosamente insistia que era de fato a desaparecida Anastásia, embora tivesse em comum com o pretendente francês a dificuldade com sua suposta língua nativa; quando instada a falar russo, ela sempre se recusava. Na meia-idade, Anna Anderson parecia mais uma bruxa do que uma princesa de contos de fadas, pois perdeu todos os dentes e vestia roupas esfarrapadas.

Quando o sistema legal alemão não sancionou sua reivindicação, após uma longa série de julgamentos, Anna foi para os Estados Unidos, onde se casou com o excêntrico americano Jack Manahan, em 1968, estabelecendo-se na ampla casa que ele possuía em Charlottesville, no estado da Virgínia. Manahan cuidou de sua frágil e nervosa esposa o melhor que pôde, até que ele mesmo se tornou um inválido devido à diabetes e a um tipo de demência. Os Manahan tinham trinta gatos e o mesmo número de cães ferozes; estes últimos vigiavam as crescentes pilhas de lixo que se acumulavam ao redor da casa e afugentavam os carteiros e os entregadores. Em 1983, Anna foi finalmente levada para um hospital psiquiátrico, vindo a morrer um ano mais tarde, num hospital da Virgínia.[1]

Em 1991, cientistas russos anunciaram que os esqueletos do tsar e de alguns membros de sua família haviam sido descobertos. As evidências odontológicas e a comparação com o DNA mitocondrial de atuais descendentes dos Romanov confirmaram depois essa descoberta.[2] Como os ossos do tsarévitche e de uma das filhas estavam faltando, foi impossível dizer se os ossos de Anastásia estavam entre os encontrados.[3] O DNA mitocondrial dos Romanov não combinou com o que foi obtido de uma amostra de cabelos e de uma biópsia intestinal coletadas de Anna Anderson durante sua vida. Entre as décadas de 1920 e 1930, houve especulações de que Anna era na verdade uma operária de fábrica polonesa chamada Franziska Schanzkowska. Uma das irmãs de Schanzkowska afirmou que Anna era parente sua, mas Anna a desmentiu soberbamente. Mas o DNA mitocondrial obtido da amostra de tecido de um dos membros da família de Schanzkowska combinou com o de Anna Anderson.[4] Podemos então concluir que, assim como Naundorff, ela perpetrou uma impostura. Mas os livros e filmes sobre a pseudo-Anastásia a tornaram famosa, e as pessoas ainda querem acreditar em sua história. Especulam que a KGB substituiu os restos mortais do tsar e de sua família, ou de que a CIA trocou as biópsias no hospital. Algumas páginas da internet ainda sustentam a reivindicação de Anna Anderson.

O leitor que se lembra dos falsos delfins não ficará surpreso em saber que houve mais de uma pleiteante a Anastásia. Nos anos que se seguiram à Revolução Russa, grã-duquesas e tsarévitches falsos brotaram em todas as cidades siberianas. Desde a Segunda Guerra Mundial, surgiram pelo menos dez Anastásias: três na Grã-Bretanha, uma em Tóquio, uma na Rússia e uma em Montreal. Uma pleiteante americana apareceu em Rhode Island na década de 1960; outra dirigia o Salão de Beleza Anastásia, em Illinois. A única delas a alcançar pelo menos uma fração da fama de Anna Anderson foi Eugenia Smith, que escreveu suas memórias em 1963 e passou por um exame no detector de mentiras providenciado pela revista Life. Mas sua história não era convincente e, quando foi solicitada a fornecer uma amostra de DNA em meados da década de 1990, ela se recusou. As dez Anastásias não careciam de irmãs: havia pelo menos três pleiteantes para os títulos das grã-duquesas Olga, Maria e Tatiana.[5]

E essas grã-duquesas espúrias não careciam de irmãos. Dos oito homens que alegavam ser o tsarévitche Alexei, o mais proeminente foi um oficial da polícia secreta polonesa, o coronel Michael Goleniewski, que desertou em 1960 e foi para os Estados Unidos. Impostor descarado, ele afirmava que seu pai, o tsar, vivera na Polônia até 1952 e que três de suas irmãs ainda estavam vivendo lá. Eugenia, uma das falsas Anastásias, era sua quarta irmã, declarou ele. Ambos encenaram um comovente reencontro, apenas para desmascararem um ao outro poucas semanas depois. Goleniewski morreu em Nova York em 1993, mantendo até o fim sua falta de confiança nos testes de DNA, tal como a "irmã" Eugenia Smith. Outro pleiteante a Alexei atuou na Austrália, onde vendeu títulos de nobreza a quem pagasse mais. Na década de 1990, houve dois pleiteantes por procuração, cada um alegando que seu falecido pai era o tsarévitche e que ele era o herdeiro do trono.[6] Um poderoso argumento contra esses pseudo-Alexeis é que eles eram razoavelmente saudáveis, estavam em boas condições físicas e viveram até uma idade avançada. O legítimo Alexei sofria de hemofilia grave, além de artrite nos joelhos; se chegasse à idade adulta, teria sido estropiado por uma osteoartrite secundária nos joelhos. O biógrafo de Anna Anderson, James Blair Lovell, demonstra muito bem como eram onipresentes os pleiteantes a Romanov: quando estava trabalhando em seu livro, era continuamente importunado por mulheres, loucas ou não, que se diziam filhas ou netas de Anastásia, pela linhagem de um casamento secreto, ou alegavam ser descendentes de uma das outras filhas do tsar.

HERDEIROS DESAPARECIDOS, CASAMENTOS SECRETOS E REIS IMORTAIS

A SOBREVIVÊNCIA DAS LENDAS concernentes à família imperial russa são exemplos do "mistério do herdeiro perdido", uma recorrência histórica. Um herdeiro ou herdeira de um título e/ou de uma grande fortuna desaparece; depois de algum tempo, começam a surgir pleiteantes. Como sabemos, houve mais de cem falsos delfins e pleiteantes a filhos do tsar Nicolau II em número suficiente para repovoar por diversas vezes a família imperial.

Alguns herdeiros desaparecidos resultavam de intrigas políticas, como Lambert Simnel e Perkin Warbeck, que se apresentaram depois que os "príncipes da Torre", os dois jovens filhos do rei Eduardo IV, desapareceram na década de 1480.[7] Uma história muito semelhante é a dos três falsos Demétrios, da Rússia, que alegavam ser o filho desaparecido do tsar Ivan, o Terrível, que morrera sob circunstâncias misteriosas em 1591.[8] O primeiro deles conseguiu realmente usurpar o trono, em 1605, e se tornou muito popular, pois tentou proteger o povo da tirania dos aristocratas. Mas o falso Demétrio só reinou pouco mais de um ano, até ser assassinado em uma sublevação. Historiadores têm especulado que ele era na verdade um monge chamado Yuri Otrepyev.

Um herdeiro desaparecido bastante famoso é o filho bebê do coronel Charles Lindbergh, sequestrado para obtenção de resgate em 1932. Seu corpo foi encontrado mais tarde e identificado pela família. O carpinteiro Bruno Hauptmann foi condenado pelo sequestro e assassinato, e executado na cadeira elétrica. Embora contundentes provas forenses liguem Hauptmann ao crime, algumas pessoas continuam a duvidar de sua culpa. Teorias de conspiração são abundantes: não teria o bebê sido sequestrado e assassinado pela máfia, pela quadrilha de Al Capone, por sua tia Elizabeth Morrow ou mesmo pelo próprio Charles Lindbergh? Ainda mais audaciosa é a sugestão de que Charles Lindbergh Jr. não foi morto. Tudo não passou de uma encenação organizada por uma gangue de contrabandistas de Nova York, que costumava conduzir carregamentos de bebidas pelas estradas vicinais próximas à área vasculhada pela polícia em busca do bebê. Cansados de serem revistados pela polícia, os bandidos arranjaram um bebê morto e o enterraram em um bosque das proximidades, para afastar a polícia e continuar com suas atividades habituais.

Nas décadas de 1970 e 1980, apareceram diversos pleiteantes, atraídos pelos milhões de Lindbergh, contando histórias implausíveis. O operário de fábrica Kenneth Kerwin afirmou que se lembrara de ter sido sequestrado durante uma sessão de regressão hipnótica; ele descreveu em detalhes o quarto do bebê Lindbergh. Mas seu pai adotivo disse que Kerwin, com certeza, não era um Lindbergh. Sua reivindicação também não foi ajudada pelo fato de ele ter cabelos castanhos e olhos escuros, enquanto Charles Lindbergh Jr. era louro de olhos azuis. Seu colega Lorne Huxted, da mesma forma, lembrou-se de sua verdadeira identidade durante uma sessão de hipnose, e até conseguiu passar pelo detector de mentiras. Seguindo o exemplo de seu precursor Naundorff, ele mudou legalmente seu nome para Charles Augustus Lindbergh Jr. Na década de 1990, ele ainda estava defendendo sua reivindicação.

O mais conhecido pleiteante a Lindbergh é Harold Olson, um empresário de Connecticut. Sua história era a de que o coronel Lindbergh fora um importante combatente do crime durante a Lei Seca. O imaginoso Olson declarou que Lindbergh costumava voar em seu avião sobre Nova Jersey para assinalar as coordenadas de qualquer nuvem de fumaça que indicasse uma destilaria clandestina para uísque ilegal; então chamava a polícia. Alguns contrabandistas resolveram se vingar de Lindbergh sequestrando seu filho e incriminando Hauptmann, que fazia parte do complô. Usaram então o bebê de Lindbergh num esquema de chantagem para tirar Al Capone da prisão. Mas Lindbergh preferiu sacrificar o filho a ser responsável pela libertação do notório gângster. O fim dessa história absurda é que, quando o plano falhou, o refém perdeu a utilidade para os malfeitores. Demonstrando uma clemência pouco característica, eles não o mataram, mas foram bondosos o bastante para entregá-lo a caridosos pais adotivos. Tanto Olson quanto Kerwin ainda estavam atuantes em 2002, juntamente com pelo menos cinco outros pleiteantes, entre eles uma mulher negra de Oklahoma, que contou aos jornalistas uma história mirabolante sobre tinturas para a pele e operações para mudança de sexo. Os pleiteantes solicitaram testes de DNA, mas a família Lindbergh os ignorou.[9]

A MAIORIA DAS FAMÍLIAS reais tem sua cota de crianças bastardas. Na Grã-Bretanha, o rei Carlos II se notabilizou por seus muitos amores, dispondo de várias damas em sua festiva corte; muitas famílias nobres podem se gabar de terem sangue real, como resultado das atenções do rei a suas antepassadas. Como vimos, os irmãos e filhos de Jorge III se entregavam livremente à promiscuidade. O filho bastardo de um membro da realeza não pode reivindicar um título nem uma herança, mas a situação muda por completo se ele conseguir provar que o rei, ou o duque, desposou sua mãe em segredo. A lenda de Hannah Lightfoot é o mais famoso exemplo. Embora já existisse em Londres uma tradição a respeito do príncipe e da bela quacre, é claro que grande parte da publicidade em torno do caso na década de 1820 advém das atividades da princesa Olívia, que alegava descendência real proveniente de um casamento secreto.

Outro exemplo curioso de "casamento secreto" teve lugar na Suécia do século XIX. O rei Gustavo IV Adolfo, que reinou de 1792 a 1809, era cabeçudo, incompetente e intolerante. Salvavam-se, em seu caráter apenas, a profunda religiosidade e os elevados valores morais. Sua desastrosa política externa atirou o país em uma guerra contra a Rússia, que resultou na perda da província da Finlândia para os exércitos do tsar Alexandre I. Não muito tempo depois, o rei foi destronado e se exilou na Alemanha. Nesse país, sofreu uma completa mudança de personalidade, divorciando-se da rainha e começando a farrear em excesso. Como dormia com muitas prostitutas, deixou uma trilha de principezinhos e princesinhas ilegítimos por toda a Alemanha. Enquanto isso, o marechal Jean Baptiste Bernadotte foi eleito rei da Suécia; após sua morte, o trono foi herdado por seu filho, Oscar I. Nessa época apareceu em Estocolmo uma mulher estranha, de aparência e conduta aristocráticas. Ela se apresentava como Helga de la Brache, e afirmava ser a herdeira legítima de Gustavo IV Adolfo e da rainha Frederica, que segundo ela haviam se reconciliado brevemente durante as viagens do rei exilado pela Alemanha e, em segredo, voltado a se casar. A rainha Frederica era uma das princesas de Baden, o que teria tornado Helga de la Brache prima de Kaspar Hauser, se as alegações de ambos fossem verdadeiras. Muitas pessoas da alta sociedade de Estocolmo aceitaram Helga de la Brache como princesa da antiga dinastia de Vasa, e o próprio rei Oscar lhe concedeu uma pensão e quitou suas dívidas. Ela foi chamada de Fantasma do Reino da Suécia, pois se acreditava que detinha conhecimentos perigosos que poderiam até habilitá-la a reivindicar o trono. Dona de personalidade melancólica e hipocondríaca, essa pleiteante escandinava não possuía a impetuosidade e a vivacidade da princesa Olívia. Na década de 1870, um clérigo examinou o passado do Fantasma, a quem desmascarou como Aurora Magnusson, filha de um guarda da alfândega pobre e beberrão. Diante disso, o rei suspendeu a pensão que concedera ao Fantasma. Aurora morreu empobrecida em 1885. Pesquisas ulteriores concluíram que ela era uma impostora.[10]

A "Lenda de Sickert", bem conhecida pelos estudiosos de Jack, o Estripador, e seus crimes, é mais uma variação do tema do "casamento secreto". A partir da década de 1970, um artista chamado Joseph Sickert começou a afirmar que o duque de Clarence, neto da rainha Vitória e herdeiro do trono, desposara em segredo Annie Elizabeth Crook, uma mulher de classe baixa. Tiveram uma filha chamada Alice Margaret, que atingiu a idade adulta. Alice teve um caso amoroso com o artista Walter Sickert, que gerou o próprio Joseph, nascido em 1925 e único descendente do duque de Clarence. Mas a história não termina aí. Segundo um imaginoso autor que Joseph Sickert municiou com informações em 1975, tanto o duque quanto Annie Elizabeth foram sequestrados por agentes da rainha Vitória. Annie foi operada pelo sinistro médico Sir William Gull, para que se tornasse lunática pelo resto da vida. Mas cinco prostitutas do East End sabiam a verdade sobre o casamento secreto do duque, e resolveram fazer chantagem. A rainha então despachou Sir William Gull, Walter Sickert e um cocheiro chamado John Netley para matar todas elas; esse seria o complô por trás dos assassinatos de Jack, o Estripador, em 1888. Essa teoria audaciosa obteve muita publicidade da imprensa, mas sofreu um revés em 1978, quando Joseph Sickert confessou que sua história de Gull como sendo o Estripador fora uma completa invenção. Mas ele ainda sustentou que tinha sangue real. Em 1991, Sickert retornou a seus velhos truques e contou a um historiador diletante outra história mirabolante: o comando de estripadores não fora liderado por Gull, mas por Lord Randolph Churchill, pai de Winston Churchill. Autoridades mais competentes sobre os crimes do Estripador tendem a descartar toda a lenda de Sickert, e já se provou que partes dela são falsas.[11]

UM TERCEIRO TIPO de lenda é a do indivíduo rico e poderoso que decide "desaparecer" e se articula para levar as pessoas a acreditarem que ele ou ela de fato morreu. O motivo para isso pode ser o tédio, um caso amoroso com um parceiro ou parceira inadequado ou o desejo de anonimato. No caso do quinto duque de Portland, foi o desejo de reclusão. Na lenda de Alexandre I, o suposto Fiódor Kuzmich, foi o sentimento de culpa; como penitência por ter conspirado para matar o próprio pai, o tsar teve de se tornar um humilde eremita na Sibéria. Essa interpretação da lenda tinha um significado simbólico para muitos russos, pois diversas histórias semelhantes eram comuns na época. Uma delas conta que a esposa de Alexandre, a imperatriz Elizabeth, não morreu em 1826, mas também forjou sua morte e viveu mais uma década como uma humilde freira na Sibéria, conhecida como Vera, a Silenciosa.

Carlos XII, o famoso rei guerreiro da Suécia, foi fuzilado em 1718, provavelmente por seus próprios homens. Mas muitos suecos se recusaram a acreditar que ele estava morto. Circularam histórias de que o rei estava percorrendo a área rural do país, disfarçado de vagabundo, para descobrir se a população ainda o apoiava após dezoito anos de guerras e carnificinas. Em 1721, um pleiteante surgiu na província de Dalecarlia e conseguiu convencer muita gente de que era Carlos XII. Quando foi preso pelas autoridades por incitar uma rebelião, ele confessou que era um aprendiz de ourives chamado Benjamin Dyster.[12]

Outro membro da realeza aparentemente imortal foi o príncipe Gustavo, filho do já mencionado Oscar I, que foi um dos defensores de Helga de la Brache. Ele era muito popular e houve muita consternação no país quando ele morreu de repente, em 1852, com apenas 25 anos, embora parecesse saudável e em boa forma física. Logo correram boatos, na Suécia, de que o príncipe forjara a própria morte, pois se apaixonara perdidamente por uma condessa russa, a quem seus pais o proibiram de desposar. Houve até relatos da presença do príncipe no exterior, onde estaria vivendo com sua nova esposa. Na realidade, há poucas dúvidas concernentes à morte do príncipe Gustavo.[13]

Mais misteriosa é a morte do arquiduque Johann Salvator, da Áustria, supostamente desaparecido no mar em 1890. Fútil e sempre insatisfeito, ele mudara seu nome para Johann Orth, casara-se com uma bailarina e abdicara de seu título no ano anterior. Desejando se tornar marinheiro, ele comprou um grande veleiro e iniciou um longo cruzeiro pela América do Sul. O impetuoso arquiduque foi visto pela última vez na cidade argentina de La Plata, onde dispensou o capitão do navio, assumiu o comando e partiu para a cidade de Valparaíso, no Chile. Nunca chegou lá, e nenhum vestígio de seu veleiro foi jamais encontrado. Sua mãe se recusou a acreditar que ele estava morto. Boatos diziam que ele forjara sua morte para ingressar no anonimato. Ele foi visto como um monge, na Espanha, um lenhador, no Uruguai, um playboy, em Biarritz, e um explorador polar a caminho da Antártida.[14]

O marechal Michel Ney foi um dos mais importantes chefes militares de Napoleão. O imperador costumava chamá-lo de "o Mais Bravo dos Bravos". Após a abdicação e a queda de Napoleão, Ney jurou obediência a Luís XVIII, o lúgubre monarca Bourbon. Quando o imperador Napoleão retornou de Elba em 1814, Ney foi o comandante do exército enviado para capturá-lo. Mas a maior parte dos franceses apoiou o amotinamento de Napoleão, e Ney acabou fazendo o mesmo com todo o seu exército. Os gloriosos Cem Dias de Napoleão terminaram em Waterloo, onde o corajoso Ney liderou a última carga da Velha Guarda do exército. Após Waterloo, houve uma anistia geral para os partidários de Napoleão, mas Ney não foi incluído. Apesar das objeções do duque de Wellington, Ney foi levado para a execução. De acordo com algumas testemunhas, ele foi morto instantaneamente pelo pelotão de fuzilamento. Mas circularam rumores de que Ney escapara. Segundo um deles, Ney fora salvo por Wellington, que considerava a execução de seu antigo adversário uma atitude pouco cavalheiresca; segundo outro, os soldados franceses carregaram seus rifles com balas de festim e deram fuga a Ney após a execução simulada. Em 1819, um professor primário chamado Philip Stuart Ney apareceu em Georgetown, na Carolina do Sul. Ele se parecia com Ney, era um exímio espadachim e demonstrava um conhecimento íntimo das Guerras Napoleônicas. Algumas das histórias a seu respeito têm uma incrível semelhança com as que se contavam sobre Fiódor Kuzmich. Em certa ocasião, dizia uma delas, um velho soldado francês caiu de joelhos quando reconheceu o professor como seu ex-comandante. Em outra ocasião, ele foi visitado por um desconhecido misterioso, cuja identidade se recusou a revelar. Mais tarde, soube-se que um dos filhos do marechal, o conde Eugene Ney, visitara os Estados Unidos na época. Quando a morte de Napoleão, na ilha de Santa Helena, foi anunciada, Philip Stuart Ney desmaiou e caiu no chão. Porém, ao contrário do eremita siberiano, o professor declarou abertamente que era o marechal; os soldados do pelotão de fuzilamento apontaram as armas para o alto, explicou, e ele havia colocado um saco de tinta vermelha sobre o peito para simular sangue derramado. Embora alguns historiadores aceitem a história de Philip Stuart Ney, a maioria dos biógrafos do marechal não se convenceu, lembrando corretamente que não existe nenhuma prova que apoie sua reivindicação. Ney, o professor, sabia latim, grego e hebraico, idiomas que Ney, o marechal, jamais estudou. Além disso, a jovem esposa do marechal ainda vivia na França. Mas Philip Stuart Ney nunca entrou em contato com ela.[15]

Os Estados Unidos não possuem reis, rainhas e nobres, o material propício a esse tipo de lenda, mas a do "rei imortal" aparece na cultura americana. O exemplo mais conhecido, provavelmente, é o caso de John

Wilkes Booth, o assassino de Abraham Lincoln. A história convencional relata que Booth foi morto a tiros na fazenda de Richard H. Garratt, na Virgínia, em 26 de abril de 1865, 12 dias após ter matado Lincoln no Teatro Ford, em Washington. Mas são comuns as especulações de que o assassino conseguiu fugir ou que o corpo de outro homem foi anunciado como sendo o de Booth como parte de uma grande conspiração. Houve também boatos de que Booth estava vivo muito tempo depois de 1865. Um deles diz que Booth se tornou ator em São Francisco; outro, que ele possuía um bar em Granbury, no Texas; e um terceiro, que ele viajou para Bombaim, na Índia, onde foi visto pela última vez em 1879. Em 1903, em Enid, Oklahoma, um homem chamado David George confessou em seu leito de morte que na verdade era John Wilkes Booth. Embora algumas pessoas tenham objetado que ele era muito mais alto que Booth e tinha olhos azuis, enquanto os de Booth eram pretos, o advogado Finis L. Bates, de Memphis, no Tennessee, comprou o corpo, que mandou mumificar para ser exibido em circos. Bates escreveu um livro para provar que a múmia era de fato a de John Wilkes Booth, mas foi ridicularizado e morreu sem um tostão em 1923. A posterior carreira da múmia foi tão aventurosa quanto a do coração do Garoto do Templo: ela foi comprada e vendida, confiscada para pagar uma dívida, banida de uma cidade por estar sem licença e, pelo menos uma vez, sequestrada para a obtenção de resgate. Mas permaneceu lucrativa ao longo de toda a sua carreira. Na década de 1930, foi radiografada, numa tentativa de se provar que era realmente a múmia de Booth. Mas os resultados foram inconclusivos. Muitos texanos viram a múmia de Booth nas feiras itinerantes do estado, durante as décadas de 1930 e 1940. A múmia foi exibida até 1972, mas seu paradeiro atual é desconhecido.[16]

Booth não é o único americano notório a ser creditado com assombrosos poderes de sobrevivência. Como parte da glorificação dos pistoleiros dos séculos XIX e XX, lendas de imortalidade brotaram em torno de muitos deles. Jesse James não foi morto em 1882, mas viveu em Granbury, no Texas, até a sua morte, em 1951, com a provecta idade de 103 anos. Billy the Kid viveu nas proximidades e compareceu à festa comemorativa dos 102 anos de Jesse, em 1949. Butch Cassidy e Sundance Kid não morreram na Bolívia, mas regressaram aos Estados Unidos, onde viveram confortavelmente durante muitos anos. O notório fora da lei e pistoleiro Wild Bill Longley enganou o carrasco em 1878 e viveu por mais 45 anos como o tranquilo chefe de família John Calhoun Brown, em Iberville Parish, na Louisiana. Não foi o gângster John Dillinger que foi morto em Chicago em 1934, mas um sósia; o verdadeiro Dillinger viveu até a década de 1960. Historiadores profissionais ficam abismados com tais histórias, que têm na verdade muito pouco fundamento, mas isso não as impede de angariar muitos entusiastas e seguidores fanáticos.[17] A execução de Longley foi testemunhada por quatro mil pessoas; três médicos atestaram a sua morte, e o xerife, pessoalmente, pregou a tampa de seu caixão. Mas o interesse em provar que Wild Bill sobrevivera era tanto que uma exumação de seu esqueleto foi feita em 2001. O DNA combinou com um descendente do pistoleiro.[18] A ciência também refutou o ridículo mito em torno do centenário Jesse James: seus restos mortais foram exumados em 1882 e o exame de DNA mitocondrial correspondeu a dois descendentes do bandoleiro.[19]

Existem vários exemplos, no século XX, de morte inesperada de um famoso personagem público que detona a criação de um mito semelhante. Quando Lord Kitchener, ministro das Forças Armadas da Grã-Bretanha, desapareceu no mar em 1916, circularam rumores de que ele fora aprisionado pelos alemães e levado em um submarino para a Alemanha, onde se encontrava preso, ou de que ele se tornara um eremita e vivia numa ilha isolada. Quando Amelia Earhart, a célebre aviadora, desapareceu em 1937, começaram a surgir boatos de que ela fora capturada pelos japoneses ou de que simulara a própria morte para escapar da atenção pública, terminando seus dias na década de 1970, num asilo para idosos em Nova Jersey.[20] O caso de Elvis Presley tem muitos dos componentes típicos da lenda do "rei imortal". Já foi dito que, assim como Alexandre I, da Rússia, o rei se cansou da fama e da riqueza e decidiu se retirar do mundo. Como muitos presumem que fez o duque de Portland, ele mandou fazer uma réplica sua em cera, incluindo as costeletas hirsutas, para persuadir seus muitos fãs que compareciam a seu velório em Memphis de que ele estava realmente morto. O caixão, supunha-se, tinha um equipamento portátil de refrigeração que impedia o boneco de cera de derreter no calor; o resultado foi que os dez sujeitos que carregaram o caixão gemiam sob seu peso, enquanto lutavam para levá-lo até a sepultura.[21] As alucinadas especulações de que J. F. Kennedy e Marilyn Monroe ainda estão vivos, ou de que Jim Morrison (da banda The Doors) e John Lennon forjaram suas mortes para ingressar no anonimato seguem a mesma linha da lenda sobre o imortal Elvis.

O melhor exemplo de uma moderna celebridade "imortal" é Diana, a princesa de Gales. Sua trágica morte em Paris chocou o mundo, e não demorou muito para que surgissem lendas urbanas a respeito do que de fato ocorreu no túnel sob o Sena, onde o Mercedes que conduzia a princesa e seu séquito se acidentou em 1997. Teorias de conspiração são abundantes. Teria ela sido assassinada pelo serviço secreto britânico porque desejava se casar com seu "inadequado" amante Dodi al-Fayed, filho de Mohammad al-Fayed, proprietário da Harrods, a famosa loja de departamentos de Londres? Ou teriam a rainha e o duque de Edimburgo decidido que ela tinha de ser morta, para que o príncipe Charles pudesse se casar com sua amante de longa data, Camilla Parker Bowles? Outra teoria de conspiração foi a de que a princesa decidiu simular a sua morte.

Tal como Alexandre I, da Rússia, e Elvis Presley, ela estaria cansada de ser perseguida pela imprensa e decidiu se recolher a uma vida tranquila junto com o jovem al-Fayed. A presença de Diana foi supostamente assinalada em Hong Kong e no Japão, o que levou os teóricos de uma conspiração a presumir que ela vive com al-Fayed em uma paradisíaca ilha asiática. Isso não explica por que ela não entrou em contato com seus dois filhos. Mas já houve especulações, na internet, de que ela os visitou incógnita, disfarçada de babá, após sofrer uma ampla cirurgia plástica para mudar a aparência.

UM QUARTO TIPO de lenda é o do simplório misterioso — uma criança ou jovem adulto que surge do nada de repente, sem conseguir explicar sua história nem sua origem. O simplório misterioso é protegido pelas pessoas locais, mas logo surgem especulações de que ele, ou ela, deve ser alguém de descendência ilustre, impedido de aproveitar os privilégios da nobreza por algum acidente ou estratagema. O mistério de Kaspar Hauser é o mais famoso exemplo desse tipo de lenda, mas de forma nenhuma é o único.

Em 1776, uma jovem estava pedindo esmolas nos vilarejos próximos a Bristol, na Inglaterra. Era uma mulher linda, de aspecto frágil, que obviamente tivera uma educação esmerada. Ela se recusava a viver dentro de uma casa, preferindo dormir numa pilha de feno nos arredores do vilarejo de Bourton. Esse hábito singular fez de "Louisa, a dama do feno", uma bem conhecida curiosidade local.[22] Ela falava bem inglês, embora se notasse que era, evidentemente, de origem estrangeira. Os amigos de Louisa colocaram muitos anúncios em jornais alemães, austríacos e franceses, para descobrir se alguma jovem dama bem-educada desaparecera em algum desses países, mas não receberam nenhuma resposta de interesse. A mente de Louisa foi se tornando cada vez mais fraca e anuviada, e ela foi internada em um asilo de loucos. Mas, na década de 1870, apareceu um panfleto escrito em francês, descrevendo como um certo conde Cobenzel, embaixador da Áustria em Bruxelas, fora incumbido de cuidar de uma jovem misteriosa. Ela tinha sido criada por duas mulheres idosas numa casa isolada, mas era às vezes visitada por um bem-apessoado oficial do Exército que a tratava com muita ternura. Certa vez, na embaixada austríaca, ela desmaiou quando reconheceu seu benfeitor em uma grande pintura — era um retrato do falecido imperador Francisco, da Áustria.

Após viajar para Bordeaux, nossa heroína se tornou conhecida como Mademoiselle La Frülen e começou a receber um generoso apoio financeiro de nobres endinheirados. Sua grande semelhança com o falecido imperador foi notada pelo conde Cobenzel e outros, o que ensejou muitos mexericos na cidade. Subitamente, seus benfeitores lhe retiraram o apoio; ela foi presa por dívidas e levada para a casa do conde. A imperatriz viúva tornou pública sua crença de que Mademoiselle La Frülen era uma impostora, que alegava ser filha natural do imperador. O panfleto não esclarece o que foi feito com Mademoiselle La Frülen. Os amigos de Louisa em Bristol logo suspeitaram que ela perdera o juízo em decorrência de seus sofrimentos. Foi então deixada em uma área rural inglesa, onde os inimigos achavam que ninguém a reconheceria. Portanto, a dama do feno nada mais era que a filha de Francisco I, imperador da Áustria. A mente brumosa da pobre Louisa oferecia poucas pistas a respeito de sua identidade, embora seus amigos a interrogassem com tanto rigor quanto Feuerbach e outros interrogavam Kaspar Hauser, tentando descobrir sua verdadeira identidade. Foram considerados significativos os fatos de ela rir alegremente quando alguém falava alemão e de ter dito "esse é o país do papai!" quando alguém mencionou a Boêmia em uma conversa. Mas uma coisa é óbvia: a reivindicação de Louisa padece da mesma falta de provas claras e excesso de sentimentalismo que o mito que Kaspar era um príncipe de Baden.

Há indícios do simplório misterioso na estranha história da princesa Caraboo.[23] Em abril de 1817, uma jovem misteriosa apareceu no vilarejo de Almondbury, em Gloucestershire. Desorientada e sem um tostão, ela parecia não conhecer nenhuma língua europeia. Não parava de repetir a palavra "Carabu", que se presumiu ser seu nome. Bondosas pessoas lhe deram comida e abrigo, e se esforçaram para descobrir quem poderia ser aquela misteriosa simplória. Ela vestia uma estranha roupa oriental, andava armada com arco e flechas e executava danças exuberantes, semelhantes às dos dervixes. Quando o vigário lhe mostrou algumas gravuras chinesas, ela pareceu reconhecê-las. Diversos linguistas a visitaram com o intuito de descobrir que língua ela falava, mas os peritos ficaram confusos ao ouvir sua estranha algaravia. Para enganar Caraboo, um esperto clérigo se aproximou por trás dela e murmurou: "Você é a criatura mais linda que eu já vi! Você é um anjo!" Como ela não teve nenhuma reação de modéstia feminina, todos concluíram que ela não era uma impostora. Por fim, um cavalheiro português deslumbrou todo mundo ao declarar que entendia tudo o que ela dizia. Ela era a princesa Caraboo, nascida em uma pequena ilha perto de Sumatra, que fora sequestrada por piratas e vendida como escrava, mas conseguiu escapar e nadou até a praia quando o navio se abrigou numa enseada para fugir de uma tempestade. A princesa Caraboo morou confortavelmente na mansão do lorde local. Depois se mudou para Bath, onde encontrou novos admiradores. Um certo dr. Wilkinson, demonstrando grande interesse e persistência, tentou decifrar a língua que ela falava e escreveu uma série de artigos sobre ela nos jornais locais. Um deles teve o inesperado resultado de ensejar o aparecimento de uma estalajadeira chamada sra. Neale. Esta declarou que as informações do artigo a tinham convencido de que a princesa era uma criada chamada Mary Baker, que já se hospedara em sua casa. Caraboo acabou confessando que esse era mesmo o caso. Perambulara pela área rural em companhia de alguns ciganos, cuja língua assimilara e gostava de usar, para confundir os linguistas. Convencera o português a entrar no jogo e obtivera um efeito excelente. Mas jamais foi divulgado o motivo dessa extraordinária impostura.

O LEGADO DOS GRANDES IMPOSTORES

COMO VIMOS, muitas dessas lendas e mistérios históricos de identidade questionada se incluem em um conjunto de lendas típicas, algumas das quais têm origens muito antigas. A lenda do herdeiro desaparecido reflete a longa ausência de Ulisses e seu retorno como um pleiteante. A lenda do simplório misterioso que acaba se revelando um príncipe remonta a histórias populares medievais. A lenda do rei imortal tem uma semelhança mais que efêmera com a tradição medieval do imperador Barba-Ruiva, da Alemanha, que despertava quando seu reino estava em perigo, ou do rei Sebastião, de Portugal. Em particular, existe uma forte tradição na Rússia, anterior aos falsos Demétrios, a respeito de um jovem e religioso tsar, que protege as pessoas comuns contra os aristocratas, e que se levanta dentre os mortos, tal como Cristo.

A paixão por mistificações e enigmas na história romântica do século XIX tem por base essas lendas antigas. E também interagiu com o gosto literário predominante no início do século XIX. Como o professor Richard D. Altick convincentemente argumentou, havia uma simbiose entre os crimes noticiados nos jornais e revistas da época vitoriana e os crimes e criminosos retratados na literatura popular.[24] De forma semelhante, o escritor do século XIX que se dedicava a mistérios históricos enquadrava seu assunto nos limites do romance gótico tradicional. Nesses livros, herdeiros de imensas fortunas desaparecem, casamentos secretos são realizados, castelos antigos são assombrados e títulos de nobreza são usurpados. Criminosos ariscos andam à solta, eremitas enigmáticos surgem com profecias estranhas e prisioneiros misteriosos são escondidos em masmorras inóspitas. O leitor do século XIX tinha uma preferência por reis e lordes; e, como os personagens do típico romance gótico eram todos aristocratas, os mistérios históricos eram ambientados nos altos escalões da sociedade. Havia uma fascinação com a realeza, com a riqueza e com os privilégios, que se somava à repugnância pela depravação e pela perfídia dos que estavam no poder. Não fora montada uma conspiração contra a inocente Hannah Lightfoot, tão cruelmente tratada por seu falso marido, Jorge III, e pela desprezível rainha Carlota? Não tinha Luís XVIII engendrado uma diabólica encenação para impedir que a verdade sobre o rei mártir Luís XVII fosse conhecida, chegando ao ponto de sequestrar e aprisionar Maria Teresa, a desventurada irmã dele? A perfídia da casa de Baden ao manter o sofredor Kaspar Hauser longe de sua legítima herança foi um tema recorrente na propaganda dos radicais da Alemanha do século XIX. O pleiteante a Tichborne soube utilizar de forma perspicaz os sentimentos contra o *establishment* e contra a Igreja católica, assim como a tradicional simpatia dos britânicos pelo aristocrata jovial e sua tendência a apoiar os injustiçados. Druce e Coburn fizeram um jogo similar, mas como a época já não era propícia, obtiveram muito menos sucesso.

Em termos de psicologia, a lenda do rei que forja sua morte parece ter se originado no desespero provocado pela morte de uma figura pública, tão súbita e inoportuna que parece uma perversão do destino. Isso foi verdade no caso do rei-guerreiro Carlos XII, da Suécia, que muitos acreditavam ser imortal, a menos que fosse atingido por uma bala ou por um botão de seu próprio casaco. A súbita morte do jovem tsar Alexandre I, que salvara a Rússia da invasão napoleônica e se tornara bastante popular, foi recebida com choque e alarme pela população. A recusa em aceitar uma morte trágica, inesperada e desnecessária é também evidente em casos atuais, como os de Elvis Presley e Diana, a princesa de Gales.

Com Luís XVII e outros herdeiros desaparecidos, é histórica. Depois que a monarquia Bourbon foi restaurada, muitos franceses se horrorizaram ao saber que seu civilizado país fora capaz de cometer crimes tão ignóbeis contra um menino indefeso. Esse remorso nacional levou muitas pessoas a desejar, inconscientemente, que Luís XVII estivesse vivo, permitindo que boatos de uma fuga do Templo se alastrassem como fogo e falsos delfins fizessem muitos amigos. Que o marechal Ney, o mais bravo dos bravos, tivesse sido executado como um criminoso comum por seus próprios compatriotas foi mais uma anomalia histórica, que podia ser apagada com rumores de que ele ainda estava vivo. Houve também horror, remorso e indignação no assassinato em massa da família imperial russa, sobretudo do jovem menino enfermo e suas irmãs adolescentes; o palco estava montado para que as pessoas quisessem acreditar que pelo menos uma das grã-duquesas martirizadas sobreviveu ao fuzilamento bolchevique. Nos Estados Unidos, na década de 1930, o sequestro de Charles Lindbergh Jr. recebeu muita publicidade, e todos os americanos decentes esperavam que o filho do grande aviador fosse resgatado dos sequestradores. O assassinato do bebê Lindbergh foi um crime particularmente abominável, só em parte compensado pela execução de Bruno Hauptmann; o caminho estava preparado para os boatos de que a criança na verdade não morrera.

PARA MUITA GENTE, um impostor é um vigarista do século XX, como Stanley Weyman ou Ferdinand Waldo Demara. Weyman gostava de uniformes e frequentemente representava o papel de um oficial da Marinha dos Estados Unidos. Durante a Primeira Guerra Mundial, ele fingiu ser o cônsul-geral da Romênia e, certa vez, inspecionou um navio de guerra americano e depois ofereceu um jantar no hotel Astor aos oficiais, mandando que a conta fosse enviada para o consulado da Romênia. Descobrindo que a princesa Fátima, do Afeganistão, estava visitando os Estados Unidos, ele representou o papel de um funcionário do governo e a levou a Washington. Ainda existe uma foto de Weyman e a princesa conversando com o presidente Warren G. Harding nos jardins da Casa Branca. Mais tarde, Weyman se tornou um concorrido curandeiro, trabalhando como médico particular da atriz Pola Negri e de seu marido, Rodolfo Valentino.

Desde tenra idade, Ferdinand Waldo Demara tinha a obsessão de tentar várias profissões liberais. Embora não tivesse nenhum curso superior, foi bem-sucedido como professor primário, professor universitário, zoólogo, vigário e pesquisador do câncer. Recebeu um prêmio no estado do Texas por seu valioso trabalho como diretor-assistente de um grande presídio, e foi igualmente bem-sucedido como reitor de uma faculdade na Pensilvânia. Transitando entre os estados e mudando de nome com frequência, ele se mantinha um passo à frente da polícia. Durante a Guerra da Coreia, Demara trabalhou como médico em um destróier e ajudou a salvar alguns marinheiros feridos e naufragados; por ironia, isso o levou a ser descoberto pelas autoridades. Não é coincidência o fato de que tanto Weyman quanto Demara trabalharam como médicos em certo estágio de suas carreiras; o campo da medicina constitui um ímã para o impostor psicopático. Muitos falsos médicos estão à solta no mundo ocidental e alguns trabalham durante anos antes de serem descobertos.[25]

Há muitos paralelos entre os vigaristas do século XX e os falsos pleiteantes da história: são todos inteligentes, talentosos, sem escrúpulos, conhecedores do mundo e possuem excelente agilidade verbal. Eles não são impulsionados apenas pela busca de dinheiro; sentem um prazer perverso em enganar as pessoas. Mas, enquanto indivíduos como Weyman, Demara e outros do mesmo naipe passam de um personagem para outro; pessoas como Olívia Serres, Naundorff e Anna Anderson desenvolvem a ideia fixa de que são uma determinada figura histórica. Um mistério histórico é criado cada vez que um desses talentosos impostores se depara com uma história interessante. Naundorff, por exemplo, teria causado pouco rebuliço se tivesse alegado ser um encanador desaparecido. E Anna Anderson não teria insistido que era a filha de uma lavadeira. Utilizando-se de duas versões da lenda do herdeiro desaparecido, eles se tornaram imortais pleiteantes à realeza, acrescentando seus próprios aperfeiçoamentos à lenda-padrão à medida que iam em frente.

OUTRO TEMA RECORRENTE neste livro é o choque entre a história convencional e acadêmica com a versão romântica da história divulgada por amadores e teóricos de conspirações. Atualmente, um abismo intransponível separa o professor de história de Oxford, que escreve doutos artigos sobre agricultura medieval, ou pontifica sobre as complexidades das leis francesas na época de Luís XI, e o teórico de conspirações que tenta provar que William Gladstone era Jack, o Estripador, ou que Adolf Hitler escapou do bunker de Berlim e viveu até uma idade avançada. Mas, no século XIX, a lacuna entre a história convencional e a história romântica era muito mais estreita. Com ampla gama de leitores, diletantes excêntricos devotavam suas vidas a solucionar grandes mistérios históricos e examinavam grandes quantidades de evidências contraditórias; tanto Naundorff quanto Kaspar Hauser recrutaram de suas fileiras alguns de seus mais entusiasmados defensores. Não foi senão na década de 1950 que uma nítida e crescente impaciência com boatos de sobrevivência pôde ser detectada entre os historiadores acadêmicos da França. Mas seus livros sobre Luís XVII pouco fizeram para extinguir o mito nacional do Delfim Desaparecido. Na Alemanha, os hauserianos predominaram por mais tempo. Hermann Pies e Johannes Mayer, cujos esforços hercúleos para provar que Kaspar era o príncipe de Baden foram descritos antes, eram pesquisadores independentes. Os acadêmicos alemães racionalistas, que pretendiam apontar as muitas falhas da propaganda hauseriana, encontravam dificuldades até para publicar seus trabalhos. Em alguns casos de identidade questionada, onde a quantidade de evidências conflitantes era muito menor, os modernos historiadores conseguiram refutar as alegações de alguns dos pleiteantes do século XIX. A reivindicação de Olívia Serres foi aniquilada na década de 1930 e a de Helga de la Brache, na de 1970. Além disso, os argumentos apresentados pelo professor Roe, e reforçados por mim neste livro, refutam claramente a ideia de que o Pleiteante a Tichborne era Roger Tichborne.

O FIM DOS GRANDES IMPOSTORES?

COMO VIMOS, desenvolvimentos na ciência médica reduziram a capacidade dos impostores de manifestar suas pretensões, e ajudaram a solucionar alguns dos grandes mistérios do século XIX. Desde o início da década de 1990, a análise de DNA se tornou uma ferramenta comumente aceita para a investigação de questões de identidade questionada que fizeram história. De fato, quaisquer esqueletos nos armários da realeza, presentes ou passados, prestam-se muito bem às análises científicas. Por exemplo: durante muito tempo, entre os jornalistas de Londres, circularam rumores de que o príncipe Harry, filho de Diana, princesa de Gales, não fora gerado pelo príncipe Charles, mas por James Hewitt, amante de Diana. Para investigar o assunto, alguns repórteres inescrupulosos contrataram uma bela jovem para abraçar o impetuoso príncipe Harry em uma boate — e lhe cortar às escondidas alguns fios de cabelo, cujo DNA poderia ser comparado com o de Hewitt.[26] Há que se ter em mente, no entanto, que os resultados obtidos através de qualquer análise de DNA num caso de identidade questionada podem ser comprometidos por falhas no método usado ou por dúvidas sobre a autenticidade do material testado.

O material genético do ser humano normal está disposto em 46 cromossomos. Desses, 22 autossomos e um cromossomo sexual são herdados de cada um dos pais: o macho é XY e a fêmea, XX. A utilização do DNA autossômico requer um estreito parentesco entre os indivíduos testados, como no muito conhecido caso do médico nazista Josef Mengele, cujos restos mortais foram comparados com o DNA fornecido pelo filho dele, provando que ele estava realmente morto.[27] Mas após algumas gerações, muito pouco DNA nuclear é compartilhado entre as pessoas vivas e seus históricos antepassados. Uma das soluções é estudar o cromossomo Y, se houver descendentes patrilineares. Uma grande desvantagem desse método é o risco de ilegitimidade, existente tanto nos escalões superiores quanto nos inferiores da sociedade. Se um bem-apessoado carteiro conseguiu inocular seu cromossomo Y, onde deveria estar o de um duque ou de um príncipe, isso trará consequências desastrosas para um pleiteante que alegue descendência de um determinado ancestral. Isso deveria ter sido levado em conta na investigação, anteriormente mencionada, dos presumíveis descendentes de Hannah Lightfoot, quando foi feita uma comparação do DNA do cromossomo Y do conde de Munster, descendente de Jorge III em uma contínua linhagem masculina. A técnica usada com mais frequência é a que analisa o DNA mitocondrial. As mitocôndrias, organelas subcelulares que possuem seu próprio DNA, são herdadas da linhagem feminina; esse método, portanto, só seria embaralhado por uma adoção secreta ou substituição de crianças.

Em muitos casos de análises do DNA mitocondrial de material histórico, o método empregado pode ser totalmente adequado, mas a autenticidade do material testado é duvidosa. Por exemplo: durante muito tempo se afirmou que o rei Carlos XII da Suécia foi morto por seus próprios homens, com uma bala confeccionada com o botão de seu próprio casaco. Um possível botão foi encontrado depois, e se encontra num museu sueco desde a década de 1920. Em 2001, foi comprovado que o DNA encontrado nesse botão combinava com o sangue depositado nas luvas de Carlos XII. Mas esse botão pode muito bem ter sido limpo no museu e manuseado por muitas pessoas, o que lhe acrescentou fluidos corporais de algum tipo; não há nenhum método que possa estabelecer se o material genético testado provém realmente de sangue.[28] E nenhum resultado seria muito relevante, fosse positivo ou negativo.

Um exemplo mais flagrante do mau uso da tecnologia do DNA está num livro recente de Patricia Cornwell, em que ela alega ter solucionado o caso do esquivo Jack, o Estripador. Desde a década de 1970 vem se formando uma teoria segundo a qual Walter Sickert, o famoso pintor vitoriano que Joseph, o fantasista, afirmou ser seu pai, estaria envolvido nos assassinatos. Os argumentos para tal afirmativa são fracos, mesmo pelos padrões da estripadorologia. Walter estava fascinado com os crimes de Whitechapel, e muitas vezes falava sobre eles. Houve especulações de que ele incluíra pistas dos assassinatos em suas pinturas, embora os críticos de arte discordem disso. Especialistas competentes nos crimes do Estripador sempre acharam Sickert um suspeito improvável: ele não tinha registro de nenhum crime violento, não tinha motivos para matar prostitutas e não há nem mesmo indícios de que ele estivesse em Londres na época dos crimes. Em 1888 e 1889, a polícia de Londres recebeu muitas cartas de pessoas que diziam ser Jack, o Estripador. Ainda existem hoje cerca de seiscentas; em sua maioria são tidas como obra de impostores. Sickert foi cremado, mas Cornwell conseguiu obter amostras de DNA mitocondrial de algumas cartas escritas por ele, assim como de cartas do Estripador mantidas nos Arquivos Nacionais do Reino Unido. Uma sequência de DNA encontrada em algumas cartas de Sickert combinava com uma das cartas do Estripador, conhecida como Carta de Openshaw, há muito considerada um embuste. É curioso, entretanto, que a sequência em questão tenha sido encontrada tanto em cartas de Sickert quanto em cartas de sua esposa, Ellen. Isso sugere que os selos das cartas de ambos eram lambidos por marido e mulher, indistintamente; ou que ambos usavam a mesma esponja para umedecer a cola. Já foi calculado que a sequência de DNA em questão pode ocorrer em cerca de 1% da população; ou seja, quatrocentas mil pessoas a teriam, na Grã-Bretanha vitoriana. Todas essas pessoas teriam de ser descartadas para que houvesse alguma possibilidade de se provar que Sickert enviou a carta. Assim, o que o livro realmente consegue demonstrar é que Sickert pode ter falsificado uma carta do Estripador, embora até essa suposição esteja baseada em escassas evidências.[29]

Se a investigação de Cornwell a respeito do Estripador é basicamente falha devido à autenticidade duvidosa do material, o oposto pode ser dito sobre a análise dos ossos da família imperial russa, que constitui um modelo desse tipo de trabalho. Provas antropológicas e verificações do sexo dos esqueletos tornaram provável que os ossos eram autênticos. Isso foi confirmado através da comparação do DNA mitocondrial dos ossos da imperatriz com uma amostra de sangue de Filipe, duque de Edimburgo, seu sobrinho-neto numa contínua linhagem materna, e também por comparações do DNA mitocondrial dos ossos do tsar com o de dois de seus parentes matrilineares vivos. É interessante notar que o tsar tinha o que é conhecido como heteroplasmia, ou seja, seu DNA mitocondrial tinha sequências combinantes e não combinantes em determinado ponto; a autenticidade dos ossos foi estabelecida quando se descobriu que ele compartilhava essa anomalia com seu irmão, o grão-duque Jorge Romanov. Da mesma forma, é impossível se levantar qualquer crítica contra a inequívoca e reveladora identificação de Anna Anderson como Franziska Schanzkowska.

A investigação sobre as alegações de que Kaspar Hauser era o príncipe herdeiro de Baden só é válida se a mancha de sangue em seu casaco for aceita como genuína. A mancha, que com certeza é de sangue humano, pertence a um indivíduo sem parentesco com a grã-duquesa Estefânia, de Baden. Se alguém tentou "melhorá-la", acrescentando seu próprio sangue, isso deveria se revelar durante os testes, a menos que o mesmo indivíduo não tenha economizado esforços para limpar totalmente a mancha anterior. Quando este livro já estava no prelo, descobri que, em dezembro de 2002, um documentário feito para a TV alemã relatou algumas descobertas inesperadas. Investigadores extraíram o DNA mitocondrial do suor do chapéu e das meias de Kaspar, e também de amostras de cabelo guardadas por Von Feuerbach. Essas fontes de DNA pareciam muito duvidosas, sobretudo as amostras de cabelo, mas todas as seis coincidiram, reforçando a conclusão de que eram mesmo de Kaspar Hauser. Mas não combinaram com a mancha de sangue existente na cueca.[30] Isso poderia confirmar as suspeitas, que já eram cochichadas em Ansbach, de que alguém "melhorara" a mancha da cueca utilizando sangue humano. Os diligentes repórteres da TV alemã compararam então as novas amostras do DNA de Kaspar com uma obtida de um descendente da grã-duquesa Estefânia, sem dúvida esperando provar a lenda do príncipe. Para o desapontamento deles, as amostras não combinaram com o DNA da casa de Baden. Essas descobertas servem para demonstrar as falácias latentes do uso da tecnologia de DNA na investigação de casos históricos de identidade questionada. As pessoas que solicitaram uma exumação do esqueleto de Kaspar Hauser antes que os resultados dos exames fossem aceitos acabaram sendo vingadas. A menos que fossem aceitos os murmúrios dos hauserianos a respeito de ladrões de túmulos a serviço da ignóbil casa de Baden, uma exumação seria o único modo de se obter uma amostra inquestionável do DNA de Kaspar Hauser, de modo a refutar definitivamente a lenda do príncipe Kaspar. No entanto, em minha opinião, o peso das evidências médicas e históricas contra a teoria do príncipe é suficiente para encerrar o caso.

A investigação sobre a mistério do Delfim Desaparecido é também tecnicamente impecável. Não há dúvida de que os cabelos e os ossos coletados de Naundorff e seu desmascaramento como impostor combinam bem com os indícios históricos disponíveis. O estudo do coração do delfim conta com a vantagem de ter uma combinação positiva, indicando que provém em um descendente matrilinear da imperatriz Maria Teresa, mãe de Maria Antonieta. Mas nesse caso as evidências históricas e médicas são muito menos claras que no caso de Kaspar Hauser; indícios numerosos e intrigantes apontam a possibilidade de ter ocorrido uma substituição de crianças, embora não uma fuga. O impacto das provas de DNA é reduzido pelo fato de que o coração, por diversas vezes, compartilhou o mesmo repositório com outros corações da casa de Habsburgo e talvez com o coração do primeiro delfim, Luís José. Mas isso pode ser apenas uma impressão minha, resultante do desejo de que reste ao menos um importante mistério histórico de identidade questionada a ser analisado pelas futuras gerações.

Notas

CAPÍTULO 1: O DELFIM DESAPARECIDO

1. Milhares de livros e artigos têm sido escritos sobre o enigma do Delfim Desaparecido. *Essai de bibliographie sur Louis XVII* (Paris, 1992), de L. Parois, lista 1.192 itens, mas alega reunir apenas a literatura mais importante sobre o assunto. Os trabalhos exemplares do século XIX são: *Mémoires historiques sur Louis XVII* (Paris, 1818), de J. Eckard, *Louis XVII* (Paris, 1852), de A. de Beauchesne, traduzido para o inglês como *Louis XVII* (Nova York, 1855), e *Louis XVII* (Paris, 1884), de R. Chantelauze. Importantes contribuições do século XX incluem: *Autour du temple* (Paris, 1912), de G. Bord, *Le roi Louis XVII et l'énigme du Temple* (Paris, 1920), de G. Lenôtre, traduzido para o inglês como *The Dauphin* (Londres, 1921), *Du roy perdu à Louis XVII* (Paris, 1967) e *Les treize portes du Temple* (Paris, 1980), de E. Muraise, *Louis XVII ou la fausse énigme* (Paris, 1968), de M. Garçon, *Louis XVII* (Paris, 1971), de A. Castelot, "*Capet, lève-toi...*" (Paris, 1987), de R. Ambelain, *Louis XVII* (Genebra, 1993), de P. Conrad, *L'affaire Louis XVII* (Paris, 1995), de P. Delorme, *Louis XVII et l'énigme du Temple* (Paris, 1995), de G. Bordonove, *Le "Mystère du Temple"* (Paris, 1996), de P. E. Blanrue, e *Louis XVII*,

dernier duc de Normandie (Condé-sur-Noireau, 1998), de M. Lecoeur. Três valiosas fontes de língua inglesa são: Here Are Mysteries (Londres, 1927), pp. 65-128, de J. G. Lockhart, The Dauphin (Londres, 1937), de J. B. Morton, e Louis XVII: The Unsolved Mystery (Leiden, 1970), de H. G. Francq. The Lost King of France (Londres, 2002), de D. Cadbury, oferece uma recapitulação atualizada da vida e morte de Luís XVII; trabalho descritivo mais que analítico, dá o mistério como solucionado.

2. Sobre o barão de Batz, ver A Gascon Royalist in Revolutionary Paris: The Baron de Batz (Londres, 1910), de G. Lenôtre; sobre a sra. Atkyns, ver A Friend of Marie Antoinette (Londres, 1906), de F. Barbey, e Mrs. Pimpernel Atkyns (Londres, 1965), de E. E. P. Tisdall.

3. Essa citação é de The Ruin of a Princess (Londres, s. d.), de Prescott Wormeley, p. 270.

4. Dauphin, de Lenôtre, pp. 192-98; citação das memórias de Barras.

5. O relato de Harmand foi originalmente publicado na obscura coleção Anecdotes relatives à plusieurs événements remarquables de la révolution (Paris, 1814), citada extensivamente em Louis XVII, de Chantelauze, pp. 301-10.

6. Dauphin, de Lenôtre, pp. 243-44.

7. A ilustre carreira de Desault é descrita por C. J. Prat em Un chirurgien au XVIIIe siècle: J.-P. Desault (Paris, 1929), por B. Barker Beeson, em Annals of Medical History, n.s., 5(1933): 342-48, e pela condessa D'Armaille em Hippocrate 4(1936):65-73. Sobre a história de sua sobrinha, ver The Shadow-King (Boston, 1930), de H. Madol, p. 70.

8. Dauphin, de Lenôtre, p. 246. Sobre a biografia de Pelletan, ver o artigo de J. Sonolet e J. Poulet em Semaine des Hôpitaux de Paris 48(1972):3.513-20. Louis XVII retrouvé (Paris, 1947), pp. 104-08, de A. Decaux, lista uma série de fontes duvidosas que supostamente demonstraria que Pelletan, Dumangin e Jeanroy sabiam muito bem que fora efetuada uma substituição de crianças.

9. Os últimos dias do Menino do Templo foram descritos por De Beauchesne em *Luís XVII*, 2:301-37, e por Chantelauze em *Luís XVII*, pp. 386-423.

10. O relatório de autópsia é fornecido por O. Friedrichs e pelo dr. Cabanès em *La Chronique Médicale* 4(1897):404-9, 472-73. Alguns autores, incluindo o geralmente confiável Francq em *Louis XVII*, pp. 91-3, aventaram a teoria de que o Menino do Templo foi envenenado, mas não há provas diretas disso e a morte foi bem explicada pelas descobertas da autópsia. O igualmente dúbio *Louis XVII et les mystères du temple* (Paris, 1994), de P. Sipriot, p. 127, especula que a morte do Menino do Templo se deveu a uma infestação de vermes particularmente violenta.

11. O processo de identificação é pormenorizadamente descrito por Chantelauze em *Louis XVII*, pp. 386-409, e por Lenôtre em *Dauphin*, pp. 254-74.

12. O debate sobre a sepultura do Menino do Templo é descrito em *Louis XVII*, de Chantelauze, pp. 424-42, e em *Louis XVII*, de Francq, pp. 94-107.

13. Um trabalho admirável sobre os falsos delfins, em geral, é *Louis XVII et les faux Dauphins* (Paris, 1924), de R. Le Conte; ele foi atualizado por Delorme, na obra *L'affaire Louis XVII*, pp. 129-51. Hervagault foi descrito por A. de Beauchamp em *Le faux Dauphin actuellement en France* (Paris, 1818), e A. Vast, *Un faux Dauphin* (Paris, 1929).

14. Sobre Bruneau, ver *Histoire des deux faux Dauphins* (Paris, 1818), de A. de Beauchamp, *Louis XVII dit Charles de Navarre* (Paris, 1916), de J. de Saint-Léger, e *Le duc de Normandie, Charles de Navarre* (Paris, 1980), de V. Fourreau.

15. Sobre Richemont e seus partidários, ver *Vie de Mgr le duc de Normandie* (Paris, 1850), de J.-V. Claravali, e *Le dossier du Roi* (Paris, 1908), de J. de Bonnefon.

16. As memórias de Naundorff foram publicadas no livro *Abrégé de l'histoire des infortunes du Dauphin* (Londres, 1836), traduzido para o inglês por M. Vitrac e A. Galopin com o título de *The King Who Never Reigned* (Londres, 1908), pp. 173-270.

17. O ponto de vista dos naundorffistas é habilmente resumido em *La branche aînée des Bourbons* (Haarlem, 1871), de M. Gruau de la Barre, e em *Un crime politique* (Bruxelas, 1884), de O. Friedrichs; no idioma inglês, isso foi feito por P. Allen, em *The Last Legitimate King of France* (Londres, 1912), e Madol, em *Shadow-King*. *Naundorff l'imposteur* (Paris, 1990), de E. Dupland, é ferozmente antinaundorffista.

18. Esse é, por seus próprios méritos, um típico mistério histórico. Ainda existem pessoas que acreditam que Maria Teresa foi sequestrada e terminou seus dias na Alemanha, como a "Condessa Negra de Hildburghausen". Uma versão um pouco mais crível da história diz que Maria Teresa engravidou em 1795, provavelmente após ser estuprada no Templo, e decidiu se afastar do mundo. Sua meia-irmã, Ernestine de Lambriquet, filha ilegítima de Luís XVI, aceitou substituí-la e se casar com o duque de Angoulême. Mas, se a duquesa de Angoulême era uma impostora, ela deveria figurar entre as mais bem-sucedidas do mundo, pois desempenhou seu papel com maestria consumada por mais de cinquenta anos. Ver *The Dunkelgraf Mystery* (Londres, 1929), de O. V. Maeckel, e *Die Rätsel der Madame Royale* (Hildburghausen, 1991), de Prinz Friedrich Ernst von Sachsen-Altenburg, bem como os três artigos assinados por H. Rühle von Lilienstern em *Jahrbuch des hennebergisch-fränkischen Geschichtsverein* (1995):137-202, (1997):57-94, e (1999):139-76. A história da "Condessa Negra" tem muitos defensores, tanto na França quanto na Alemanha; em julho de 2002, eles planejaram a exumação de seu esqueleto para que seu DNA fosse comparado com o de Maria Antonieta. Ver *Der Spiegel*, n? 29(2002):52, e o *DailyTelegraph* de 28 de julho de 2002. Existe também, na internet, um excelente site sobre o mistério: www.madame-royale.de.

19. Sobre Meves, ver o livro escrito por seu filho, "Auguste de Bourbon": *The Dauphin — Louis XVII* (Londres, 1876).

20. Sobre os pretendentes americanos a Luís XVII, ver *L'affaire Louis XVII*, de Delorme, pp. 129-51. Sobre Audubon, ver *"I Who Should Command All"— Audubon (Louis XVII)* (Nova York ,1942), de A. J. Tyler.

21. *The Story of Louis XVII of France* (Londres, 1893), de E. E. Evans. Outra curiosa fonte sobre a estranha vida de Eleazar Williams é *Prince or Creole* (Menasha, Wis., 1905), de P. V. Lawson. Williams não foi o único pleiteante nativo americano. A rainha da tribo *Washitaw*, uma suposta descendente de Luís XVII, que fugiu para os Estados Unidos e se casou com um índio, alega que sua tribo é a legítima dona do território da Louisiana, fraudulentamente reivindicado pelo governo americano em 1803.

22. Sobre essas duas pessoas, ver *L'affaire Louis XVII*, de Delorme, p. 150, e *Louis XVII a-t-il été guillotiné?* (Paris, 1950), de C. Jordan.

23. Sobre Madame Simon e sua história, ver *Dauphin*, de Lenôtre, pp. 364-73, e também o segundo volume de *Vielles maisons, vieux papiers* (Paris, 1908), do mesmo autor.

24. Variações sobre o tema do Luís XVII suíço são encontradas em *The Son of Marie Antoinette* (Londres, 1935), de M. Minnigerode, e *Louis XVII* (Paris, 1995), de L. de La Chapelle.

25. *Mémoires* (Paris, 1901), de L. M. A. d'Andigné, 2:45-8. A torre do Templo foi demolida em 1810. Ver também *Le général d'Andigné* (Angers, 1893), de A. Crosnier, pp. 59-61.

26. Ver *Louis XVII*, de Francq, pp. 220-21; *Louis XVII*, de Bordonove, pp. 345-53; *L'urne des Stuarts et des Bourbons* (Paris, 1815), de L. A. Pitou, p. 351.

27. *Le double mort de Louis XVII* (Paris, 1951) e *Nouvelles révélations sur Louis XVII* (Paris, 1954), de L. Hastier. A engenhosa teoria de Louis Hastier recebeu apoio de um livro muito lógico e bem-escrito intitulado *Vie et mort du Louis XVII* (Paris, 1987), de E. Dupland, e de um estudo mais extravagante, chamado *Louis XVII et les mystères du temple*, de P. Sipriot. *Enquête sur le mort de Louis XVII* (Paris, 1988), de M. Grey, oferece uma teoria mais audaciosa, segundo a qual Luís XVII contraiu tifo de Desault, morreu em 4 de junho e foi enterrado próximo ao Templo.

28. Ver, em particular, a análise *Louis XVII*, de Francq, pp. 211-23, 234-36.

29. *Du nouveau sur Louis XVII* (Paris, 1908), de J. Turquan, traduzido para o inglês por Vitrac e Galopin como *King Who Never Reigned*, pp. 271-359.

30. Dois trabalhos modelares para os racionalistas são *Louis XVII*, de Garçon, e *Le mystère*, de Blanrue. Sobre os argumentos tratados aqui, ver *Dauphin*, de Lenôtre, pp. 260-63, e *Dauphin*, de Morton, pp. 193-94. Mas Bellanger pode ter errado a data de seu relato; ver *Vie et mort*, de Dupland, pp. 284-85.

31. Essas histórias foram contadas por De Beauchesne em *Louis XVII*, 2:245, 260, 279, 293, 319 e 321.

32. Em particular, o erudito historiador Georges Lenôtre, que foi totalmente desencaminhado. Ele propôs um ousado resgate efetuado no Templo e um elo entre o Delfim Desaparecido e o assassinato da família Petitval em 1795, tudo com base em documentos de origem bastante dúbia.

33. *Louis XVII*, de Francq, pp. 67-8; *Shadow-King*, de Madol, p. 81. Ver também de *Louis XVII retrouvé*, de Decaux, pp. 52-65.

34. *Histoire de la Médicine* 6(1956):31-44, do dr. Stuyt, e *Naundorff*, de E. Dupland, pp. 372-78.

35. Esses retratos foram reproduzidos em *Dauphin*, de Lenôtre, e em *Louis XVII*, de Castelot, entre outros.

36. *Louis XVII*, de Francq, p. 95.

37. *Dauphin*, de Lenôtre, pp. 360-62.

38. *Louis XVII au cimetière Sainte-Marguerite* (Paris, 1894), de F. de Backer; ver também *Louis XVII*, de Francq, pp. 100-15, 171-83. Uma visão mais crítica é a de Delorme em *L'affaire Louis XVII*, pp. 177-85, e de P. L. Thillaud em *Cahiers de la Rotonde* 6(1983): 81-90.

39. Sobre essas escavações, ver *La Science Historique* 55(1976):17-21, de P. Pascal-Sol e P. L. Thillaud em *Cahiers de la Rotonde* 6(1983):91-7.

40. *Louis XVII*, de Castelot. Os documentos originais foram publicados em *La Gerbe*, 9 de dezembro de 1943, e no *Le Figaro Littéraire*, 16 de junho de 1951. O cientista forense P. F. Puech, em *International Journal of Legal Medicine* 107(1995):209-12, utilizou outra abordagem: uma reconstrução facial baseada no crânio de 1846, que não combinava com os retratos autênticos de Luís Carlos. Os estudos de Castelot e Puech dão mais peso às evidências de que os ossos no cemitério de Sainte-Marguerite não são os de Luís XVII.

41. Muitos dos escritores mais antigos, inclusive o quase sempre confiável Chantelauze em *Louis XVII*, pp. 248-55, saem completamente de sua esfera de competência quando comentam os aspectos médicos. Exames mais adequados sobre a doença de Luís XVII e do Menino do Templo são oferecidos por A. Corlieu na *Gazette des Hôpitaux de Paris* 49(1876):1.062-63, 1.070-71, 1.077-78; pelo dr. Cabanès no *Journal de Médecine de Paris*, 2d ser., 3(1891):435-37, e 5(1893):257-60; O. por Friedrichs e pelo dr. Cabanès em *La Chronique Médicale* 4(1897):404-9, 472-73; por L. Picard na *Gazette Médicale de Paris* 4(1904): 349-51, 361-63; e pelo prof. Dauwe em *Le Scalpel* 111(1958):1.002-15. Especialmente valiosos são os artigos escritos por L. Hastier em *Histoire de la Médecine* 3(1953):45-60, e por P. L. Thillaud em *Cahiers de la Rotonde* 6(1983):72-80.

42. P. L. Thillaud em *Cahiers de la Rotonde* 6(1983):72-80, e Delorme em seu *L'affaire Louis XVII*, pp. 123-24. Esses autores estão errados ao afirmarem que uma hérnia teria sido vista em uma autópsia; com certeza não teria, pois pode ter sido reposicionada. De qualquer forma, o relatório de autópsia foi rudimentar, para dizer o mínimo.

43. Sobre a orquiepididimite tuberculosa, ver os artigos de J. C. Ross et al., no *British Journal of Surgery* 48(1961):663-66; de B. G. Ferrie e J. S. H. Rundle no *British Journal of Urology* 55(1983):437-39; de D. A. Cabral et al. no *Pediatric Infectious Disease* 4(1985): 59-62; e de N. D. Heaton et al. no *British Journal of Urology* 64(1989):305-09.

44. Sobre a "cronologia da tuberculose", ver os artigos de A. Wallgren em *Tubercle* 29(1948):245-51, e M. Jubilar et al. em *Respiratory Medicine* 88(1994):481-82; ver também *Tuberculosis in Children* (Londres, 1970), de F. J. W. Miller et al., pp. 73-8.

45. Todas as informações sobre o coração e sua estranha odisseia foram coligidas, com numerosas notas informativas, por P. Delorme em *Louis XVII: La vérité* (Paris, 2000). Artigos da época sobre o coração incluem os escritos pelo dr. Arnaud em *La Révolution Française* 3(1882):340-43; dr. Cabanès em *La Chronique Médicale* 1-2(1895): 641-48; e dr. Jouin, ibid., 3(1896):25-27.

46. Ver o artigo escrito por E. Jehaes et al. no *European Journal of Human Genetics* 6(1998): 383-95.

47. *Louis XVII-Naundorf avant l'A.D.N.* (Paris, 1998), *On tue encore Louis XVII* (Paris, 2000) e *Le dossier Louis XVII* (Paris, 2000), de P. A. Boiry; ver também *La survivance de Louis XVII: Les preuves* (Paris, 2000), de C. L. E. de Bourbon.

48. Ver os artigos de E. Jehaes et al. no *International Journal of Legal Medicine* 115(2001): 135-41, e no *European Journal of Human Genetics* 9(2001):185-90.

49. L. de la Chapelle em *Les Cahiers Louis XVII* 20(2000): 9-17; ver também o site: www.museelouisxvii.com.

50. *Le dossier Louis XVII*, de Boiry, p. 101.

51. *History of Embalming* (Filadélfia, 1840), de J. N. Gannal, pp. 113-17; *Louis XVII*, de Delorme, pp. 174-75. Sobre a autópsia de Luís José, ver *Louis XVII*, de Chantelauze, pp. 252-53, e *Un prince méconnu* (Paris, 1998), de R. Secker e Y. Murat, pp. 202-3. Para um argumento contrário, citando um especialista que afirma que o coração analisado pode ter sido preparado segundo o meticuloso protocolo de embalsamamento descrito por Gannal, ver *Le dossier Louis XVII*, de Boiry, pp. 198-200.

52. *On tue encore Louis XVII*, pp. 156-65, e *Le dossier Louis XVII*, de Boiry, pp. 181-93. Em outra versão, dois artistas adquiriram os corações desidratados e os pulverizaram,

preparando com eles um pigmento marrom para ser usado em suas pinturas. Ver *Den forsvundne franske tronfølger* (Copenhage, 1977), de A. Petri, pp. 92-5.

53. *Le dossier Louis XVII*, de Boiry, p. 114.

54. Esses importantes documentos, incluindo o ensaio *Les deux cœurs de Louis XVI*, publicado em 2003 por L. de la Chapelle, estão no site www.museelouisxvii.com. Ver também o site de Philippe Delorme, www.chez.com/louis7 e os debates travados em histoforums.free.fr.

CAPÍTULO 2: O MISTÉRIO DE KASPAR HAUSER

1. Vale destacar que a área histórica de Nuremberg foi quase totalmente destruída na Segunda Guerra Mundial.

2. Todas as fontes sobre os primeiros dias de Kaspar Hauser em Nuremberg foram coligidas por H. Pies e estão em seu livro *Die Wahrheit über Kaspar Hausers Auftauchen und erste nürnberger Zeit* (Stuttgart, 1985).

3. Os depoimentos de Weichmann, Merk, Wessenig, Wüst, Hiltel e outras testemunhas estão em *Die Wahrheit*, de Pies, pp. 55-66, 210-36. Ver também *Kaspar Hauser: Eine Dokumentation* (Ansbach, 1966), de H. Pies, pp. 9-42.

4. Abreviei ligeiramente o texto. As cartas originais foram reproduzidas por P. Tradowsky e J. Meyer em *Kaspar Hauser: Das Kind von Europa* (Stuttgart, 1984), pp. 308-11.

5. As descobertas foram relatadas em *Kaspar Hauser: Arztberichte* (Dornach, 1985), de P. Tradowsky, pp. 16-45.

6. As primeiras impressões de Feuerbach foram relatadas em seu livro *Kaspar Hauser: Beispiel eines Verbrechens am Seelenleben des Menschen* (Ansbach, 1832), traduzido para

o inglês como *Caspar Hauser* (Londres, 1834); uma ótima tradução é a de J. M. Masson em *Lost Prince* (Nova York, 1996), pp. 73-156.

7. A história, nas próprias palavras de Kaspar, é relatada por completo em *Kaspar Hauser: Augenzeugenberichte und Selbstzeugnisse* (Stuttgart, 1925; nova ed., 1985), de H. Pies, pp. 419-48; uma tradução parcial foi feita por Masson em *Lost Prince*, pp. 187-95.

8. A proclamacação de Binder foi reproduzida por Pies em *Augenzeugenberichte*, pp. 456-68, e traduzida por Masson em *Lost Prince*, pp. 161-72.

9. A biografia de Daumer está em *Georg Friedrich Daumer* (Bonn, 1984), de K. Kluncker, e em *Castrum Peregrini* 164(1984):41-58.

10. Muitas opiniões pouco lisonjeiras sobre a estabilidade mental de Daumer foram compiladas por W. Schriebmüller em *Genealogisches Jahrbuch* 31(1991):45.

11. Os resultados dessas experiências foram relatados extensivamente por P. S. Preu no *Archiv für die homöopatische Heilkunst* 11(1832):1-40, e por G. F. Daumer em *Mitteilungen über Kaspar Hauser* (Nuremberg, 1832); este último trabalho é reproduzido por Pies em *Augenzeugenberichte*, pp. 115-205. Ver também o artigo de P. Portwich no *Medizinhistorisches Journal* 31(1996):89-119.

12. As primeiras observações de Daumer a respeito de Kaspar estão em *Augenzeugenberichte*, pp. 115-205, e em *Kaspar Hauser* (Frankfurt am Main, 1995), de J. Mayer e J. M. Masson, pp. 111-267.

13. Ver *Caspar Hauser*, de Feuerbach, pp. 98-9, 135, e *Oplysninger om Kaspar Hauser* (Copenhagen, 1859), de G. F. Daumer, pp. 63-4. *Tracts relating to Caspar Hauser* (Londres, 1834), de P. H. Earl Stanhope, p. 23, cita um artigo de jornal onde o professor de equitação Rumpler diz que Kaspar era um cavaleiro talentoso e corajoso.

14. Do *Allgemeine Zeitung*, de 6 de fevereiro de 1834. Daumer expressou sentimentos semelhantes numa carta reproduzida em *Kaspar Hauser*, de Tradowsky e Mayer, p. 337.

É interessante especular o quanto desse posterior entusiasmo por Kaspar Hauser se deveu a um sentimento de culpa por tê-lo "abandonado" em 1829.

15. As fontes disponíveis para o ataque de 1829 são fornecidas em Dokumentation, de Pies, pp. 57-76, e em *Augenzeugenberichte*, pp. 469-97.

16. As investigações sugerem que a Wallfisch (A Baleia) era uma taverna nas cercanias de Erlangen. Um caminho pouco explorado na época foi a questão do que Kaspar estava fazendo lá e *com quem ele se encontrou*.

17. Sobre a vida de Kaspar com Biberbach e Von Tucher, ver Dokumentation, de Pies, pp. 77-100.

18. Segundo o ataque explosivo de Daumer à "Mulher Diabólica de Nuremberg", em seu *Kaspar Hauser, sein Wesen, seine Unschuld* (Dornach, 1984), pp. 334-37, essa perversa mulher acabou cometendo suicídio pulando de uma janela. Ela evidenciou sua apatia a Kaspar em uma carta reproduzida por Pies em Dokumentation, pp. 85-7. O daguerreótipo reproduzido em Kaspar Hauser, de Tradowsky e Mayer, p. 392, não mostra uma mulher sedutora, mas uma alemã de aparência bastante comum.

19. Na época, esse incidente foi classificado como acidente pela polícia; o documento original está em Kaspar Hauser, de Tradowsky e Mayer, p. 405. Alguns comentaristas modernos suspeitam que Kaspar tentou forjar outro ataque a si mesmo, mas não especulam sobre como ele imaginou que esse atacante imaginário poderia ter entrado na casa e passado pelos guardas armados.

20. *Philip Henry Lord Stanhope* (Stuttgart, 1988), de J. Mayer.

21. *The True Story of Caspar Hauser, from Authentic Records* (Londres, 1893), da duquesa de Cleveland, pp. 28-9.

22. Sobre o conhecimento que Kaspar tinha do idioma húngaro, ver Dokumentation, de Pies, pp. 77-84, e *Kaspar Hauser*, de Daumer, pp. 166-70.

23. *Tracts*, pp. 3-10, de Stanhope, e *True Story, da* duquesa de Cleveland, pp. 38-40.

24. As observações de Meyer sobre Kaspar foram reproduzidas em *Augenzeugenberichte*, de Pies, pp. 239-344. Outros importantes relatos sobre ele estão em *Kaspar Hauser*, de Daumer, pp. 323-34, e em *Dokumentation*, de Pies, pp. 101-32.

25. *Kaspar Hauser*, de Feuerbach. Feuerbach foi mais além em um memorial em homenagem à rainha da Bavária citado por Mayer e Masson em *Kaspar Hauser*, pp. 97-109, e proclamou diretamente que Kaspar era o príncipe de Baden em anotações não publicadas reproduzidas em *Kaspar Hauser*, de Tradowsky e Mayer, pp. 408-11.

26. O material existente sobre a morte de Kaspar Hauser foi reunido por H. Pies em *Die amtlichen Aktenstücke über Kaspar Hausers Verwundung und Tod* (Bonn, 1928); um relato mais curto e acessível está em *Dokumentation*, de Pies, pp. 133-234. Uma boa análise foi feita por M. Kitchen em *Kaspar Hauser, Europe's Child* (Londres, 2001), pp. 112-32. O bornal e o bilhete originais foram reproduzidos em *Kaspar Hauser*, de Tradowsky e Mayer, pp. 623-33.

27. O "fato" frequentemente citado de que apenas um rastro de pegados, as de Kaspar, foi encontrado no local é completamente inverídico. Ver *Kaspar Hauser: Fälschungen, Falschmeldungen und Tendezberiche* (Ansbach, 1973), p. 291. Alguns comentadores alemães apontaram que M. L. Ö. talvez seja uma abreviação para o nome Möller. Um questionamento semelhante é a sugestão de que M. L. Ö. possa significar "mi leckt's ölle", o que quer dizer "Beije meu traseiro", no dialeto franco. Ver Kitchen, *Kaspar Hauser*, p. 118.

28. Ver *Dokumentation*, de Pies, pp. 209-10.

29. Os relatórios de Albert, Heidenreich e Horlacher foram reproduzidos em *Kaspar Hauser: Arztberichte*, de Tradowsky. Heidenreich também publicou um artigo no *Journal für Chirurgie und Augenheilkunde* 21(1834):91-123. Essas fontes foram inteligentemente comentadas por P. J. Keuler em *Der Findling Kaspar Hauser als medizinisches*

Phenomen (Bochum, 1997), pp. 2-41. Os argumentos a favor do assassinato foram resumidos por Pies em *Dokumentation*, pp. 133-60, e os argumentos a favor do suicídio, por W. Schriebmüller em *Genealogisches Jahrbuch* 31(1991):43-84. A imprensa da época era majoritariamente a favor do assassinato: ver *Frankfurter Journal*, 31 de dezembro de 1833, *Der Komet*, nº 1(1834):7, e *Der Komet-Beilage*, nº 7(1834):51-3.

30. Daumer não é uma fonte particularmente confiável, mas sua referência ao filho de Feuerbach acrescenta credibilidade a seu relato. Ver *Oplysninger*, de Daumer, pp. 99-101.

31. W. Schriebmüller em *Genealogisches Jahrbuch* 31(1991):71, 73.

32. Ver os artigos de autoria de I. West em *Medicine, Science and the Law* 21(1981):198-201, e R. D. Start et al. em *Forensic Science International* 56(1992):89-94, e em especial a análise de T. Karlsson, ibid., 93(1998):21-32.

33. Sobre a possibilidade de suicídio mediante uma facada através das roupas, ver os artigos de H. Shiono e Y. Takaesu em *American Journal of Forensic and Medical Pathology* 7(1986):72-3, B. Madea e P. Schmidt em *Archiv für Kriminologie* 192(1993):138-47, e M. Bohnert et al., ibid., 200(1997):31-8.

34. Ver *Dokumentation*, de Pies, p. 88.

35. O jornal *Der Komet*, nº 7 (1834):56, relata que dois atores foram presos em Augsburg, mas a notícia deve ser falsa. Um recorte de um jornal anônimo menciona que um ator e dois outros indivíduos foram presos em Würzburg. Um jornal de Nuremberg, por sua vez, suspeitou de um mercador da Boêmia, que deixou Ansbach logo após o assassinato. Ver os arquivos da Stadtbibliothek Nürnberg (2524.2170). Em 1853, um ex-estalajadeiro de Ansbach chamado Dorfinger, que se tornara criminoso, confessou ter colaborado no assassinato, mas a polícia não acreditou nele. Ver o artigo de Schriebmüller no *Genealogisches Jahrbuch* 31(1991):48.

36. Relatado em *Kaspar Hauser*, de Tradowsky e Mayer, pp. 684-85.

37. Ver Schriebmüller no *Genealogisches Jahrbuch* 31(1991):71, 73.

38. Os livros que Lord Stanhope escreveu foram: *Tracts Relating to Caspar Hauser* e *Materialien zur Geschichte Kaspar Hausers* (Heidelberg, 1835).

39. Essa citação está em *Lost Prince*, de Masson, p. 35.

40. *Kaspar Hauser*, 2 vols. (Munique, 1839), de W. C. Gräfin von Albersdorf, e *Kaspar Hauser, der Thronerbe von Baden* (Paris, 1840), de F. S. Seiler. Segundo um recorte de jornal mantido na Stadtbibliothek Nürnberg (2524.2170), Seiler foi ferido a tiros nas barricadas de Paris em 1848. Mais tarde, ele foi para os Estados Unidos, onde acabou se tornando advogado em Nova Orleans.

41. *Kaspar Hauser* (Copenhagen, 1850), de D. Eschricht.

42. *Oplysninger*, de Daumer, pp. 153-54, 158-59, 162.

43. *Autentische Mitteilungen über Caspar Hauser* (Ansbach, 1872), de J. Meyer. Esse trabalho foi severamente criticado por Pies em *Falschmeldungen*, pp. 247-75. Até mesmo os anti-hauserianos tiveram de admitir que a obra do jovem Meyer estava longe de merecer elogios. Ver o artigo de I. Striedinger em *Zeitschrift für bayerische Landesgeschichte* 6(1933):415-84.

44. *Kaspar Hauser*, de Daumer. A tentativa de assassinato é mencionada em *Lebensdienst* (Leipzig, 1928), de J. Wassermann, p. 142.

45. *Caspar Hauser: Hinterlassenes Manuscript* (Ansbach, 1881), de J. Hickel. Essa fonte bastante dúbia contradiz em muitos pontos os fatos conhecidos, sobretudo no que se refere à morte de Kaspar. *Falschmeldungen*, de Pies, pp. 277-316, oferece boas evidências de que se trata de um embuste, provavelmente executado por Julius Meyer, anti-hauseriano fanático.

46. *Kaspar Hauser: Eine neugeschichtliche Legende*, 2 vols. (Wiesbaden, 1887), de A. von der Linde.

47. Ver a matéria escrita por W. Bates em Notes & Queries, 5ª ser., 1(1874):69-71, os artigos anônimos na New Monthly Magazine 120(1860):484-93, a Quarterly Review 166(1888):469-95, e o artigo de A. Lang na Cornhill Magazine, n.s. 16(1904): 104-17. Here Are Mysteries (Londres, 1927), de J. G. Lockhart, pp. 193-223, tem um capítulo particularmente depreciativo, onde a argumentação de Stanhope é aceita sem questionamentos. Sobre os debates a respeito de Kaspar na Grã-Bretanha, ver a matéria escrita por P. A. MacKenzie em German Life and Letters 35(1982):118-37.

48. The Story of Kaspar Hauser from Authentic Records (Londres, 1892), de E. H. Evans. Esse livro deve muito a um ignóbil trabalho alemão: Kaspar Hauser: Des Rätsels Lösung (Zurique, 1892), de Alexander von Artin.

49. True Story, da duquesa de Cleveland.

50. Kaspar Hauser: Über tausend bibliographische Nachweise (Ansbach, 1927), de H. Peitler e H. Ley, lista mais de mil fontes; o número atual de fontes é informado por Schriebmüller no Genealogisches Jahrbuch 31(1991):43.

51. Quando Hermann Pies faleceu, em 1983, aos 95 anos, havia trabalhado mais de 70 anos para desvendar o mistério. Seus livros mais valiosos são Kaspar Hauser: Augenzeugenberichte und Selbstzeugnisse (Stuttgart, 1925; nova ed., 1985), Die Wahrheit über Kaspar Hausers Auftauchen und erste nürnberger Zeit (Saarbrücken, 1956; nova ed., Stuttgart, 1985), Kaspar Hauser: Eine Dokumentation (Ansbach, 1966), Kaspar Hauser: Fälschungen, Falschmeldungen und Tendenzberichte (Ansbach, 1973), e Die amtlichen Aktenstücke über Kaspar Hausers Verwundung und Tod (Bonn, 1928).

52. Kaspar Hauser und das Schicksal Mitteleuropas (Ravensburg, 1958), de K. Heyer.

53. Kaspar Hauser (Dornach, 1980), de P. Tradowsky. Uma tradução inglesa foi publicada em Londres em 1997. Para outras teorias estranhas, ver Kosmische Geometrie im Leben Kaspar Hausers (Schaffhausen, 1998), de K. Jauch.

54. Kaspar Hauser, de Tradowsky e Mayer; os retratos e os comentários de Mayer, frequentemente perspicazes, são de especial importância.

55. Philip Henry Lord Stanhope, de J. Mayer.

56. Ver Kaspar Hauser: Kein Rätsel unserer Zeit (Ansbach, 1978), de K. Kramer, Prinz von Baden genannt Kaspar Hauser (Reinbeck, 1987), de U. Leonhardt, e Der Kriminalfall Kaspar Hauser (Kehl, 1994), de F. Mehle.

57. Bons exemplos são os valiosos trabalhos críticos de I. Striedinger em Lebensläufe aus Franken III: Veröffentlichungen der Gesellschaft für fränkische Geschichte 7ª ser., 3(1927):199-215, e Zeitschrift für bayerische Landesgeschichte 6(1933):415-84, de W. Schriebmtüller em Neue juristische Wochenschrift 43(1990):1966-69, e Genealogisches Jahrbuch 31 (1991): 43-84, e a tese escrita por Keuler, Der Findling Kaspar Hauser.

58. Lost Prince, de Masson. Uma análise crítica desse livro, escrita por B. J. Landau, está em Psychoanalytic Quarterly 67(1998):333-35.

59. Muitos desses pontos foram recapitulados por W. Schriebmüller no Genealogisches Jahrbuch 3(1991):56-61 e por M. Dietenberger, Land zwischen Hochrhein und Südschwarzwald: Beitrage zur Geschichte des Landkreises Waldshut, edição especial, 1(1997): 115-83.

60. Fotos dessa suposta masmorra são reproduzidas em Kaspar Hauser, de Tradowsky e Mayer, pp. 772-79. Ver também o artigo publicado no Fränkischer Kurier, em 11 de outubro de 1924, pp. 18-9, e a matéria escrita por U. Rach na NN/RHV, nos dias 7 e 8 de dezembro de 1996, p. 13.

61. Stanhope, de Mayer, pp. 498-99.

62. Das Phänomen (Ansbach, 1978), de H. Lakies e G. Lakies-Wild.

63. Para exemplos, ver os artigos escritos por E. Nau e D. Cabanis na Münchener medizinische Wochenschrift 108(1966):929-31, e por W. Hirsch e H. Gerhartz na Fortschritte der Medizin 91(1973):299-301.

64. Artigos na Fränkische Landeszeitung, publicados em 24 e 26 de abril de 1996, estão no Arquivo de Kaspar Hauser, conservado no museu Markgrafen de Ansbach.

65. Ver o artigo publicado por M. Blendinger na NN/RHV, em 15 de agosto de 1996, p. 9, e diversos recortes de jornais no Arquivo de Kaspar Hauser, conservado no museu Markgrafen de Ansbach.

66. Der Spiegel, n? 48 (1996):254-71. O relatório científico completo foi publicado por G. M. Weichold e outros no International Journal of Legal Medicine 111(1998):287-91.

67. Artigos no Fränkische Landeszeitung, de 25 de novembro de 1996, e no FAZ, publicados em 22 de janeiro de 1997, estão no Arquivo de Kaspar Hauser, conservado no museu Markgrafen de Ansbach.

68. Die Zeit, 29 de novembro de 1996, e Fränkische Landeszeitung, 3 de dezembro de 1996.

69. Die Zeit de H. Kühnert, 29 de novembro de 1996, p. 48; ver também o artigo publicado por M. Hummel no Süddeutsche Zeitung, em 1996.

70. De um artigo publicado no Fränkische Landeszeitung, em 17 de dezembro de 1998, do Arquivo de Kaspar Hauser, conservado no museu Markgrafen de Ansbach.

71. H. Sendler, na Neue juristische Wochenschrift 50(1997):1.133.

72. Fränkische Landeszeitung, 12 e 13 de agosto de 2000. O dr. Biedermann publicou Kaspar Hauser: Neue Forschung und Aspekte (Offenbach am Main, 1998).

73. K. Leonhard em Confinia Psychiatrica 13(1970):213-29.

74. Para casos de mitomania, ver os artigos publicados por J. A. Korkeila et al. no Nordic Journal of Psychiatry 49(1995):367-71, H. Akimoto em Psychiatry and Clinical Neurosciences 51(1997):185-95, T. J. Hardie e A. Reed em Medicine, Science and the Law 38(1998): 198-201, e N. Newmark et al. em Comprehensive Psychiatry 40(1999):89-95.

75. Sobre a adaga, ver Kaspar Hauser, de Tradowsky e Mayer, p. 634, e o artigo publicado por K. Kramer no Fränkische Landeszeitung em 16 de dezembro de 1999.

76. O artigo de Ritter von Lang foi publicado na Blätter für literarische Unterhaltung 4(1834): 13-4.

77. I. Striedinger, na Lebensläufe aus Franken III: Veröffentlichungen der Gesellschaft für fränkische Geschichte, 7ª ser., 3(1927):199-215, e Zeitschrift für bayerische Landesgeschichte 6(1933): 415-84.

78. O dr. Hesse publicou muitos artigos sobre Kaspar Hauser: na Münchener medizinische Wochenschrift 109(1967):156-63, na Deutsches Ärzteblatt 81C(1984):365-68, na Neue juristische Wochenschrift 42(1989):365-67, e no Genealogisches Jahrbuch 31(1991): 87-93. Ele foi criticado por H. Boxler na Land zwischen Hochrhein und Südschwarzwald: Beiträge zur Geschichte des Landkreises Waldshut, edição especial n.º 1(1997):41-8. Vale notar que Kaspar Hauser, de Kitchen, o mais recente livro de língua inglesa sobre o mistério, aceita a hipótese do dr. Hesse. Desconsiderando as volumosas evidências em contrário, algumas das quais analisou corretamente no início do livro, Kitchen conclui que Kaspar Hauser era apenas um idiota epilético que os tiroleses largaram na Baviera para se livrar de um ônus cansativo.

79. Sobre a epidermólise bolhosa, ver a resenha escrita por H. M. Horn e M. J. Tidman no British Journal of Dermatology 146(2002):267-74.

80. Mais recentemente, Savage Girls and Wild Boys (Londres, 2002), de M. Newton.

81. The Kaspar Hauser Syndrome of "Psychosocial Dwarfism" (Nova York, 1992), de J. Money. Ver também os artigos de P. Stumpft em Praxis der Kinderpsychologie und Kinderpsychiatrie 18(1969):292-99, e de N. Simon no Journal of Autism and Childhood Schizophrenia 8(1978):209-17.

82. Sobre Kaspar Hauser na literatura, ver os artigos de A. F. Bance em German Life and Letters 28(1974-75):199-210, e de R. D. Theisz no German Quarterly 49(1976): 168-80; e os livros de U. Sampath, Kaspar Hauser: A Modern Metaphor (Colúmbia, S.C., 1991), de U. Struwe, Der Findling: Kaspar Hauser in der Literatur (Stuttgart, 1992), e de Kitchen, Kaspar Hauser, pp. 175-88.

83. Sobre o antigo interesse americano por Kaspar Hauser, ver o artigo de P. A. MacKenzie em *German Life and Letters* 49(1996):438-58.

84. *Caspar Hauser, oder Die Trägheit des Herzens* (Zurique, 1908), de J. Wassermann, traduzido como *Caspar Hauser* (Nova York, 1992). Sobre a ameaça de Stanhope, ver *Lebensdienst*, de Wassermann, p. 146.

CAPÍTULO 3: O IMPERADOR E O EREMITA

1. As biografias clássicas escritas a respeito de Alexandre I são a de N. K. Schilder, "*Imperator Aleksandr Pervij*", 4 vols. (São Petersburgo, 1904-05), e a do grão-duque Nicholas Mikhailovitch, "*Imperator Aleksandr Pervij*", 2 vols. (São Petersburgo, 1912). O trabalho de Schilder nunca foi traduzido, mas o do grão-duque Nicholas foi publicado na França como *L'empereur Alexandre I*, 2 vols. (São Petersburgo, 1912). *Emperor and Mystic* (Nova York, 1931), de F. Gribble, foi bem pesquisada, mas carece de credenciais acadêmicas. *Alexandre I* (Paris, 1937), de M. Paleologue, é um extravagante relato que não indica nenhuma fonte, mesmo para as mais alucinadas suposições. *Alexander I of Russia* (Londres, 1949), de L. Strakhovsky, contém muito material interessante, oriundo de fontes russas. As melhores biografias modernas são *Alexander I* (Londres, 1974), de A. Palmer, e *Alexander of Russia* (Nova York, 1982), de H. Troyat.

2. Existe uma extensa literatura sobre a questão da identidade de Alexandre I e de Fiódor Kuzmich. Livros em russo incluem *Imperator Aleksandr I y Starets Feodor Kuzmich* (Moscou, 1910), de G. Vasilich, *Tayna Imperatora Alexandra I* (Paris, 1938), de L. D. Liubimov, e *Aleksandr I — Starets Feodor Kuzmich* (São Francisco, 1984), de V. V. Nikolaev. A primeira contribuição em uma língua europeia foi *Le mystère d'Alexandre I* (Paris, 1925), de V. V. Bariatinsky, trabalho admirável que resume de forma concisa os argumentos a favor da lenda. Em seguida, apareceu um trabalho em sueco: *Alexander I, en Gåtfull Tsar* (Estocolmo, 1934), de E. Rydelius e A. Belbodoroff, que, embora seja

uma obra alegadamente baseada em pesquisas independentes, tem poucas novidades a oferecer. Em seguida veio *Zarenlegende* (Berlim, 1941), de M. Winkler, um valioso trabalho crítico que tenta desmascarar a velha lenda. O mais recente trabalho de grande envergadura sobre o assunto é *Imperial Legend* (Nova York, 2002), de A. Troubetzkoy, que oferece muitos dados novos e analisa o caso com uma propensão a aceitar a lenda. O grão-duque Nicholas Mikhailovitch publicou um importante artigo em *Beiträge zur russischen Geschichte: Theodor Schiemann Zum 60. Geburtstag* (Berlim, 1907), pp. 1-26. Os posteriores artigos escritos por J. Hessen em *Finsk Tidskrift* 117(1934), 298-317, 389-403, A. Törngren, ibid., 124(1938):113-24, 180-98 e H. Müller-Dietz em *Sydsvenska Medicinhistoriska Sällskapets Årsskrift* 24(1987): 99-115, constituem também contribuições valiosas.

3. Sobre Wylie, ver os artigos publicados por H. Müller-Dietz em *Clio Medica* 4(1969): 99-107, A. A. Novik et al. no *Scottish Medical Journal* 41(1996):116-20, e A. Shabunin e P. d'A. Semple em *Proceedings of the Royal College of Physicians of Edinburgh* 29(1999): 76-82.

4. *The Last Days of Alexander I and the First Days of Nicholas I* (Londres, 1854), de R. Lee, pp. 24-5.

5. Sobre os últimos dias de Alexandre, ver *Zarenlegende*, de Winkler, pp. 5-21, 156-70, *Alexander I*, de Palmer, pp. 400-17, e *Imperial Legend*, de Troubetzkoy, pp. 133-72.

6. Lee em *Last Days*, pp. 25, 30 e A. Castellani em *Proceedings of the Royal Society of Medicine* (Section of Medicine) 10(1917):31-58.

7. É curioso notar que o próprio Diebitsch era um homem misterioso; algumas pessoas chegaram a especular que ele era o próprio Delfim Desaparecido. Ver *L'affaire Louis XVII* (Paris, 1995), de P. Delorme, p. 150.

8. O relatório de autópsia foi reproduzido por Schilder em *Imperator Aleksandr*, 4:573-74, e traduzido por Troubetzkoy em *Imperial Legend*, pp. 271-73.

9. *Last Days*, de Lee, p. 48.

10. Ver a *Times*, 26 de dezembro de 1825, p. 2c, 2 de janeiro de 1826, p. 2d, 4 de janeiro de 1826, p. 2b, e 9 de janeiro de 1826, p. 3b. Ver também o item Manuscritos 40200, da Biblioteca Bodleiana, que parece ser uma tradução parcial de um panfleto anônimo intitulado *Die letzten Tage des Kaiser Alexander* (São Petersburgo, 1827).

11. Relatos completos das várias tradições a respeito de Fiódor Kuzmich são oferecidos em *Zarenlegende*, de Winkler, pp. 201-25, e *Imperial Legend*, de Troubetzkoy, pp. 189-203.

12. *Finsk Tidskrift* 117(1934), de Hessen, pp. 300-01.

13. Sobre o segredo de Fiódor Kuzmich, ver ibid., pp. 394-96, *Zarenlegende*, de Winkler, pp. 232-33, e *Imperial Legend*, de Troubetzkoy, pp. 202-03.

14. Vale notar que isso é negado pelo grão-duque Nicholas Mikhailovitch em *Beiträge zur russischen Geschichte*, p. 2.

15. *Imperial Legend*, de Troubetzkoy, p. 11. Para contribuições soviéticas, ver *Aleksandr I*, de Nikolaev, e também um artigo posterior escrito por A. Archangelskij na *Novij Mir* 11(1995):183-210.

16. As cartas da imperatriz são exaustivamente citadas em *L'Impératrice Elizabeth*, 3 vols. (São Petersburgo, 1908-09), do grão-duque Nicholas Mikhailovitch. Os memorandos de Volkonsky são citados por Mikhailovitch em *Russkaya Starina* 6(1872):100-42, e 73(1897):69-78. Finalmente, a "Histoire de la maladie..." foi reproduzida em *Imperator Aleksandr*, de Schilder, 4:568-72.

17. Manuscritos 5098, da Biblioteca Wellcome.

18. Ver o artigo publicado por N. H. Schuster em *Proceedings of the Royal Society of Medicine* 61(1968):185-90.

19. Ver o artigo escrito por H. Müller-Dietz na *Sydsvenska Medicinhistoriska Sällskapets Årsskrift* 24(1987):99-115, citando uma carta misteriosa que pode ou não estar

relacionada a um obscuro livro russo intitulado Taganrog (Moscou, 1828), de N. Danilovsky; ver também o Journal of the Friends Historical Society 26(1929):17-9. O folheto Die letzten Tage des Kaiser Alexander (São Petersburgo, 1827) também cita várias cartas de pessoas que estavam próximas ao leito de morte do tsar em Taganrog.

20. Citado no artigo escrito por A. Törngren em Finsk Tidskrift 124(1938):185.

21. A versão mais conhecida das extravagantes pesquisas de Balinsky foi publicada num jornal russo em Paris, no mês de abril de 1926, por Madame Dubasov; foi traduzida para o inglês por Strakhovsky, que a inseriu em seu livro Alexander I of Russia, pp. 257-60. Ver também Imperial Legend, de Troubetzkoy, pp. 251-53.

22. Argumentos contra e a favor dessas alternativas são discutidos por A. Törngren em Finsk Tidskrift 124(1938):191, e pelo conde Albert Ehrensvärd na Göteborgs Handels-och Sjöfartstidning de 27 de setembro (pp. 3, 5), 28 de setembro (pp. 3, 9) e 29 de setembro (p. 3) de 1937. Informações no livro The Life of Stratford Canning (Londres, 1933), de E. F. Malcolm-Smith, pp. 93, 96-7, excluem a possibilidade de que ele estivesse em Taganrog no final de 1825. Sobre as atividades de Lansdowne, ver a Times, 3 de fevereiro de 1826, p. 4a.

23. Ver Alexandre I, de Paleologue, pp. 300-03, e o artigo de A. Törngren na Finsk Tidskrift 124(1938):190.

24. Alexander I, de Palmer, p. 415.

25. Zarenlegende, de Winkler, pp. 227-30.

26. Hessen, na Finsk Tidskrift 117(1934):300-01. Algumas outras características registradas nos documentos da polícia, particularmente a de que Kuzmich era analfabeto, estão em discordância com as observações a respeito de Kuzmich feitas na década de 1850.

27. Hessen, na Finsk Tidskrift 117(1934):394.

28. Hessen, na Finsk Tidskrift 117(1934):316-17, descreve a capela que Khromov mandou construir sobre o túmulo de Kuzmich. Não se sabe o que aconteceu com ela, até que Troubetzkoy, em Imperial Legend, p. 8, descreve uma capela recentemente erguida, no ano de 1902, abrigando uma lápide de mármore, que substituíra a antiga cruz.

29. A. Törngren na Finsk Tidskrift 124(1938):197.

30. Imperial Legend, de Troubetzkoy, p. 210.

31. A. A. Kulomzin na Slavonic Review (1923):381-87.

32. Essa história é contada em Alexander I of Russia, de Strakhovsky, p. 273.

33. Ver A. Törngren na Finsk Tidskrift 124(1938):197, e Winkler em Zarenlegende, p. 238.

34. A história da exumação em 1921 é aceita por quase todos que, posteriormente, escreveram sobre o assunto; uma interessante opinião discordante é a de Winkler em Zarenlegende, pp. 237-40. Hessen, na Finsk Tidskrift (1934):393, acrescenta que um jovem historiador soviético publicou um desmentido oficial desses boatos na imprensa estrangeira.

35. Ver a Times, 29 de maio de 1929, pp. 19f. Diversas pessoas, inclusive um parente de Sir James Wylie, desmentiram essa invencionice já na época: ver Times, 31 de maio de 1929, p. 14d, 14 de junho de 1929, p. 12d, e 18 de junho de 1929, p. 12c. Ver também Here Are Mysteries (Londres, 1927), de J. G. Lockhart, pp. 129-58.

36. Times, 15 de novembro de 1965, pp. 8c-d.

37. Alexander I of Russia, de Strakhovsky, pp. 257-60.

38. A. Törngren na Finsk Tidskrift 124(1938):196-97, conta as três versões, com referências às fontes envolvidas.

39. *Alexander I*, de Palmer, p. 416.

40. Citado por Troubetzkoy em *Imperial Legend*, pp. 209-10.

41. O site www.dergava.tomsk.ru reproduz ícones de São Fiódor.

42. Sobre Veliki, ver *Zarenlegende*, de Winkler, pp. 232-33; Hessen, na *Finsk Tidskrift* 117(1934):400-01, e Troubetzkoy, em *Imperial Legend*, pp. 246-47.

43. Sobre Uvarov, ver Hessen, na *Finsk Tidskrift* 117(1934):401-02.

CAPÍTULO 4: A PRINCESA OLÍVIA, HANNAH LIGHTFOOT E GEORGE REX

1. *The Madness of King George: The Complete and Unabridged Screenplay* (Nova York, 1995), de A. Bennett. O título original do filme, *The Madness of King George III* (A loucura do rei Jorge III), foi modificado para o lançamento nos Estados Unidos, pois temia-se que muitos americanos poderiam achar que tinham perdido *The Madness of King George I* e *The Madness of King George II*, e não se dariam ao trabalho de ver a sequência.

2. Sobre Jorge III, ver *George III* (Londres, 1972), de J. Brooke, e *George III* (Londres, 1999), de G. Hibbert, entre outras biografias.

3. A Biblioteca Britânica possui diversas obras satíricas sobre o duque e seus casos amorosos. A maioria delas enfoca o processo movido por Grosvenor, como o anônimo *The Trial of His R. H. the D... of C... July 5th 1770 for criminal conversation with Lady Harriet G... r* (Londres, 1770), e *Free Thoughts on Seduction, Adultery and Divorce* (Londres, 1771).

4. Sobre Anne Horton, ver *Some Celebrated Irish Beauties of the Last Century* (Londres, 1895), de F. Gerard.

5. Não há nenhuma biografia desse príncipe pernicioso; suas estrepolias foram bem acompanhadas pela imprensa satírica da época, e estão resumidas em *Princess or Pretender?* (Londres, 1939), de M. L. Pendered e J. Mallett, pp. 41-9.

6. Ver *Royal Dukes* (Londres, 1948), de R. Fulford, e, mais recentemente, *George III's Children* (Londres, 1999), de J. van der Kiste.

7. Os livros mais detalhados sobre a princesa Olívia são *Princess or Pretender?*, de Pendered e Mallett, e *Princess Olive* (Shipston-on-Stour, 1984), de M. Shepard.

8. *Memoir of John Thomas Serres* (Londres, 1826), autor anônimo, pp. 21-36.

9. *Princess Olive*, de Shepard, pp. 15-6.

10. Conservados na Biblioteca Britânica estão *Flights of Fancy; consisting of Miscellaneous Poems. With the Castle of Avola, an Opera, in Three Acts* (Londres, 1805) e *St. Athanasius's Creed Explained for the Advantage of Youth* (Londres, 1814), mas a princesa certamente publicou vários outros livros. Ver *Princess or Pretender?*, de Pendered e Mallett, pp. 234-41.

11. *The Life of the Author of the Letters of Junius, the Revd. J. Wilmot, D.D.* (Londres, 1813), de O. Serres. Ver também o último trabalho dela: *Junius. Sir Philip Francis Denied. A Letter Addressed to the British Nation* (Londres, 1817).

12. *Begin. Documents to Prove Mrs. O. Serres to Be the Legitimate Daughter of Henry Frederick, the Late Duke of Cumberland* (Londres, 1820), de O. Serres.

13. Sobre as ligações de Olívia com esse obscuro aristocrata sem eira nem beira, ver *Princess or Pretender?*, de Pendered e Mallett, pp. 92-8.

14. *The Princess of Cumberland's Statement to the English Nation, as to Her Application to Ministers, with Letters Addressed to the Duke of York, ...* (Londres, 1822), autor anônimo.

15. Ver HO 44/1, ff. 139, 148, no Arquivo Nacional.

16. Ver HO 44/1, f. 149 para o duque de York; ff. 139, 148, 164 para Serres; f. 131 para Thomas Wilmot; ff. 152-3 para Poniatowski. As evidências apresentadas por Deuley estão em HO 44/16, f. 126. Parkins também escreveu para os jornais; ver *Times*, 11 de outubro de 1821, p. 3b, e 1º de janeiro de 1825, pp. 2e-3a.

17. Ver HO 44/1, ff. 149-51. O inquérito parlamentar foi resenhado no Times, 13 de junho de 1823, p. 2c, e 19 de junho de 1823, pp. 2b-c.

18. Sobre os delitos cometidos pelo patético Charles Wilmot, ver Times, 3 de outubro de 1826, pp. 3e-f, 16 de outubro de 1826, p. 3f, 6 de maio de 1830, p. 5d, e 3 de setembro de 1831, p. 4e. *Princess Olive*, de Shepard, p. 56, acrescenta que ele foi para a África do Sul em 1867.

19. A Biblioteca Britânica possui duas amostras de seus últimos panfletos: *The Princess Olive of Cumberland to the English Nation* (Londres, 1829) e *The First Part of the Authenticated Proofs of the Legitimacy of ... Olive, Princess of Cumberland* (Londres, 1830?). Ver também *The Wrongs of Her Royal Highness the Princess Olive of Cumberland; Being a Plain, Unvarnished Statement of the Unparalleled Oppressions Inflicted upon That Distinguished Lady* (Londres, 1833), de E. W. Macauley.

20. Sobre a biografia da sra. Ryves, ver *Princess or Pretender?*, de Pendered e Mallett, pp. 172-225.

21. *An Appeal for Royalty* (Londres, 1858), de L. J. Ryves. Ver também *A Suppressed Princess* (Londres, 1863), de L. Praed.

22. Sobre o julgamento, ver *Princess or Pretender?*, de Pendered e Mallett, pp. 190-225, e *Feminine Frailty* (Londres, 1929), de H. Wyndham, pp. 259-90.

23. *Ryves versus the Attorney-General: Was Justice Done?* (Londres, 1868), de L. J. Ryves.

24. *Hannah Lightfoot. Queen Charlotte and the Chevalier d'Eon. Dr. Wilmot's Polish Princess* (Londres, 1867), de W. J. Thoms.

25. Há um farto material no Arquivo Nacional de Kew, em HO 44 e outros itens.

26. Conforme mostrado em *The Real King and Queen*, um documentário veiculado pelo Discovery Channel do Reino Unido em 2 de junho de 2002.

27. Ver *George Rex: Death of a Legend* (Johanesburgo, 1974), de P. Storrar, ilustração oposta à p. 33.

28. Ver *Memoirs* (Londres, 1825), de C. E. Cary, e *Princess or Pretender?*, de Pendered e Mallett, pp. 146-47, 262. Uma carta de FitzClarence, que revela seus talentos caligráficos, está em HO 44/1, f. 138 do Arquivo Nacional.

29. *Princess or Pretender?*, de Pendered e Mallett, pp. 226-33.

30. Para essas histórias, ver ibid., pp. 86, 97-8, 139-40.

31. Essas histórias mirabolantes estão em HO 44/1, f. 148, do Arquivo Nacional.

32. A história de Hannah Lightfoot foi contada por muitos autores. Os primeiros relatos foram feitos por Thoms, em *Hannah Lightfoot*, H. Bleackley, em *Notes and Queries*, 10ª ser., 8(1907):321-23, 350, 402-04, e 10ª ser., 9(1908):24-5, 122-23, e W. B. Boulton, em *In the Days of the Georges* (Londres, 1909), 87-138. O primeiro livro abrangente foi *The Fair Quaker* (Londrs, 1910), de M. L. Pendered; o mesmo autor publicou alguns acréscimos valiosos em *Princess or Pretender?*, de Pendered e Mallett, pp. 149-71. *The Lovely Quaker* (Londres, 1939), de J. Lindsay, é ingênuo, mas contém algumas informações novas; *George Rex*, de Storrar, é crítico e erudito; *Hannah Regina* (Londres, 2002), de M. Kreps, nada traz de novo ou interessante.

33. *Hannah Lightfoot*, de Thoms, e *Memoirs of the Life and Reign of King George the Third* (Londres, 1867), de W. H. Jesse.

34. Sobre Isaac Axford e sua família, ver o artigo de B. Wood-Holt em *Notes and Queries* 229(1984):397-401, e a nota adicional feita por S. Mitchell e W. I. Axford, ibid., 241(1996):304-05.

35. Ver as várias observações feitas no *Journal of the Friends Historical Society* 4(1907):159 e 5(1907):54, 93-4.

36. Sobre Pearne, ver *Fair Quaker*, de Pendered, pp. 247-55, e *Lovely Quaker*, de Lindsay, pp. 177-91.

37. *Fair Quaker*, de Pendered, pp. xvii-xviii.

38. Sobre o retrato de Reynolds, ver ibid., pp. 152-53, e *Lovely Quaker*, de Lindsay, pp. 157-60. É interessante notar que havia mais de uma "bela quacre" na época. Uma discussão sobre a gravura em meia-tinta *Bela Quacre*, de Houston, que se diz ser um retrato de Hannah Lightfoot, revelou que pelo menos duas outras damas compartilhavam a mesma qualificação; em *Notes and Queries* 56(1929):138-39, um articulista descartou a hipótese de que essa gravura fosse um retrato de Hannah Lightfoot.

39. Ver o artigo de S. Mitchell em *Family Tree Magazine* nº 11(1996):4-5.

40. *Letters from George III to Lord Bute* (Londres, 1937), edição de R. Sedgwick, pp. 37-9.

41. *George Rex*, de Storrar, p. 27, citando um manuscrito do acervo do Museu Britânico.

42. Para uma discussão sobre essas três antigas referências, ver *Fair Quaker*, de Pendered, pp. 142-45.

43. *Monthly Magazine* 51(1821):532 e 52(1821):109-10, 197-98.

44. *Authentic Records of the Court of England* (Londres, 1831), autor anônimo. Sobre o envolvimento da princesa Olívia, ver *Princess Olive*, de Shepard, pp. 47-9. O xerife Parkins estava perfeitamente ciente das tentativas de Olívia, já em 1824, de capitalizar em cima da história da "mulher quacre"; ver HO 44/1, f. 148.

45. Ver *George the Third* (Londres, 1972), de S. Ayling, p. 36, e *George III*, de Brooke, p. 389; ver também o artigo de I. R. Christie em *Notes and Queries* 220(1975):18-22.

46. Entre eles, Pendered, em *Fair Quaker*, e Pendered e Mallett, em *Princess or Pretender?*

47. Entre eles, Lindsay, em *Lovely Quaker*, e Kreps, em *Hannah Regina*.

48. Ver o artigo de P. D. Mundy em Notes and Queries 190(1949):272-73.

49. Sheila Mitchell, uma magistrada de Swindon que está preparando um trabalho mais longo sobre o assunto, investiga o mistério há vinte anos, mas a sua busca pelo túmulo de Hannah Lightfoot ainda não foi bem-sucedida.

50. Entre os autores de livros sobre George Rex, S. Metelerkamp, em *George Rex of Knysna* (Cidade do Cabo, 1955), mostra-se crédulo, mas C. H. Price, em *George Rex: King or Esquire?* (Cidade do Cabo, 1971), tem uma posição mais crítica diante da velha tradição. *George Rex*, de Storrar, é a obra de referência a seu respeito.

51. I. R. Christie em Notes and Queries 220(1975):18-22; ver também *George Rex*, de Storrar, pp. 165-90. Descobri que na verdade existiam dois filhos do destilador John com sua esposa Sarah chamados George Rex. Há bons indícios, fornecidos pelo testamento de John Rex e pela correspondência deste com sua irmã Sarah, que o George Rex que foi para a África do Sul e lá fez fortuna era o mais velho dos dois, nascido em setembro de 1765 na paróquia de St. Mary's Whitechapel. Os Rex tiveram depois um filho chamado John e uma filha chamada Sarah, além de duas filhas que morreram jovens. O filho mais novo do casal, nascido em agosto de 1777 na paróquia de St. Dunstan in the East, era o outro George, que já tinha morrido em 1788, quando seu pai escreveu o testamento. Sarah, a viúva de John Rex, assumiu a destilaria, mas faliu em 1800, de acordo com o *Times* de 6 de agosto do mesmo ano.

52. Segundo Sheila Mitchell, ainda existe um terceiro George Rex, muito mais obscuro, nascido em Yorkshire muitos anos após o desaparecimento de Hannah Lightfoot, mas que mesmo assim se declarava seu filho.

53. *George Rex Genealogy* (Bowie, Md., 1998), editado por E. Bower. Trata-se da versão atualizada do trabalho de Leda Farrell Rex.

54. *Princess or Pretender?*, de Pendered e Mallett, pp. 257-58.

55. Sobre a família Ritso, ver Fair Quaker, de Pendered, pp. 286-98.

56. Ver British Archeology, n° 50, de dezembro de 2000, e a página da igreja: www.netministries.org/see/churches.

57. Sobre Mackelcan e sua família, ver Lovely Quaker, de Lindsay, pp. 285-93.

58. Sobre a conexão de Parks, ver Fair Quaker, de Pendered, pp. 272-75.

59. H. Bleackley em Notes and Queries 10ª ser., 9(1908):24-5.

60. O verdadeiro rei e a verdadeira rainha, documentário que foi ao ar no Discovery Channel britânico, em 2 de junho de 2002. Vale notar que, ao contrário da análise do DNA mitocondrial, o método utilizado nessa investigação é sensível a relacionamentos adúlteros. Se alguma das condessas de Munster tivesse se encontrado com um leiteiro de olhar encantador, esse indivíduo teria substituído o cromossomo Y do conde pelo seu. E, de acordo com uma recente pesquisa sueca (Aftonbladet, 7 de março de 2003), uma criança em cada cinco tem um pai que não é o homem que acredita tê-la gerado.

CAPÍTULO 5: O PLEITEANTE A TICHBORNE

1. A grande maioria das citações poéticas deste capítulo foi extraída de folhetos reproduzidos em Baronet or Butcher? (Hotham Hill, Victoria, 1999), editado por H. Anderson.

2. Um trabalho quase enciclopédico sobre os Tichborne e o Pleiteante é The Tichborne Claimant (Londres e Nova York, 1957), de D. Woodruff. Outros livros sobre o caso incluem The Tichborne Case (Londres, 1899), de J. B. Atlay, The Tichborne Case (Londres, 1936), de Lord Maugham, The Claimant (Londres, 1957), de M. Gilbert, e The Tichborne Impostor (Nova York, 1957), de G. MacGregor.

3. Sobre Lady Tichborne e sua família, ver The Naughty Seymours (Londres, 1940), de B. Falk.

4. *Tichborne Claimant*, de Woodruff, pp. 99-117, 153-62.

5. Ibid., pp. 141-52.

6. Sobre Ballantine, ver sua autobiografia, *Some Experiences of a Barrister's Life* (Londres, 1898); as pp. 311-27 dizem respeito ao caso Tichborne.

7. *Tichborne Claimant*, de Woodruff, p. 213.

8. A obra de referência sobre Kenealy é *Kenealy and the Tichborne Cause* (Carlton, Victoria, 1974), de M. Roe. Ver também a biografia dele escrita por sua filha, *Memoirs of Edward Vaughan Kenealy LL.D.* (Londres, 1908), de A. Kenealy; as pp. 225-85 dizem respeito ao caso Tichborne.

9. Roe, *Kenealy*, pp. 15-6.

10. Sobre Sir Henry Hawkins, ver suas *Reminiscences* (Londres, 1904), 1:307-31, que dizem respeito ao caso Tichborne.

11. De "Jolly Old Sir Roger", em *Baronet or Butcher?*, de Anderson, p. 106.

12. Ver o panfleto anônimo intitulado *Tichborne in Prison* (Londres, 1874).

13. Sobre Cresswell, ver *Tichborne Claimant*, de Woodruff, pp. 428-35, e *Kenealy*, de Roe, pp. 148-62.

14. Os últimos dias do Pleiteante são descritos em *Tichborne Claimant*, de Woodruff, pp. 436-46.

15. Essa confissão foi reproduzida em *Baronet or Butcher?*, de Anderson, pp. 7-38, e comentada em *The Orton Confession of the Tichborne Claimant* (Londres, 1913), de W. A. Frost, e mais criticamente por M. Roe nos *Tasmanian Historical Research Association, Papers and Proceedings* 18(1971):115-48.

16. *Tichborne Claimant*, de Woodruff. Douglas Woodruff, amigo de Evelyn Waugh, compartilhava a crença deste de que o caso permanecia envolto em mistério; ver *Spectator* de 21 de junho de 1957.

17. *Tichborne Claimant*, de Woodruff, pp. 46-7, e *Claimant*, de Gilbert, pp. 51, 54.

18. *Tichborne Impostor*, de MacGregor, p. 58.

19. Ver o artigo de M. Roe nos *Tasmanian Historical Research Association, Papers and Proceedings* 18(1971):115-48.

20. Na verdade, trata-se de uma citação de um romance popular da época: *Aurora Floyd*, de M. E. Braddon.

21. Ver os editoriais do *British Medical Journal*, 1873, vol. 2:64, 1874, e vol. 1:654; e *Lancet*, 1873, vol. 2:54, 1874 e vol. 1:345; ver também *Medical Times and Gazette*, 1872, vol. 1:314-15.

22. *From Chili to Piccadilly with Sir Roger Tichborne* (Londres, 1876), de W. Mathews. Ver também *Introduction to the Trial of Sir Roger C.T. Tichborne, Bart.* (Londres, 1874), de E. V. Kenealy, pp. 312-18.

23. *Introduction*, de Kenealy, p. 312. Sobre o debate a respeito das orelhas do Pleiteante, ver também *Medical Times and Gazette*, 1872, vol. 1:320.

24. As marcas físicas de Tichborne e Orton foram descritas no *Tichborne Case*, de Maugham, e no *Tichborne Claimant*, de Woodruff.

25. *British Medical Journal*, 1873, vol. 2:64, e *Lancet*, 1873, vol. 2:54.

26. *Tichborne Claimant*, de Woodruff, pp. 48-9.

27. *Introduction*, de Kenealy, pp. 113-14, e *Tichborne Tragedy* (Londres, 1913), de M. Kenealy, pp. 232-34.

28. *Lancet*, 1874, vol. 1:345.

29. Sobre as tatuagens, ver *Tichborne Case*, de Maugham, pp. 301-04, e *Tichborne Claimant*, de Woodruff, pp. 213, 276, 333, 362. Ver também o artigo de A. S. Taylor no *Guy's Hospital Report* 19(1873-74):441-65, e de J. Glaister em *A Text-book of Medical Jurisprudence and Toxicology* (Edimburgo, 1931), pp. 101-02.

30. Ver os artigos de D. J. Lim et al. no *Journal of Urology* 153(1995):1.668-70; o de E. Lipszyc et al. no *European Journal of Pediatric Surgery* 7(1997):292-95; e o deY. Kojima et al. no *Journal of Pediatric Surgery* 34(1999):1.524-26.

31. Sobre a má-formação de Tichborne, ver *Tichborne Tragedy*, de Kenealy, pp. 234-43, e *Tichborne Claimant*, de Woodruff, pp.138-40; ver ainda *The Tichborne Malformation* (Londres, 1878), autor anônimo, e *What Did Dr. DavidWilson Say?* (Londres, 1878), de R. M. Gunnell.

32. *Tichborne Claimant*, de Woodruff, p. 434.

33. Ver os artigos de S. E. Swedo et al. em *Pediatrics* 91(1993):706-13; o de D. P. Moore no *Journal of Clinical Psychiatry* 57(1996):407-14; e o de M. T. Mercadante et al. no *American Journal of Psychiatry* 157(2000):2.036-38.

34. Ver *The Tichborne Trial* (Londres, 1874), de Lord Cockburn, p. 162, *Introduction*, de Kenealy, p. 211, e *Tichborne Case*, de Maugham, pp. 52-3. O próprio pleiteante escreveu sobre seus "espasmos" em uma carta a Lady Tichborne, reproduzida em *Claimant*, de Gilbert, p. 100.

35. *Fingerprints* (Londres, 2001), de C. Beavan, pp. 56-60.

36. Ver *The Tichborne Case Compared with Previous Impostures of the Same Kind* (Londres, 1874), de J. Brown, e *Claimant*, de Gilbert, pp. 217-21.

37. *TheWoman without a Name* (Londres, 1923), de G. Lenôtre.

38. Ver o valioso artigo de H. Ellis em *Applied Cognitive Psychology* 2(1988):257-64.

39. Esse caso foi relatado por N. Davies no *GuardianWeekend*, em 17 de outubro de 1998, pp. 12-5.

40. Essa teoria foi apresentada pela primeira vez por um colaborador anônimo na *Cornhill Magazine* de julho de 1929; e mais tarde foi elaborada por H. T. Wilkins em seu livro *Mysteries Solved and Unsolved* (Londres, 1959), pp. 11-35. A alegação de Wilkins em nada é ajudada por sua audaciosa afirmativa de que o verdadeiro Roger Tichborne estava vivo na Austrália durante ambos os julgamentos e que a família dele sabia disso.

41. Ambas as versões são discutidas em *Kenealy*, de Roe, pp. 160-62.

42. *Tichborne Claimant*, de Woodruff, p. 56.

43. Ibid., pp. 51-2.

44. *Crime and the Drama* (Londres, 1927), de H. Chance Newton, pp. 111-16.

45. *The Wandering Heir* (Londres, 1873), de C. Reade. Em *Östersjöns Konung* (Estocolmo, 1878), de H. af Trolle, Georg Drake, um pirata sueco do século XVIII, usurpa a identidade do baronete inglês Sir Allan Fereford, reivindicando sua noiva e o título da família. Existem quatro romances inspirados no caso Tichborne: *The Belting Inheritance* (Londres, 1965), de J. Symons, *The Link* (Londres, 1969), de R. Maugham, *The Claim* (Sydney, 1996), de M. Schulz, e *Death of a Colonial* (Nova York, 2000), de B. Alexander. E um filme: *The Tichborne Claimant*.

CAPÍTULO 6: O DUQUE DE BAKER STREET

1. Por motivos naturais, não há nenhuma biografia do quinto duque de Portland. O que se sabe sobre ele foi resumido em *The Druce-Portland Case* (Londres, 1935), de T. Besterman, pp. 12-7, *Welbeck and the Fifth Duke of Portland* (Mansfield, 1989), de D. J.

Bradbury, pp. 31-4, e no seguinte site da internet: mss.nottingham.ac.uk/5thbiog. html. Relatos mais ignóbeis foram publicados na *Modern Detective*, em 30 de março e 6 de abril de 1898, e em *The Great Druce-Portland Mystery* (Londres, 1898), de A. M. Druce, pp. 2-9. Existem três romances baseados no caso Druce-Portland: *When Rogues Fall Out* (Londres, 1934), de R. Austin Freeman, popular autor de romances policiais, foi o primeiro. *The Underground Man* (Londres, 1997), de M. Jackson, é de longe o melhor; e *The Disappearing Duke* (Nova York, 2003), de A. Crofts e T. Freeman-Keel, oferece uma visão recente e inusitada da história.

2. As obras na Welbeck foram bem-descritas em *Welbeck Abbey* (Mansfield, 1986) e *Welbeck and the Fifth Duke*, de D. J. Bradbury.

3. Ver a autobiografia do duque: *Men, Women and Things* (Londres, 1937), pp. 30-7.

4. O artigo na revista *World* é citado por Bradbury em *Welbeck and the Fifth Duke*, p. 31.

5. A história do caixão no telhado está na *Modern Detective*, de 13 de abril de 1898. O medo de ser enterrado vivo era comum na época; ver *Buried Alive* (Nova York, 2001), de J. Bondeson.

6. Walter Thomas Druce tinha uma irmã e três irmãos mais velhos, todos ilegítimos, pois nasceram antes do casamento dos pais, em 1851.

7. *Times*, 23 de junho de 1894, p. 18f.

8. *Times*, 14 de setembro de 1894, p. 2e, e 18 de setembro de 1894, p. 2f.

9. *Great Druce-Portland Mystery*, de Druce, oferece um resumo sucinto de seus argumentos, assim como a *Modern Detective*, de 30 de março de 1898, pp. 11-3.

10. Forbes Winslow era um tanto introvertido, e nada avesso a aparecer nos jornais; timidamente, ele tentou explicar seu testemunho incorreto a respeito do homeopata que virou urso dançarino em uma carta para o *Times*, em 17 de março de 1898, p. 12a. Ele já era bastante conhecido por sua interferência no caso de Jack, o Estripador.

11. A Coleção Portland (Londres), do Departamento de Manuscritos e Coleções Especiais, na biblioteca da Universidade de Nottingham (PLC) P1/L1/12/1/11, possui recortes do *Daily Chronicle*, de 9 de agosto de 1898, do *Morning*, de 10 de agosto de 1898, e do *Standard*, de 11 de agosto de 1898, que contêm entrevistas com a sra. Druce.

12. PLC P1/L1/12/1/12 possui diversos recortes do *Daily Mail*, de agosto e setembro de 1898. PLC P1/L1/1/1/32 classifica o *Daily Chronicle* e a *Lloyd's Weekly* como abertamente pró-Druce.

13. *Great Druce-Portland Mystery*, de Druce, pp. 2-9.

14. O comentário irônico do duque está em sua autobiografia, *Men, Women and Things*, p. 31. A verdadeira história de suas preocupações e as de seus advogados está em PLC P1/L1/1/1-12, P1/L1/9/1/1-6 e P1/L1/11/1/1-16.

15. Sobre a carreira de Littlechild, ver *The Lodger* (Londres, 1995), de S. Evans e P. Gainey, pp. 183-87. Trata-se de um livro a respeito de um suspeito de ser o Estripador, um médico charlatão americano chamado Francis Tumblety, que foi originalmente sugerido por Littlechild numa carta escrita em 1913.

16. PLC P1/L1/11/6/115-55.

17. Várias sugestões estão em PLC P1/L1/11/5/1-47.

18. PLC P1/L1//9/1/1.

19. PLC P1/L1/1/3/3.

20. Ver PLC P1/L1/9/1/2, P1/L19/4/38 e P1/L19/4/57. Se Thomas Charles Druce estava com 21 anos quando se casou, deveria ter nascido em 1795. O Índex Genealógico Internacional não encontrou ninguém com esse nome, mas existe um Thomas Drew, filho de Jon Drew, nascido em Eardley, Hereford, no ano de 1795, e um Thomas Druce, filho de Thomas Druce, nascido em Winkfield, Berkshire, em 1798.

21. PLC P1/L1/9/1/2.

22. PLC P1/L1/9/2/1.

23. A correspondência de Mussibini está em PLC P1/L1/9/2; a carta a respeito de seu sucesso em convencer a sra. Hamilton está em P1/L1/9/2/34.

24. Esses depoimentos estão reproduzidos na íntegra em PLC P1/L1/1/2/1.

25. Uma transcrição do julgamento está em PLC P1/L1/1/2/2-3.

26. Essa carta, que provavelmente não foi doada pela própria sra. Druce aos arquivos ducais, está em PLC P1/L1/1/3/2.

27. *The Druce-Portland Case* (Londres, 1905), autor anônimo, e *Claim to the Portland Millions, Was Druce the Duke?* (Londres, 1905), autor anônimo. Além de publicar estes panfletos, a revista *Idler* imprimiu muitas propagandas favoráveis a Druce nos volumes 29-31 e 1.906-07.

28. PLC P1/L1/9/4/127,129.

29. *Druce-Portland Case*, de Besterman, pp. 46-7.

30. PLC P1/L1/9/4/9,18-20.

31. Os argumentos apresentados durante o segundo julgamento estão reunidos em *Druce-Portland Case*, de Besterman, pp. 53-269.

32. Os documentos de Littlechild não dão nenhuma indicação de que o incidente tenha sido obra de algum de seus detetives, mas pode muito bem ter sido. Ver o arquivo MEPO 3/174 no Cartório de Registros Públicos em Kew para maiores detalhes.

33. PLC P1/L1/11/6/990 e o arquivo DPP 1/11 no Cartório de Registros Públicos.

34. PLC P1/L1/6/2-4 e P1/L1/9/4/79,83,86, e também o arquivo MEPO 3/174 no Cartório de Registros Públicos.

35. A história do escorregadio Caldwell é contada sem questionamentos em *Druce-Portland Case*, de Besterman, pp. 271-73, mas as fontes originais (PLC P1/L1/7 e sobretudo PLC P1/L1/7/5/1-26) deixam claro as suspeitas de que Caldwell estava blefando a respeito de suas deficiências físicas e mentais. Que ele tenha forjado a própria morte para sair do asilo foi uma possibilidade insuficientemente explorada na época.

36. Ver PLC P1/L1/1/3/2-3. PLC P1/L1/3/5 fornece detalhes sobre suas opiniões sobre os judeus e sua alegação de que o sexto duque de Portland havia se casado em segredo na Austrália.

37. *Times*, em 28 de junho de 1895, p. 3f.

38. Nada menos que 60 mil libras, segundo a *Modern Detective*, de 30 de março de 1898, pp. 11-3.

39. Sobre a contestação de Littlechild, ver PLC P1/L1/9/4/61. Sobre a morte da sra. Druce, ver PLC P1/L1/12/1/232-9.

40. A carta de Coburn está em PLC P1/L1/11/6/1202.

41. Essa confissão foi resumida em *Druce-Portland Case*, de Besterman, pp. 273-84.

42. Ver PLC P1/L1/9/4/146,153,155-60 para Druce e P1/L1/9/4/161-206 para Coburn.

43. PLC P1/L1/12/1/232-9.

44. *Intelligence Chief Extraordinaire: The Life of the 9th Duke of Portland* (Londres, 1986), de P. Howarth.

45. *Follies* (Londres, 1999), de G. Headley e W. Meulenkamp, pp. 402-04.

CAPÍTULO 7: UM MUNDO DE MISTÉRIOS

1. Sobre Anna Anderson, ver *Anastasia* (Boston, 1986), de P. Kurth, e *Anastasia: The Lost Princess* (Londres, 1992), de J. Blair Lovell.

2. Ver os artigos de P. Gill et al. em *Nature Genetics* 6(1994):130-35, e de P. Ivanov et al., ibid., 12(1996):417-20. Uma história completa de Anna Anderson e sua reivindicação é contada em *The Search for Anastasia* (Londres, 1995), de J. Klier e H. Mingay. Uma análise contrária é a de L. A. Zhivotovsky em *Annals of Human Biology* 26(1999): 569-77.

3. Vale notar que, segundo foi anunciado, os ossos que faltam foram encontrados em 2002, segundo a BBC NEWS on-line em 25 de maio de 2002.

4. Ver o artigo de M. Stoneking e outros em *Nature Genetics* 9(1995):9-10.

5. O livro de Eugenia Smith é *Anastasia* (Nova York, 1963). Supostos filhos do último tsar foram criticamente analisados em *The Lost Fortune of the Tsar* (Londres, 1994), de W. Clarke, pp. 118-47. Para uma abordagem crédula, onde se alega que toda a família imperial foi resgatada, ver *The Rescue of the Romanovs* (Old Greenwich, Conn., 1975), de G. Richards. Outras mistificações são discutidas em *The Romanov Conspiracies* (Londres, 1993), de M. Occleshaw.

6. *The Escape of Alexis* (Nova York, 1998), de V. Retrov et al., e *Blood Relative* (Londres, 1998), de M. Gray.

7. Sobre a princesa na Torre, ver *Royal Mysteries and Pretenders* (Londres, 1969), de S. B. -R. Poole, pp. 1-22, *The Mystery of the Princes* (Gloucester, 1981), de A. Williamson, e *Pretenders* (Londres, 1986), de J. Potter, pp. 80-112.

8. Ver Dimitry, Tsar and Great Prince of All Russia, 1605-06 (Londres, 1967), de P. L. Barbour, e Pretenders and Popular Monarchism in Early Modern Russia (Cambridge, 1995), de M. Perrie.

9. Ver In Search of the Lindbergh Baby (Nova York, 1981), de T. Wright, e Premature Burials (Lincoln, Neb., 2001), de P. L. Rife, pp. 68-72; ver também uma história sobre Kerwin publicada na Cisco Bay Weekly, em 5 de setembro de 2002, e um artigo de R. Kiriluk-Hill no site www.lindberghtrial.com.

10. Riksspöket (Estocolmo, 1979), de E. Aspegren.

11. Sobre a lenda de Sickert, ver Jack the Ripper: The Final Solution (Londres, 1976), de S. Knight, pp. 15-40, The Ripper and the Royals (Londres, 1992), de M. Fairclough, pp. 73-115, e The Jack the Ripper A-Z (Londres, 1996), de P. Begg e outros, pp. 408-09. Joseph Sickert morreu em 2003.

12. Sobre Carlos XII, ver o artigo de S. E. Bring publicado no Karolinska Förbundets Årsbok, 1917.

13. Sobre o príncipe Gustavo, ver Händelser (Estocolmo, 1927), de P. Hallström, p. 260.

14. Sobre John Orth, ver Here Are Mysteries (Londres, 1927), de J. G. Lockhart, pp. 33-64, e Royal Mysteries, de Poole, pp. 156-66.

15. Ver Historical Doubts as to the Execution of Ney (Nova York, 1895), de J. A. Weston, Marshal Ney: A Dual Life (Londres, 1934), de L. Blythe, e Fact, Fake or Fable (Londres, 1954), de R. Furneaux, pp. 96-107.

16. Sobre o imortal Booth, ver The Escape and Suicide of John Wilkes Booth (Nova York, 1908), de F. L. Bates, This One Mad Act (Nova York, 1937), de I. Forrester, e Fact, Fake or Fable, de Furneaux, pp. 12-28. A história da múmia está no Dallas Morning News, de 10 de abril de 1998. Um bom livro sobre o assassinato de Lincoln é Blood on the Moon (Nova York, 2001), de E. Steers Jr., que dá pouco crédito às histórias sobre a fuga de Booth.

17. Muitas dessas histórias são abordadas em *Premature Burials*, de Rife, um relato despreocupado e ingênuo sobre pessoas que, supostamente, forjaram a própria morte; a história é a verdadeira vítima nesse livro, onde se diz que os protagonistas sobreviveram.

18. *Houston Chronicle*, 14 de junho de 2001.

19. Ver APBnews de 8 de abril de 2000 e o artigo escrito por A. C. Stone et al. no *Journal of Forensic Sciences* 46(2001):173-76.

20. Sobre Kitchener, ver *Here Are Mysteries*, de Lockhart, pp. 227-51, e *The Mystery of Lord Kitchener's Death* (Londres, 1959), de D. McCormick. Sobre Amelia Earhart, ver *Amelia Earhart Lives* (Nova York, 1970), de J. Klass, e *Premature Burials*, de Rife, pp. 78-89.

21. *Is Elvis Alive?* (Nova York, 1988), de G. Brewer-Giogio, e *Premature Burials*, de Rife, pp. 129-33.

22. G. H. Wilson, *Eccentric Mirror* 3, n.º 2(1807):1-36.

23. *Caraboo* (Bristol, 1817), autor anônimo, e *Impostors* (Londres, 2000), de S. Burton, pp. 219-31.

24. *Victorian Studies in Scarlet* (Nova York, 1970), de R. D. Altick.

25. Sobre Demara, ver *The Great Impostor* (Nova York, 1959), de R. Crichton; sobre Weyman, ver *The Great Impostors* (Londres, 1962), de G. Sparrow, pp. 13-23, e *Impostors*, de Burton, pp. 36-43. Sobre médicos charlatães e impostores modernos, em geral, ver os artigos de J. Bondeson na *TIKA Information* 5(1991):12-5, e 6(1991):22-5; de J. Hartland no *Health Services Journal*, em 22 de fevereiro de 1996, pp. 26-9; e de P. Vallely no *Independent*, em 9 de setembro de 1996, pp. 4-5.

26. *Guardian*, 16 de dezembro de 2002.

27. J. A. Jeffreys na *Forensic Science International* 56(1992):65-76.

28. Ver os artigos de T. Gejrot em Läkartidningen 98(2001):4.601; e de U. Clason, ibid., p. 5.928.

29. Portrait of a Killer: Jack the Ripper — Case Closed (Nova York, 2002), de P. Cornwell. Avaliações críticas desse livro incluem as de A. Daniels no Daily Telegraph, de 17 de novembro de 2002; de C. George na Ripperologist 43(2002):20-2; de P. Begg e A. Wood, ibid., 44(2002):1-4, e a de S. P. Ryder no site www.casebook.org.

30. "Sphinx: Mordfall Kaspar Hauser" no site www.zdf.de.

Este livro foi composto na tipologia Joanna MT Std e impresso em papel offwhite 80g/m², na Stamppa.